权利冲突的网络演化及其系统性解决机制

邹晓玫 著

南开大学出版社

天 津

图书在版编目(CIP)数据

权利冲突的网络演化及其系统性解决机制 / 邹晓玫
著. —天津：南开大学出版社，2014.12
  ISBN 978-7-310-04600-3

  Ⅰ. ①权… Ⅱ. ①邹… Ⅲ. ①法学－研究－中国
Ⅳ. ①D920.0

中国版本图书馆 CIP 数据核字(2014)第 202063 号

南开大学出版社出版发行

出版人：孙克强

地址：天津市南开区卫津路 94 号　　邮政编码：300071

营销部电话：(022)23508339　23500755

营销部传真：(022)23508542　　邮购部电话：(022)23502200

*

河北昌黎太阳红彩色印刷有限责任公司印刷

全国各地新华书店经销

*

2014 年 12 月第 1 版　　2014 年 12 月第 1 次印刷

230×160 毫米　16 开本　17.5 印张　2 插页　252 千字

定价：36.00 元

如遇图书印装质量问题,请与本社营销部联系调换,电话:(022)23507125

散作乾坤万里春（序）

熊继宁

自从 1985 年提出"系统法学"和"系统法学派"的概念以及相关学术活动①以来，系统法学的研究日益扩展深入、队伍逐渐更新成长，并且日益深入地影响着中国法制/法治实践以及政治—经济—社会文化—生态系统的协同发展。这与系统法学派的艰难困苦的探索和坚持不懈的努力是分不开的。

系统法学派是指将系统科学为代表的现代科学方法和以计算机—网络为代表的现代科学技术引入法学研究和法制/法治实践所形成的学术思潮。系统法学派既是理论的，又是实践的；既是学术的，又是操作的。尽管立足于现在的系统法学派既重视历史，又关注未来，但是它毕竟属于未来。②邹晓玫以自己持续十余年孜孜不倦的探索及其成果表明，她已步入系统法学的大门且正在成长为系统法学发展的第二代中坚。

邹晓玫曾经是中国政法大学 2002 级法理学专业系统法学研究方向的硕士研究生。她的硕士论文选题就是《寻找权利的动态边界——解决权利冲突的控制论视角》（2005 年）。作为三年研究生学习的总结，

---

① 熊继宁等.新的探索——系统法学派的崛起[J].政法论坛，1985（3）；熊继宁.系统法学导论[M].北京：知识产权出版社，2006（2）全国首次法制系统科学讨论会（1985 年 4 月 26-27 日，北京），会议主题："现代科学技术与法制建设和法学研究的现代化"；全国第二届法制系统科学研讨会（1988 年，北京），会议主题："体制改革与法制系统工程"；全国第三届法制/法治系统工程理论研讨会（2011 年 10 月 17-18 日），会议主题："'经济-科技-社会-环境-法制'系统协同发展"。

② 熊继宁.系统法学导论[M].北京：知识产权出版社，2006：9.

就其创新性和替补空白的探索来说，这篇论文是优秀的。系统法学是年轻人（含生理年龄或心理年龄）的事业。当年（1985年）在发起和组织全国首届法制系统科学讨论会之时，我们曾选用了海子（查海生）为代表的5位年仅21岁左右的青年教师和本科学生论文，并让他（她）们以会议正式代表的资格参加了全国首次高层科学家和法学家的聚会。他们当时也许是参加全国高层法学研讨会的最为年轻的正式代表。为了鼓励这种探索的方向，这次作为邹晓玫的硕士生指导教师，我将她的研究处女作介绍进入全国第一本系统法学专著——《系统法学导论》（该书获2006年中国政法大学教学科研成果首个一等奖），评价它是"填补规范行为空间冲突研究空白"的"开拓性探索"。尤其让我欣慰的是，十多年来，在当今人心浮躁、急功近利，且年轻人面临共有的生活生存压力的情况下，邹晓玫不仅没有放弃学术研究，而且矢志不移地坚持并扩展和深化了这一研究方向。《权利冲突的网络演化及其系统性解决机制》（以下简称《解决机制》）一书，是她以权利冲突在网络环境下的演化及其解决对策为线索，以十年间公开发表的17篇研究成果为核心内容的系统化集成。

我们如何判定一项法学成果属于系统法学学术方向的研究呢？这也是院校派进行相关研究评价时经常提出的问题，或许这也是他们面临的一个难题。是否一位法科学生或学者通过网络搜集、咨询和发送了学术信息，并运用了计算机进行文字处理，就是系统法学研究呢？或者说，我们在研究中将法制、法治以及公安、检察、法院、律师等名词后面加上名词"系统"扩展为"法制系统"，公、检、法、律师系统等，或者将其行为表述为"控制"、"信息"等，就是系统法学研究了呢？显然不是。

就前期的学术发展来看，识别一项法学研究是否属于系统法学研究方向的关键依据是它的研究视角是否实现了"从'实体'中心到'系统'中心"的观察视角的转换；以及在研究中是否运用了"机制—演化"的系统方法。

系统法学是运用系统科学为代表的现代科学方法和以计算机—网络为代表的现代科学技术，研究法系统的调节机制及其演化的法科学，以及研究和解决法系统的创制、运行和维护问题的法实践。系统法学不同于传统法学的方法特征在于它进行了研究范式的转换，表现在两个方面：一是从传统法学"本质—性质"研究（"法是什么"）转换为"机制研究"（"法做什么？"—"如何做？"）；二是将传统法学的"存在—注释"研究转换为法系统"演化"研究。[①]

1985 年，系统法学关于法律调节机制的研究，扬弃了传统法学的抽象意志（天命神意或统治阶级意志），又排除了西方法学的抽象伦理（公平正义），而代之以"人的行为可能性空间"作为研究和表述的逻辑起点。[②]传统法学"权利本位"衍生命题之一"权利（义务）冲突"，可以从法定行为可能性空间冲突（包括规范空间缺陷、规范空间认知不确定、规范空间认知冲突）的视角获得更为清晰的理解。系统法学的新范式要求从传统法学的"权利本位"研究转向"规范行为空间冲突研究"，具体内容包括：法规范行为可能性空间自身冲突研究；法规范行为可能性空间缺陷与现实行为可能性空间转换困境研究；法规范行为可能性空间主张冲突研究；减少或消除规范空间自身冲突、转换困境和主张冲突的理论和对策研究；减少或消除规范冲突的方法论（包括系统论、控制论、信息论、博弈论、经济分析，以及传统法学方法）研究；计算机和人工智能技术在减少或消除规范冲突

[①] 所谓法系统的"机制研究"，是对法律及其衍生系统（立法、司法、律师和公证机构以及政府执法部门）的结构及动作原理，各子系统之间的关系，以及系统和环境（包括经济、政治、社会、文化等方面）的关系的综合研究。所谓法系统的"演化研究"，是从时间维度对系统的动态而不是静态的研究，同时强调对系统生成以及系统和环境互动过程的研究。熊继宁：《系统法学导论》，知识产权出版社，2006 年，第 11-12 页、第 47 页；熊继宁：《法制/法治系统工程与系统法学》，《中国政法大学学报》，2009 年第 4 期，表述略有修改。

[②] 熊继宁. 社会变革与结构性缺陷——经济改革中的法律调节机制[M]. 北京：法律出版社，1991：2；熊继宁. 系统法学导论[M]. 北京：知识产权出版社，2006：11-12，47-48.

方面的应用研究等，以及有待扩展的广泛领域。[①]

20世纪末，由于计算机—网络技术的飞速发展，不仅极大地扩展了人的行为可能性空间，尤其增加了人的行为可能性空间冲突的复杂性，更为"权利冲突"的传统法学难题解决增加了难度。《解决机制》一书将"权利冲突"难题研究扩展到基于网络的权利冲突的新领域，显然具有"手握金刚錾，不怕破瓷器"自信和勇气。书中不仅实现了研究范式由"实体"到"系统"的转换，而且运用了"机制—演化"的系统方法，显然属于一项难度较大的法学创新研究。《解决机制》一书"背叛"了经典模式，将关注的焦点从"实体—性质"转移到"结构—功能"，提出"将权利本身视为一个由许多相互独立而又互相联系要素所构成的系统"，关注系统"如何构成"、"怎样运动"、"功能如何"等[②]；与此同时，研究进行了逻辑起点变换，"从行为可能性空间的角度看待权利冲突"，并在新的生长点上展开了内容丰富的各项研究，如：系统论视角下权利冲突的结构功能、一般权利冲突的系统性控制模式、网络环境下的权利冲突、网络环境下权利冲突的控制方式改进、解决网络权利冲突的实体性制度重构、解决网络权利冲突的程序性规则重构、解决网络权利冲突的辅助性规则重构。因此，它属于系统法学研究方向探索的成果。

系统法学研究可区分为：法系统学、法系统技术学和法制/法治系统工程三个层次[③]。《解决机制》的研究是在法系统学和法系统技术学层次上展开的。

在法系统学层次，《解决机制》研究在总体目标和策略中显现了系统法学"从整体出发、注重综合、立体网络式思维"的方法论特征，例如，书中从系统法学的视角审视法治发展和权利演化背景下基于网络

① 熊继宁.系统法学导论[M].北京：知识产权出版社，2006：62-63.
② 邹晓玫.权利冲突的网络演化及其系统性解决机制（专著文稿）[M].第24页.
③ 熊继宁.法制/法治系统工程与系统法学[J].中国政法大学学报，2009（4）.

的权利冲突问题，探讨建构"终端用户—网络运营商—公共权力部门"三位一体的新型"权利—义务"体系，并在解决基于网络产生的权利冲突问题时，"充分发挥网络自身的信息技术优势，寻求网络权利冲突的'回应型'解决机制，同时促进网络权利体系的平稳演进"。《解决机制》从第一章到第五章中关于权利冲突及其特征、系统法学研究视角与方法、权利冲突的系统化模型、一般权利冲突的系统性控制模式、网络环境下的权利冲突等，大都是对于法的原理、概念、原则和方法研究的探讨，可以对法系统技术的研究和应用，以及今后可能的"解决网络条件下权利冲突的系统工程"项目提供宏观知识演绎信息。这也可以说是传统学术评价中所说的该项研究的"理论和实践意义"。

在法系统技术学层次，《解决机制》探讨的是关于该研究应用技术层次的理论。它是法学与系统技术学交叉结合的结果。书中采用系统论和信息论等关于控制技术理论建立模型，来分析权利冲突的结构，设计解决权利冲突问题的控制装置，探讨如何通过该控制系统来使各类一般权利冲突获得较为合理的解决。书中设想通过增加多元控制中心、多层次控制和增加反馈控制机制等方式，对权利冲突控制装置进行结构性改进，使其可以有效地应对网络权利冲突的复杂性和多元性需求，以实现网络权利冲突解决机制的回应型法律框架；并且在"解决网络权利冲突的实体性制度重构"（第八章）研究中探讨了"基于网络流量预测的网络权利冲突防范"，其中运用"混沌算子网络模型"和"仿真实验"等系统技术进行了探索[①]；在"基于神经网络的刑事案件量刑决策系统"[②]中，运用"人工神经网络"、"仿真实验"和犯罪率相关因素模糊聚类分析技术[③]进行了探索。《解决机制》中关于法系统技术层次研究的功能可以为"解决网络条件下权利冲突"的法系统学研究和法制/法治系统工程提供技术支持。法系统技术研究层次的研究对于传

---

① 邹晓玫.权利冲突的网络演化及其系统性解决机制（专著文稿），第八章第一节.

② 邹晓玫.权利冲突的网络演化及其系统性解决机制（专著文稿），第十章第二节.

③ 邹晓玫.权利冲突的网络演化及其系统性解决机制（专著文稿），第十章第三节.

统法学来说，是无能为力的。这也可以说是一般学术评价中所要求的"创新点"之一吧。

因此，我们说，系统法学研究范式的转换，除了研究视角的转换，还包括具体研究方法和技术的创新，以弥补传统法学简单的"直观+思辨"的定性分析以及缺少现代科技辅助研究技术和工具的不足。《解决机制》研究还展现了系统法学方法的其它一些特征，例如：

1. 动态平衡和互动适应的设计目标："在网络环境下权利冲突的控制方式改进"[①]（第六章）研究中，采用了"反馈机制的闭环控制系统"、"多主体多层次控制系统"，探讨了"控制器改进实现的制度途径"、"反馈机制的方式选择及其功能（回应型法与反馈机制、稳态结构与正负反馈、反馈机制的运行机理）"等，旨在"通过对主体、行为、社会等多种环境因素，综合起效的，旨在追求整个控制系统的动态稳定和发展"[②]。

2. 质—量研究的统一的描述方式：在"基于网络流量预测的网络权利冲突防范"[③]的研究中，运用"混沌算子网络模型"、"网络的训练和预测方法"、"仿真实验"等定性定量相结合的方法进行了探索；在"基于神经网络的刑事案件量刑决策系统"[④]中，探索了"人工神经网络结构"、"网络的学习与训练"和"仿真实验"等定性定量相结合的研究路径；在"基于模糊聚类分析的犯罪率相关因素的研究"[⑤]中，进行了"基于模糊聚类的犯罪因素权重的确定"、"数据聚类结果与分析"等定性定量相结合的研究探索。

3. "理论、政策、决策、对策"相关照的实施纲领：《解决机制》在关于"解决网络权利冲突的总体制度设计"（第七章）、"解决网络权利冲突

[①] 邹晓玫. 权利冲突的网络演化及其系统性解决机制（专著文稿），第六章.

[②] 邹晓玫. 权利冲突的网络演化及其系统性解决机制（专著文稿），第88页.

[③] 邹晓玫. 权利冲突的网络演化及其系统性解决机制（专著文稿），第八章.

[④] 邹晓玫. 权利冲突的网络演化及其系统性解决机制（专著文稿），第十章第二节.

[⑤] 邹晓玫. 权利冲突的网络演化及其系统性解决机制（专著文稿），第十章第三节.

的实体性制度重构"（第八章）、"解决网络权利冲突的程序性规则重构"
（第九章）、"解决网络权利冲突的辅助性规则重构"（第十章）中都与
其法系统学研究部分相互关照，贯彻了"理论二政策"研究相关照、
"决策二对策"研究相关照的实施纲领。《解决机制》在"网络权利冲
突解决机制的回应型法律框架"下，深入探讨了当前网络权利冲突领域
中面临的实体性和程序性热点问题，并提出了具体的对策，以及相应的
立法和司法建议，例如：在"解决网络权利冲突的实体性制度重构"
（第八章）中，关于基于网络流量预测的网络权利冲突防范、网络团
购中的权利冲突及其制度对策、构建网络团购权利冲突多层次类型化
司法管辖体系，网络第三方支付平台的法律制度重构、第三方支付平
台法律地位的完善、网络遗嘱服务的法律困境及对策研究、网络谣言
的法律规制等；在"解决网络权利冲突的程序性规则重构"（第九章）
中，关于网络权利冲突的诉讼成本及其控制、网络证据制度重构、网
络权利冲突中的专家证人制度重构等；在"解决网络权利冲突的辅助
性规则重构"（第十章）中，关于网络犯罪司法管辖权重构等。这些对
策性探讨和政策性、法律性建议，对于解决基于网络的权利冲突问题的
立法决策和司法决策，以及今后可能实施的"解决基于网络的权利冲突
的法制/法治系统工程"具有一定的参考价值。

　　上述体现系统法学研究方法特征的探索，都可以称为"学术创新"。
当然，我们不能要求一项关于系统法学方向的研究，体现系统法学方
法论的所有特征。根据每项系统法学研究课题的目标、研究层次和研
究策略不同，以及每位研究者的知识构成专长，他们在研究时采用的
方法、技术和工具都不尽相同，其所体现的方法论特征也有所区别。
系统法学的方法和方法论本身也是一个动态发展的过程。系统法学方
法研究的当代重点是："注重研究和减少不确定性、偶然性和复杂性"，
以及建立"综合集成法律决策和科研支持体系"等，不仅需要系统法
学研究本身在各个层次和所有领域的协同创新和整体超越，而且需要
相关领域如系统科学、行为科学、数学、人工智能、网络技术等领域

的重大突破。

当然,《解决机制》作为一项系统法学的创新探索,在结构安排、材料取舍、叙述详略以及各项具体研究等方面尚有改进的余地。另外,书中对系统法学的特征表述不够准确,可能会影响对系统法学的认识和研究的深入,例如:

1. 系统法学的思想方法特征不可表述为"整体主义"[①],而是"从整体出发、注重综合、立体网络式思维"。体现这一思想方法哲学基础既不是"还原论",也不是"整体论",而是"整体⇄部分⇄整体"的思维方式。其操作路径是"综合⇄分析⇄综合"。其工作方法是"全局⇄局部⇄全局"。其时空观念是"过去⇄现在⇄未来"。

2. 认为"在三大法学流派之中,系统法学与社会法学的联系最为密切"[②]的表述不甚确切。系统法学开拓的新视角和新范式,为全面整合传统法学(包括西方自然法学或价值法学、规范实证法学和法社会学,中国古典法学和经典马克思主义法学)提供了新的契机,开辟了的新的途径[③]。

3. 系统法学的方法特征不宜表述为"价值无涉"性[④]。系统法学是"价值关注"和"价值追求"的统一。"价值关注"是系统法学研究对象客体化的超然,"价值追求"是系统法学主体性的自我体现。二者有机联系,共存互动统一于系统法学的实践。[⑤]

系统法学关于"价值"问题研究的进展表现为:(1)"规范⇄行为⇄价值"相互关照[⑥];(2)价值与实证互补互动、协同发展;[⑦](3)提出"正义四定律",即"正义不完备律"、"正义耦合律"、"正义度测

①邹晓玫.权利冲突的网络演化及其系统性解决机制(专著文稿),第15、21页.

②邹晓玫.权利冲突的网络演化及其系统性解决机制(专著文稿),第20页.

③熊继宁.法制/法治系统工程与系统法学[J].中国政法大学学报,2009(4).

④邹晓玫.权利冲突的网络演化及其系统性解决机制(专著文稿),第19页.

⑤熊继宁.系统法学导论[M].北京:知识产权出版社,2006:5.

⑥熊继宁.系统法学导论[M].北京:知识产权出版社,2006:23.

⑦熊继宁.系统法学导论[M].北京:知识产权出版社,2006:29.

不准律"、"正义现实占优律"①；（4）提出在计算机——网络等现代科技支撑下，扩大各种法律决策参与主体的范围，增强法律决策能力，促进法制民主化，并在民主化的导向下，实现法制科学化。因此，人的价值决定了对信息集成、对策优化、决策选择和反馈检验整体过程的标准；排斥可能侵害公民权利的科技措施；在体系的设计和实施中，都要万分注意信息的高度集中可能对公民权利造成的侵害；凡是违反民主原则的科技措施，在体系的设计和实施中都应该是被坚决、彻底、完全排斥的对象；推动信息文明基础上的法律文明和政治文明建设②；（5）系统法学新阶段的目标系统中所提出的："将我国法制系统建设成为一个具有高度开放性和复杂适应性的社会调控系统，为推动中国和世界法律文明作出应有的贡献"（总目标）；"发现法制系统自身的系统论，并为系统科学作出贡献"（学科建设子目标）；"增强法制系统在复杂环境中的开放性和适应性，推动民主化、自由化、科学化和法治化的进程和创新"（法制建设子目标）等，标志着系统法学自主意识的产生和新的价值追求③。

系统法学关于"价值"问题研究的成果对于"解决基于网络的权利冲突的法制/法治系统工程"应具有指导意义。2013 年诺贝尔和平奖提名获得者爱德华·斯诺登（Edward Snowden）揭发有关情报机构的"棱镜"（PRISM）计划，9 家科技公司（思科（Cisco）、PalTalk微软、雅虎、谷歌、美国在线、Skype、YouTube、苹果）参与其中监控互联网活动、秘密收集电话记录、收集民众信息引起公众哗然

---

①熊继宁.系统法学导论[M].北京：知识产权出版社，2006：98-99.

②熊继宁.法制/法治系统工程与系统法学[J].中国政法大学学报，2009（4）.

③熊继宁.系统法学导论[M].北京：知识产权出版社，2006：42，100-101.

案件①所提出的问题，不仅实证回应了系统法学关于"价值"研究的重要参考价值，而且对于各国政府、互联网机构和相关研究无不具有不容避讳的反省和警示意义。

今年是我的甲子。八年前，《系统法学导论》导言"从简单到复杂"中提到"《导论》不存，系统法学常在。我不在，系统法学长生"。结尾引用了元末明初诗人王冕《白梅》②中的两句诗："忽然一夜清香发，散作乾坤万里春"。2014 年 6 月突然收到《权利冲突的网络演化及其系统性解决机制》一书的书稿以及请"序"之辞。不期而遇。它既是贺礼，又是实证。今天，我想把这首短诗引全了，是为"序"：

冰雪林中著此身，不同桃李混芳尘，

忽然一夜清香发，散作乾坤万里春。

---

① 斯诺登：百度百科 baike.baidu.com/subview/9874434/10920794.htm?f... 2013-08-12；2013-10-24 下载：爱德华·斯诺登（[1]Edward Snowden），他生于 1983 年，曾是 CIA（美国中央情报局）技术分析员，后供职于国防项目承包商 Booz Allen Hamilton。2013 年，因揭露美国国家安全局以及联邦调查局（FBI）收集民众信息引起公众哗然；2013 年诺贝尔和平奖提名获得者爱德华·斯诺登，30 岁的美国中情局前技术助理，放弃稳定的工作、舒适的生活，选择逃亡海外、向媒体揭发美国情报机构的"棱镜"（PRISM）计划，该计划监控互联网活动、秘密收集电话记录。思科（Cisco）、微软、雅虎、谷歌美国在线、Skype、YouTube、苹果这 9 家科技公司参与其中，为美国情报机构提供信息。"老大哥"盯着世界上每一个人，这在美国国内和德国等多国都引发轩然大波。

② 王冕.白梅[M].载姜葆夫、韦良成选注.常用古诗.广西：广西人民出版社，1985：491.

目　录

引言

　　权利作为法律体系的核心概念，一直是法理学和各部门法学关注的焦点。随着我国法治建设进程的逐步深入，权利观念已经深入人心。立法体系日趋完善，越来越多的权利内容被纳入法律体系，以国家的强制力量予以认可和保护。在社会实践中，也有越来越多的人选择司法途径来寻求对自身权利的保护和救济。这是法律意识深入人心的可喜表现，但在我们欣喜于民众的权利意识觉醒的同时，一些特殊而又极具典型性的案例，把我们的视线牵引到获得法律形式的权利背后，在那里，道德与法律、权利与权力、权利与权利在碰撞、争夺。冲突各方都有可以立足的合理性基础，都有值得保护的现实意义，都有为其辩护的利益代表，都有白纸黑字的法律依据。但事实是，在特定的法律关系中，它们不可能同时得到完全无限制的实现，而是必须向彼此妥协、划地言和，在同一行为空间中并存。在这种情况下，哪一种权利相对于他方应当有优先性？是否可以为相冲突的合法权利划定一个各自行使的"边界"？划地言和的"边界"又应当在什么地方？这正是各个权利冲突案例中争议的关键所在，也是法理学应当研究解决的核心问题。

　　迅猛发展的互联网深刻地改变了民众的生活和社会交往方式，同时也不断地向法律世界提出新的课题与挑战。继刑法修正案确立了非法侵入计算机信息系统罪之后，2010 年生效的《侵权责任法》第三十六条首次对网络侵权行为做出了规制，2012 年 12 月 28 日通过的《关于加强网络信息保护的决定》则进一步明确了国家对互联网实施法律规制的意图和决心。然而面对层出不穷的网络权利冲突事件，上述法律文件在包容性、延展性以及对社会现实的实时回应性上都存在缺陷。互联网环境的特殊性使得权利和权利冲突均表现出有别于传统的样貌，而这些的特性赋予了网络权利冲突在法律发展意义上的独特功能。

几乎可以说，从权利诞生之日起，关于它的"边界"问题的争论就开始了。哲学家们从逻辑的高度，探讨权利的内涵和外延；社会行为学者从人类本性的深处挖掘权利的源泉及其内核；而法学家们则从行为规范的角度来寻求各种权利和平并存的准则。而所有不同角度的探讨似乎都是同一种方式进行的，那就是定性的比较和分析，也就是研究"权利是什么"或者权利"应当是什么"。这似乎是社会科学讨论问题固有的、也是共有的方法。在科学技术高度发展、学科之间深入交叉，广泛融合的今天，我们是否可以尝试一些有别于传统的方式，来解释和解决一些传统的法学问题呢？19 世纪末 20 世纪初的法律社会学率先进行了这种方法上的突破，为追求方法论创新者做出了榜样；继而，经济分析法学又借助经济学突飞猛进、广泛渗透的时代，创造了经济分析法学的新流派。在本书中，作者试图尝试用以系统论和信息论为基础的控制理论，来分析权利冲突的结构，并设计一个解决问题的控制装置，试图以该控制系统来使各类权利冲突获得较合理解决，促进权利体系的平稳演进。

网络环境下的权利冲突表现为两种不同类型的对网络行为可能性空间——这一新生性行为空间的争夺。从系统论的视角出发，在法治发展和权利演化的大背景下重新认识网络权利冲突的本质、特征及其法律功能。以法律原则为框架，司法为控制中心和生长点，以"终端用户——网络运营商——公共权力部门"三位一体的新型"权利——义务"体系为依托，充分发挥网络自身的信息技术优势，寻求网络权利冲突的"回应型"解决机制。

在解决传统权利冲突的控制器结构基础上，通过增加多元控制中心、多次层次控制和增加反馈控制机制等方式，对权利冲突控制装置进行结构性的改进，使其可以有效应对网络权利冲突的复杂性和多元性需求，以实现上述的网络权利冲突解决机制的回应型法律框架。在总体控制框架下深入探讨网络权利冲突领域中的一些实体性和程序性问题，对其法律规制体系进行系统性重构，并辅之以一些配套性制度的完善。

通过上述内容的研究和探讨，以其能够较为全面地勾勒出权利冲突的一般结构样貌及其在网络环境下的演化发展，并通过系统论、控制论等新兴研究方法的引入，为寻求传统权利冲突和网络权利冲突的有效解决之道，提供一些有价值的参考。

第一章

权利冲突及其特征①

第一节 论题背景

一、外国学者对权利冲突问题的研究历史

共产主义理论的缔造者马克思较早的关注了权利冲突。他从社会冲突即阶级斗争角度来谈权利冲突，认为权力是从原始权利的对立中产生并且在表面上凌驾于一切权利之上的力量，其根本使命是缓和权利冲突，而且权利冲突是不可调和的。②不难看出，马克思是从权利与权力的关系角度来分析权利冲突的，探讨的是广义权利冲突范畴内的问题。

资产阶级法学家也很早注意到权利冲突问题。英国法学家米尔恩将权利分为法定权利、道德权利和习俗权利。他认为道德权利之间可

---

① 本章内容系在作者已发表论文基础上进一步深入扩展而成。参见邹晓玫. 寻找权利的动态边界[D]. 中国政法大学硕士学位论文, 2005.

② 马克思, 恩格斯. 马克思恩格斯选集(第4卷)[M]. 北京: 人民出版社, 1995: 170.

能存在冲突，但法定权利之间不可能相冲突，因为实在法不允许它们之间发生冲突。他的理由是，"所有的法定权利要服从于司法的界定和解释，并且由法院决定特定的法定权利，授权权利主体享有什么。"米尔恩认为，对于什么是法定权利可能会有争执，但只需"一份支持一方反对另一方的司法判决，便消除了各方法定权利冲突的可能性。"①美国哲学家范伯格则非常鲜明地提出了法定权利的冲突概念。范伯格同米尔恩都认识到权利冲突是要求权的冲突，就是说，一个公民所拥有的合法要求权会与另一个公民所拥有的合法要求权发生冲突。②这两位法学家对权利的冲突的探讨，是在判例法体系的背景下进行的，我们对法定权利的理解与他们并不完全相同，但他们的研究成果还是具有借鉴意义的。

1995年美国学者美国华盛顿大学哲学终身教授卡尔·威尔曼（Karl Wellman）出版了《真正的权利》一书，集中论及了在英美法传统之下，如何通过司法方式处理以下几种权利冲突：（1）司法对法律权利之间的冲突解决；（2）司法对道德权利法律权利集于一身的权利冲突的解决；（3）司法对法律权利与道德权利——不同性质权利之间的"混合权利冲突"的解决；（4）在司法中运用紧急避险解决权利冲突。③

美国纽约大学法学院法学教授杰里米·沃尔德伦提出了一种研究权力冲突的新视角：权利冲突很可能本质上是各项权利所隐含的义务之间的冲突。这一观点引起了国内外学者的关注，同时也引起了沃尔德伦与威尔曼就权利冲突本质问题的讨论。④中国社会科学院的刘作翔先生引介了上述两位学者的相关观点，推动了国内对于权利冲突的进一步深入讨论。

---

① [英]米尔恩.人的权利与人的多样性——人权哲学[M].北京:中国大百科全书出版社,1995:145-148.
② [美]范伯格.自由、权利和社会正义[M].贵阳:贵州人民出版社,1998:98.
③ 刘作翔.在司法中运用紧急避险解决权利冲突——卡尔·威尔曼等美国学者及美最高法院对典型案例的司法推理[J].江淮论坛,2013(4):126.
④ 刘作翔.权利冲突是否是权利中隐含义务的冲突?——美国法学家沃尔德伦与威尔曼的争论[J].南京社会科学,2013(9):90.

二、国内对权利冲突问题的研究状况

国内对权利冲突的问题的研究发端于具体个案的探讨，多数集中在典型性的部门法领域，例如，对隐私权与知情权的矛盾、知识产权冲突以及生育权等问题。但这些讨论多限于就案论案，虽有些也涉及了对其背后权利或利益冲突的解释，但留于浮光掠影。

国内对于权利问题的抽象探讨，主要集中在道德权利与法律权利的分野，以及权利与权力的抗衡问题上。有学者认为，权利冲突，一是指不同权利内容之间的冲突，这是权利设定时的内在冲突或静态冲突；二是指权利行使中发生的冲突，即是动态冲突。①也有人提出，法权冲突在法律上表现为权利——权力冲突、权利——权利冲突、权力——权力冲突，社会内容为相应的利益冲突，归根结底是财产冲突。②广义上讲，这些内容也属于权利冲突的研究范围。他们的观点对我们认识法律权利(权力)冲突有重要的启发意义。

对于狭义权利冲突问题，即现实的法定权利之间的冲突，较早的研究形式是对权利冲突的典型案例进行了介绍、分类和一定程度的分析。主要运用的是法社会学的研究和分析方法。他在案例研究的基础上提出了一些在理论层面和现实层面都很有价值的问题，包括权利冲突的原因、实质、界限是什么；如何解决权利冲突以及应该确立哪些原则。③这些都是研究权利冲突问题必然要涉及到的理论问题，也是社会生活实践和法律实践需要回答的问题。

目前，只有少数学者对狭义的权利冲突作了较全面、系统的理论阐述。例如，有学者在其文章中提出"在对传统的权利承认→保护→实现理论进行反思后认为：权利具有冲突性，因此其能否真正为其主体所实现并不在于法律的承认和保护，而在于行政、司法机关的配

① 郭道晖.法的时代呼唤[M].北京:中国法制出版社,1998:373-374.
② 童之伟.以"法权"为中心系统解释法现象的构想[J].现代法学,2000(2).
③ 刘作翔.权利冲突一个应该重视的法律现象[J].法学,2002(3).

置。"①文章指出了对冲突权利进行配置时应遵循一些基本原则，并就对冲突权利有权配置的主体问题做了探讨；也有人提出："过于强调法律冲突的负面作用是片面的。在一定意义上法律冲突实际上已成为法律变迁的动力，因此，必须建立起一套调整法律冲突的灵活运作机制，发挥法律制度的最大效用。"这是一个很有启发性的观点；②还有学者撰文"从人和社会及法律本身的缺陷入手分析权利冲突产生的必然性，并认为要通过权利主体的合作和交换原则并通过立法，特别是司法环节的价值衡量和利益衡量原则去最终化解纠纷"。③

其中，《权利冲突论——一个法律实证主义的分析》一文作者对权利冲突（狭义上的权利冲突）作了比较完整详细的分析阐述。他对权利冲突的概念、成因、类型、实质等都作了比较深入的阐释，并提出了从立法、司法两种途径来解决权利冲突。④但是，相对于其它部分详尽的定性阐发，他所提出的解决方案显得有些薄弱。这为我们留下了进一步思考和讨论的空间。

刘作翔先生是为数不多的长期保持对权利冲突理论的研究兴趣的学者之一，对权利冲突的研究也较为系统。他提示我们注意权利冲突的多样性，它可能意味着法定权利之间的冲突，也可能是法定权利与自然权利、习惯权利或推定权利之间的冲突。⑤继而又通过 2013~2014年的一系列论文介绍了美国的两位法律学者——美国华盛顿大学哲学终身教授卡尔·威尔曼和美国纽约大学法学院法学教授杰里米·沃尔德伦——对权利冲突理论的研究成果和主要观点，并区分类型讨论了权利冲突的可能性解决方案。⑥扩大了我们对权利冲突理论的研究视

① 王肃元.论权利冲突及其配置[J].兰州大学学报,1999(2).
② 范忠信,侯猛.法律冲突问题的法理认识[J].江苏社会科学,2000(4).
③ 刘晓霞.权利冲突的产生和化解的法理思考[J].社科纵横,2003(4).
④ 王克金.权利冲突论——一个法律实证主义的分析[J].法制与社会发展,2004(2).
⑤ 刘作翔.权利冲突的多样化形态[N].人民法院报,2013-8-9.
⑥ 刘作翔.在司法中运用紧急避险解决权利冲突——卡尔·威尔曼等美国学者及美最高法院对典型案例的司法推理[J].江淮论坛,2013(4):126;刘作翔.权利冲突是否是权利中隐含义务的冲突?——美国法学家沃尔德伦与威尔曼的争论[J].南京社会科学,2013(9):90;刘作翔.一般权利和特殊权利的冲突问题[N].人民法院报,2013-8-23;刘作翔.通过司法解决法律权利与道德权利的混合权利冲突——威尔曼及美国最高法院对典型案例的司法推理[J].法治研究,2013(8):16.

野，扩宽了相关研究的思路。

一些学者对权利冲突问题的讨论存在不同的看法。他们认为权利冲突是"一个不成为问题的问题"。这一论点似乎要颠覆权利冲突问题讨论本身的合理性和必要性。但实际上作者并非要否认权利冲突的存在，而是提醒我们"应该从权利本位转向权利边界的研究"。[①]这也正是本文的出发点和试图寻求的归宿。

第二节　权利冲突的表现及其特征

要实现对某权利冲突系统进行的有效控制，必须先明确我们所要控制的系统到底有怎样的结构和特性。这就离不开对基本概念的界定和基本结构的分析。根源于"权利"概念内涵的丰富性，我们对权利的冲突的理解也存在很多不同的层次：

从冲突双方的法律属性是否一致的角度：我们可以把广义的权利冲突理解为包括权利与权利的冲突、公共权力与权力的冲突以及权利与权力之间的冲突；而对权利冲突的狭义理解则限于对权利与权利冲突的探讨。

即便从上述狭义立场出发，权利存在形态的多样性也仍然使权利冲突的层次呈现多样化。从权利存在的具体样态上看，我们可以将基于人性[②]、心理[③]、利益[④]或自由[⑤]等的正当性诉求视为"应然权利"；将基于特定群体的长久历史事实而存在的权利称之为"习惯权利"；将权利人或司法者根据现有法律权利的规定，对法律中没有规定的权利进行法律推定以确定其合法性的权利称之为"推定权利"[⑥]；将法律规范明确予以规定并确认保护的权利称之为"法定权利"。则权利冲突可以

① 郝铁川.权利冲突：一个不成为问题的问题[J].法学,2004(9).
② 范进学.权利概念论[J].中国法学,2003,(2).
③ 张永和.权利的心理学分析——本能——一个考察的新视角[J].学习与探索,2006,(2).
④ 沈宗灵.法学基础理论[M].北京：北京大学出版社,1988.
⑤ 程燎原,王人博.赢得神圣——权利及其救济通论[M].济南：山东人民出版社,1998.
⑥ 刘作翔.权利冲突的多样化形态[N].人民法院报,2013-8-9.

表现为上述各种权利之间，特别是应然权利、习惯权利、推定权利与法定权利之间的不一致。

上述权利的存在样态中，除没有任何现行法律规范支持的单纯应然权利之外，其他各项权利在现实生活中都不同程度的实际存在，具有实证性基础。已有研究文献对"权利冲突"这一概念的使用呈现两极化的态势：部分学者将其作为一个含义非常宽泛的概念，在相当广泛的领域内予以使用，即可以用来讨论公共权力的行使限度，也可以用来讨论商标权益的实现；部分学者将其严格限定于"狭义权利冲突"的范围内予以探讨，即仅限于讨论法定权利与法定权利之间的权利冲突现象及其解决方案。前一种理论立场显然过于宽泛，难以将我们的讨论置于共同的论域；后一种概念立场无疑更具明确的针对性和可操作性。笔者在较长的一段时间内关注权利冲突的研究并发表了一些浅陋的作品，也基本上以狭义权利冲突为基本理论立场。

但随着认识的深入，特别是当我们将目光聚焦于网络世界形形色色独特的权利冲突案件时，笔者发现：由于网络世界的虚拟性和匿名性，以及网络立法的整体性滞后等原因，网络环境下的权利冲突更多地表现为习惯权利、推定权利与法定权利之间的冲突，而其规制也表现出相对于网络之外的现实世界权利冲突规制的技术化、及时性和多样化特点。因此，基于本书的研究主题需要，在权利冲突概念的界定上，笔者倾向于选择不同于上述两种理论立场的"第三条道路"，即将权利冲突界定为：实证性权利之间的冲突。这里实证性权利及包括"法定权利"，也包括没有为法律明确规定、但在特定群体相当长的一段时间内实际存在的"习惯权利"，还包括特定主体基于现行法律的相关规定"推定得知"的"推定权利"。

一、权利冲突的界定

传统意义上的狭义权利冲突是指两个或者两个以上同样具有法律上之依据的权利，因法律未对它们之间的关系做出明确地界定所导致的权利边界的不确定性、模糊性，而引起的它们之间的不和谐状态、矛盾状态。①本文将权利冲突的概念扩展至"实证性权利"之间产生的冲突，试图将权利冲突界定为：两个或两个以上具有实证性基础的权利，因法律未对它们之间的关系做出明确地界定而导致在具体案件中，各个权利主体无法同时实现或无法同时完全实现自身权利的状态。

　　实证性权利系指该权利除具备自然理性上的正当性之外，还必须具备规范意义上或者社会以上的实证基础。第一，规范意义上的实证基础是指，某一诉求如要被称之为本文所涉及之权利，必须是由现行法律规范明确予以保护的。这种"明确保护"可以是通过明确设定法定权利予以明确的保护的——如婚姻家庭法明确规定中国公民依法享有"继承权"；也可以是通过明确设定义务的方式而推定确立的——例如，婚姻家庭法明确规定家庭成员不得对其他家庭成员实施虐待、遗弃等行为。这一义务性设定实际上赋予了家庭成员在家庭生活中享有身体和精神意义上的人身安全不被侵犯的权利，以及获得其他家庭成员扶持、照料的权利。第二，社会意义上的实证性基础是指，某一具有正当性的诉求，如果尚未被现行法律以权利或者义务设定的方式予以规范性保障，如果其在实际社会生活中长久的被支持和践行，我们也可以视其为一种实证意义上的权利，只要他并未被现行法律规范明确否认或排斥。也就是说，未被法律规范否定和排斥的习惯性权利也在本文关注的权利范围之内。习惯性权利纳入权利冲突的讨论范围是基于以下几方面的考虑：①习惯性权利不同于单纯的应然权利，它在社会生活中的长久实际存在表明，其不但具有后者的正当性属性，同时也具备了真实的生活基础，是具有可实践性的诉求。一旦法律以规范方式将其固定下来，即可转化为法定权利。人类法律发展的历史实践表明，习惯性权利实际上也确实是很多最初的法定权利的来源。②在法律实践中，特别是在网络环境下，权利冲突不完全是法定权利之间的冲突，大量的权利冲突是实际存在的习惯性权利和法定权利不能同时实现而导致的冲突。而通过特定的控制机制，使习惯性权利向法定权利合理转化，可能是有效解决权利冲突的重要手段之一。③习惯

---

① 王克金. 权利冲突论——一个法律实证主义的分析[J]. 法制与社会发展, 2004(2).

性权利是在社会生活中真实存在的一种对行为选择的优先权顺序，其广泛和长期的存在本身已经一定程度上说明了社会主体对其的承认和接纳，如果我们不对这些真实存在的权利做深入的考察和研究，就以刚性立法创设法定权利，必然会引起更加多样和复杂的权利冲突，从而与国家法治和社会和谐的根本追求背道而驰。

二、权利冲突的一般性特征

在重新界定权利冲突概念的基础上，我们可能从一些具体案例中形成对权利冲突更感性、直观的认识：

案例 1：120 急救中心为救助病危的患者，要求电信部门提供主叫号码的详细地址，电信部门以"侵犯客户隐私权"为由，拒绝提供。

案例 2：某公民在家中为学生教授钢琴课。钢琴声被邻里视为噪音，打扰了大家的正常休息。邻居们集体起诉该公民，要求捍卫自己的休息权；而该公民认为自己享有工作的权利，钢琴声不是噪音。

案例 3：某物业公司在商品房小区的楼道和电梯间发布广告创收。业主们认为上述地方属于公摊面积，其使用权应归业主共有，物业无权支配；物业公司认为其对公共空间享有管理权和使用权。

案例 4：妻子婚后一直采取措施拒绝怀孕、生子。丈夫以其妻"侵犯了他的生育权"为由提出离婚。

案例 5：某企业在录用员工时无正当理由人为地排斥怀孕女工。企业认为自己享有契约自由权；而该女工主张妇女的就业平等权。

案例 6：某官员与某女性不雅视频截图出现在名为"人民监督网"的网站上，并以极快的速度迅速蔓延到整个网络，引起网民强烈反响，并成为相关部门调查处理相关官员腐败问题的直接导火索。该官员主张自己的隐私权受到侵犯，而信息上传者主张自身享有言论自由权，广大网友基于公民身份要求对官员的相关行为享有知情权和言论自由权。

案例 7：某甲将某乙的负面消息上传至某 BBS，该消息在网络广泛流传，某乙发现后声称该消息纯属捏造，要求 BBS 网站删除该消息，并提供发帖人登录信息。但 BBS 经营者以不能证实该帖子属于诽谤而拒绝删帖，并以保护用户隐私和个人信息安全为由拒绝提供相关信息。某甲主张自己享有网络言论自由权；某乙认为自己享有名誉权和隐私权；网络BBS经营方认为自身有经营自主权。

通过以上案例，我们可以看出，不论是在现实空间还是在网络虚拟空间中，都确实存在着大量的权利冲突。这些权利诉求都具有一定程度的正当性和合理性，同时具有规范意义上或社会意义上的现实性基础，很难简单地在他们之间做出整齐划一的、非此即彼的绝对性取舍。抽离纷繁复杂的具体案件事实和行为领域，我们可以对这些权利冲突的一般性特征做出如下归纳：

1. 产生冲突的两个或两个以上权利分属不同的主体。单个权利不存在冲突问题；同一主体的复数权利可能产生"权利竞合"①问题，但不构成权利冲突；同一主体享有的不构成竞合的多项权利之间的取舍是该主体个人的利益权衡问题，也不构成我们所要讨论的权利冲突。

2. 各项权利都具有正当性。基于某种普遍接受的理性立场，各方所主张的权利具有价值意义上的正当性，都是相当程度上可以接受的、合理的诉求。不具有正当性的诉求要么已被现行法律或其他社会规范所明确予以禁止或排斥，要么是其正当性上处于价值哲学的争议和讨论之中。这两种情形下，该诉求都不能被称之为一项"权利"，因而都不能进入本文关于权利冲突的讨论视野。

3. 各项权利均在正当性的前提下具备实证基础。包括以下三种情况：

（1）各项权利都是有现实法律依据的法定权利，即严格意义上的法定权利之间的冲突。上文中的案例1和案例2即是典型的此类冲突：各方主张的都是已经被法律明确予以保护的法定权利，冲突的各项权利均因现行法律的保护获得了规范意义上的实证性基础。

（2）法定权利与推定权利之间的冲突。相冲突的各项权利中，既有明确的法定权利，也有通过法律中的义务性规定或其他权利性设定

---

① 权利竞合是指数个权利，有同一目的，依其行使发生同一结果的情形。其特点表现为：基于同一法律事实，在同一主体身上产生了数个权利；这些权利具有相同目的；当事人选择行使其中任何一项权利均可达成同一目的，行使同时其他权利即告消灭。张弛.权利并存的类型化处理模式[J].华东政法大学学报，2013(1)：20.

推论而得的权利。案例 4 是较为典型的此种类型的权利冲突。在案例 4 中，我国法律仅明确规定了妇女享有生育或不生育子女的权利，但并未明确规定婚姻中的男性是否享有生育权。但根据生育权的行使必须经双方共同才能完成，以及婚姻法确立的男女平等原则，我们可以推定男士在婚姻中也享有受保护的生育权。本案中，由于当事人双方主观意志的分歧，双方的生育权不可能同时得以实现，产生了法定权利与推定权利之间的冲突。冲突均有规范意义上的实证性基础，但其中法定权利的实证性基础更加刚性，而推定权利的实证性基础相对稍弱。

（3）法定权利（或推定权利）与习惯权利的冲突。相冲突的各项权利部分基于法律的直接或间接规定，部分基于社会实践中的长久存在或习惯性遵守。案例 6 和案例 7 中均存在此种类型的权利冲突。隐私权是法律明确保护的法定权利；知情权则是公民社会监督权的派生产物，可以被视为推定权利；言论自由权本身虽然是一项法定权利，但在网络环境下，言论自由的形式方式非常特别：它可能并不表现为发表任何言论，而有可能简单的通过发帖（不一定是文字，可能是不加任何说明的照片、图片或视频）、转帖或点击评价等方式进行。而网友在进行上述网络行为时，并不对所转发或评价的网络内容的真实性做深入了解，甚至转发和评价本身不一定代表相信其表达的内容或持与该内容相同的观点和立场。这种行为方式是网络社区相当长时间内形成的惯例。这种习惯性行为是否能被理解为"言论自由权"的法定内容存在高度不确定性，而法律也未予明确的确认或界分。因而，此类权利冲突的本质是法定权利与习惯性权利之间的冲突，尽管这种习惯性权利被冠以了一个有相似或关联性的法定权利的名称。在此种类型的权利冲突中，相冲突各项权利的实证性基础是不同的。此类权利冲突在网络环境下最为多见，其解决方式对权利体系的演化和发展也最具价值。

4. 各项正当的同时具有实证性基础的权利在具体个案中无法均获得实现或者不能都获得完全实现。几个都能实现的权利也就无所谓权利冲突了。在解决权利冲突的时候，总会扬此抑彼，支持其中的一个或者各自的一部分。其结果是在双方的关系中，某方权利的丧失，或者各自丧失一部分。

第二章

系统法学研究视角与方法①

第一节　系统论与系统法学

　　已有学者对权利冲突的研究，有一些涉及到了社会学方法和经济分析法学的个别方法，但基本上都采用的是传统的"形态—性质"考察视角，讨论的是研究对象"是什么"，或者"应当是什么"。本文试图在前人贡献的基础上，用不同于传统的控制论、系统论、信息论的思维方式，从结构和功能角度来研究权利冲突"如何构成"、"怎样运动变化"等问题，从而寻求对应的解决方案。

　　系统法学是系统论与法学研究相结合的产物。它以独特的视角和全新的研究方法为法学研究提供了新的思路和工具。系统法学的结构主义和整体主义特点使它具有其他各个法学流派无法取代的优势，同时也决定了其必须克服的缺陷。科学、全面地认识这一新兴的法学流派及其研究方法，有助于发挥其积极作用，更好地分析解决现实法律问题。

①本章内容部分采用了作者发表的多篇论文的内容与成果。邹晓玫. 系统法学研究方法评述[J]. 惠州学院学报, 2007(2)；邹晓玫. 寻找权利的动态边界[D]. 中国政法大学硕士学位论文, 2005.

  法治进程的深入为我国的法理学研究提供了深厚的土壤，同时也提出了诸多富有挑战性的课题。面对日益复杂、多样的法律现象和法律问题，学者们不断将视野放诸更广阔的思维领域，寻求对法律更科学的本体认识以及更新颖的研究方法，力图进一步逼近法律的真实。继社会法学和经济分析法学的繁荣之后，一些学者尝试将现代科学应用于法学研究，产生了一些新的流派，如法律控制论、法制（立法、司法）预测学、法律博弈论等。系统法学正是这场全新探索的成果之一，它的出现为法学的发展提供了新的空间和视角。

一、系统与系统论

  系统一词来源于古希腊语，意思是由部分构成整体。今天的科学家们对系统的界定多达几十种，比较通行的系统定义为：由若干要素以一定结构形式联结构成的具有某种功能的有机整体。[①]作为一门独立科学的系统论，是美籍奥地利人、理论生物学家贝塔朗菲（L.Von.Bertalanffy）于1937年创立的。系统论的核心思想是系统的整体性，即任何系统都是一个有机的整体，而不是各个部分机械的、简单的相加。这一思想和亚里士多德"整体大于部分之和"的论断不谋而合。但系统论并未停留在这一哲学认识层面，它进一步将作为整体的"系统"分解为"要素"，同时关注作为系统存在条件的"环境"，研究系统、要素和环境之间的整体性、关联性，等级结构性、动态平衡性、时序性等特征，探求系统的结构与系统功能之间的联系。

  系统论实现了思维方式的深刻转变，跳出了西方由来已久的分析主义传统，使人们有可能更加真实全面的把握研究对象。因此，这一理论一经提出就受到广泛关注，并被应用到不同的研究领域。系统法学就是系统论与法学相结合所产生的新的法学流派。

---

①石峰,莫忠息.信息论基础[M].武汉:武汉大学出版社,2002.9.

二、系统法学

1. 系统法学

"系统法学是运用以系统论为代表的现代科学方法研究法制系统的调节机制及其演化的法律科学。"[①]最早使用系统理论分析法律问题的是德国社会学家 N. 卢曼，他将系统论用以解决法律决定的正确性等问题。[②]我国法学界研究和使用系统论的第一个高潮开始于 20 世纪 80 年代。钱学森将"法制系统工程"纳入其"系统工程体系"的设想激起了法学界一批早期的探索者的研究热情。他们将系统论的科学方法引入法制建设和法学研究，探讨系统论在法学领域适用的可能性[③]，并尝试将系统论方法用于具体制度设计[④]或综合运用系统论和控制论等新兴工具来实现制度决策[⑤]这些研究成果为系统法学在国内的深入发展打下了坚实基础。

进入 21 世纪后，系统法学研究进一步向纵深发展，运用范围突破法理学而广泛涉及诉讼制度建构、[⑥]刑事侦查以及法律史[⑦]等部门法学。研究方法和工具进一步精细化、前沿化。当前一些工程系统理论界的前沿性成果已经被应用于法律问题研究，如用系统复杂性理论分析证券投资基金[⑧]；以系统自生成理论重新认识法律体系的发展过程[⑨]等。

---

①熊继宁. 系统法学导论[M]. 北京：知识产权出版社，2006：11.

②郑永流（译）. 当代法哲学和法律理论导论[J]. 北京：法律出版社，2002：396.

③顾基发. 系统工程的一些基本概念、观点和方法步骤[A]. 系统科学法制研究会. 系统科学论著选(1). 北京：中国政法大学出版社，1987：233.

④马洪. 试论运用系统工程学探讨经济结构的调整[A]. 系统科学法制研究会. 系统科学论著选(2). 北京：中国政法大学出版社，1987：349.

⑤胡传机，湛垦华. 从耗散结构理论看我国未来经济的决策[A]. 系统科学法制研究会. 系统科学论著选(2). 北京：中国政法大学出版社，1987：389.

⑥阮丹生，杨正彤. 从系统论的观点看诉讼活动中的客观真实与法律真实[J]. 法学杂志，2003，(3)：44.

⑦祖伟，冯雷. 系统论视野下中国古代的礼与法[J]. 辽宁公安司法管理干部学院学报，2006，(2)：19.

⑧熊继宁. 系统法学导论[M]. 北京：知识产权出版社，2006：142.

⑨张骐. 直面生活，打破禁忌：一个反身法的思路—法律自创生理论评述[J]. 法制与社会发展，2003(1)：43.

这些学者的努力和探索，使系统法学形成了不同于以往任何法学流派的独特研究方法。

2. 系统法学的特征

已有文献对系统法学的特征有初步探讨，主要涉及以下几个方面：

（1）从整体出发、注重综合和立体网络式思维。对法和法律现象，从单因素过渡到多因素、多变量；从主要研究横向或纵向关系过渡到综合或综合交错关系，从而打破法学界实际流行的事物分割为单因素、单变量的考察方式。

（2）动态平衡和互动适应。在系统法学研究中，强调从动态中去把握事物，在系统的各种参数中，它重视时间参数注重系统状态和时间维度之间的关系，从而把法律控制的过程看作一个动态的过程，强调法制系统在动态反馈中达到内平衡，实现与环境的互动协调与适应。

（3）注重质和量研究的统一。系统法学不仅注重对事物质的描述，而且注重量的研究。力图运用数学手段和工具，使问题得到精确的表述，从而使人们对法和有关法的现象的研究从定性走向定量。

（4）注重研究和减少不确定性、偶然性和复杂性。深刻认识确定性、偶然性和简单性都是由于人的认识相对发展又发展不足的局限造成的。因此，更加注重研究法和法的现象的不确定性、偶然性和复杂性问题，并力图寻找特定目标和约束条件下的减少不确定性、偶然性和复杂性的方法、措施和对策。[①]

三、系统法学研究方法

1. 法治大系统视角

系统法学最初采用的视角定位是将整个法制体系和法治过程视为一个由立法、执法、司法等要素组成的动态整体；组成法治系统的各个要素之间以一定的结构方式彼此联系、相互作用，最终共同决定了法治系统的功能（及其能够实践的社会效果）；同时，组成法治大系统

---

① 熊继宁.系统法学导论[M].北京：知识产权出版社，2006：21-24.

的各个要素自身又是一个功能相对独立的子系统（如立法系统、司法系统，行政系统等），其性质和功能由其内部的组成要素之间的结构和特性决定；法治系统及其内部各个子系统均具有功能上的相对独立性，但却不是孤立存在的，系统与其外部环境之间、系统与子系统之间以及系统内部各个要素之间都存在着横向或纵向的物资交换和信息交换；法治系统可以通过物质和信息（主要是信息）的输入——输出和反馈等机制实现动态的自我调整和自我修正以适应社会的发展和需要。20 世纪 80 年代的理论成果主要采用的都是法治大系统的探究模式。

2. 系统分析

与诞生初期的宏大叙事方式和宏观视角相对，后继的研究者开始在法治大系统的框架之下，将系统论作为纯粹的方法论和解题方式来研究具体的法律现象和法律问题。其基本思路是：将研究对象构建为一个系统；确定该系统的内部组成要素和外部环境；分析系统的结构和功能；根据特定的功能需求改善系统结构方式或重新建构一个新系统，以保障特定法律目标的实现。这一方法对研究对象进行"整体——解构——再整合"的剖析，能够清晰的描述特定系统的结构、功能特点以及两者之间的关系；进而可以采取倒推的方式，根据功能的需要，对系统结构进行相应的调整。廖万里先生在研究侦控主体系统时就采用了这样的方法：通过对侦控主体系统的解构，分析其结构上的优点和不足，然后根据侦控系统最佳的功能需要，提出了"建立'侦捕诉联动'机制是发挥侦控主体系统效能的捷径"。①

3. 系统建模

在准确分析被研究系统的组成结构和运行机理之后，可以借助系统框图、电子元件或数学表达式来构建一个和该系统具有相同结构和功能的模型，作为研究相关问题的试验或辅助方式。图形建模是比较基础的建模方式，即用框图将系统的要素、环境及其之间的信息交换关系形象地表达出来。这种方式可以直观地体现系统的结构，为系统功能的改进提供更为准确可靠的依据。图形建模原是工程学领域的专

---

①廖万里. 系统论视角下的"侦捕诉联动"机制的法理评析[J]. 法学, 2006(5):120.

业方法，近来也被法学学者用于法律问题的分析。熊继宁先生在分析证券投资基金和直接投资的区别时，就绘制了"双反馈环"的模型图，清晰地展示了投资基金相对于传统投资方式的特点。[①]在图形建模基础上，借助电子元件或数学表达式来构建一个和目标系统具有相同结构和功能的计算机模型或数学模型，就可以模拟目标系统的工作状况。这些模型可以以实验的方式寻求结构改进的最佳方案，也可以作为辅助性设备，帮助完成系统任务。用计算机模拟审判过程而创造的电子判案系统，是典型的计算机系统模型。它用计算机软件模拟法官判案的定罪量刑过程，[②]得出的判决结论虽然尚不能达到绝对准确，但可以为法官审理案件提供参考性意见。

需要强调的是，系统建模必须以系统分析为基础，而计算机建模和数学建模又必须以图形建模为基础。模拟结果的真实与否，取决于建模者对系统结构的把握是否全面、真实。也就是说，系统分析得越透彻，建立的模型越具有解决问题的实用价值。

第二节　系统法学研究的特点、困境及出路

一、系统法学研究方法的特点

在系统法学出现之前，以自然法学、分析实证主义法学和社会法学为主代表的多种流派的研究方法支撑着法学大厦。这些方法有些是历久而不衰，有些是方兴而未艾。系统法学是否能够在丰富多彩的法学方法论中独占一席之地，取决于这种研究方法是否具有不同现存任何方法的科学合理之处。

1.功能主义——对传统研究方法的"另一类"叛逆

自然法学、概念法学和经典的社会法学方法论上的共同特点是采

---

①熊继宁.系统法学导论[M].北京：知识产权出版社，2006.177.

②刘春雷，张闻宇."电脑量刑"面世历程[J].法律与生活，2004(18)：34.

用"形态—性质"的考察视角，侧重研究某一法律问题"是什么"或"应当是什么"。系统法学"背叛"了这一经典的模式，将关注的焦点从对象的性质转移到对象的构成结构和该种结构造就的功能结果上来，即关注法律问题"如何构成"、"怎样运动"、"功能如何"。通过以下几个角度的对比，可以更全面深刻地理解系统法学的功能主义：

（1）价值无涉性。与自然法学不同，系统法学并不关注法律的合法性来源以及法律本身应当具有哪些品质，也不评价法的哪些价值应当处于决定性的地位。系统法学的研究对象是现实的法律世界，描述现实的法律过程。系统方法本身不能告诉我们公平和效率哪一种更好，它只能通过分析向我们描述：某一制度或策略是否能、以及如何影响公平或效率的实现；至于优先实现哪一种价值，是系统之外的决策者的选择。这就像医生能告诉我们通过何种方法能够挽救一个濒危的生命，却不能也不当去判断该患者是好人还是坏人，以及他病愈后会有如何行径。

价值无涉性使系统法学能够秉持一种相对客观的姿态，来集中构建实现某一目标的具体方法，而不是拘泥于"应当"与"不应当"的无休止争论。从这个角度而言，系统法学的功能主义是一种工具理性。

（2）动态性和建构性。价值无涉的特点似乎使系统法学与概念法学有了更多的共同语言。但事实上，系统法学的价值无涉性和概念法学的"就法而论法"有着本质的区别。概念法学强调经正当程序产生的国家法律即是执法和司法的正当前提和根据，法学的任务只是如何使这些被推定为正当法律完全地作用于社会。而系统法学将整个立法、执法、司法过程视为一个相互联系的整体，执法和司法不仅仅是简单的服从立法，而是通过信息反馈等方式反作用于立法，将法治过程视为一个自我调整、自我完善的自适应系统。在这个系统中，信息不是简单的单向流动（图 2-1），而是形成一个闭合环路，达到动态平衡。同时，法治系统作为社会大系统的一个组成部分，与其系统环境中的各项因素密切联系，法治系统与社会环境之间也存在着信息交换（图2-2）。

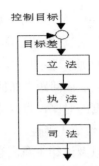

图 2-1 法治系统的单向流动　　图 2-2 法治系统与社会环境的信息交换

此外，与概念法学侧重概念分析、逻辑分析和法律技术的研究不同，系统法学并不认为现有的国家立法是当然正确的。系统法学认为现有法律系统的实际功能是由该系统的要素特性和结构运行特点决定的，而要素和结构都是当然可以改变的。系统法学的任务是根据决策者对法治系统功能的要求，去建构具体的实现方案。这种建构性特点和概念法学的当然适用有着根本区别。

（3）相对确定性。在三大法学流派之中，系统法学与社会法学的联系最为密切。系统法学的重要代表人物 N.卢曼首先意义上是一位社会学家。但这并不意味着系统法学只是社会法学的一个分支甚或附属产物，它与经典的社会法学在视角上存在根本差别。社会学法理学认为，法律秩序意义上的法律的作用和任务在于确认、承认和保障各种利益以达到社会控制目的。法律律令乃是从保障社会利益中获致其终极权威的，即它的即时性权威和直接权威源于政治组织社会。可见社会法学将法律的形成和发展、作用直接溯至社会，淡化甚至抹去了法律系统与社会之间的界限。这在扩展法学视野、开创研究方法的同时也造成了一定程度的不确定性。社会利益几乎是所有社会规范的终极决定因素，到底哪些部分属于法律和法学应当聚焦的范围？现代社会的利益如此多元化，到底哪种或哪些利益应当成为法律应当保护的内容？社会法学面临的问题就是在这许多的不确定中寻找到一种相对确定的"社会利益"。与社会法学不同，系统法学虽然承认法治系统与社会环境紧密联系，但也明确了环境对系统的功能只是影响而非决定，决定系统功能的是系统内部的要素和结构。也就是说，法律系统虽然生成于社会、存在于社会之中，但其一旦形成就具有了相对于环境的独立性、确定性特征，形成了一个自我发展的自适应系统。法学有自己相对独立的确定的系统边界。此外，系统法学认为，法治系统的目标虽然是复杂的、不断变化的，但在某一具体时点上应当是相对确定的，如效率优先或公平优先，然后才能根据这一确定目标调整系统结构和运行方式。这与社会法学中"交往理性"、"商谈理论"等相对理性思维方式有明显不同。

2. 整体主义——与经济分析法学工具理性的分野

向其他学科学习方法论用以解决法学问题，这并不是系统法学的首创。经济分析法学在这一方面起步较早而且成果颇丰。系统法学和经济分析都强调方法论的工具理性，都强调自身研究方法的价值中立和科学性。但系统法学的研究方法与经济分析法学还是有着重大的差异，集中表现为整体主义和个体主义的对立。方法论整体主义包含以下三个基本主张：其一，社会整体大于部分之和；其二，社会整体显著的制约和影响其部分的习惯行为或功能；其三，个人的行为应该从自成一体并适用于整体社会系统的宏观力量演绎而来，从个人在整体中的地位演绎而来。

（1）系统法学的核心原则之一即强调要将研究对象作为一个有机整体来看待。"系统"一词的原意即是由各个要素有机联系而成的统一整体。系统的重要特性之一是具有涌现性，即系统会表现出各个要素及其简单相加所不具有的功能和特性。系统论各种具体方法的运用，无一不是以系统的整体功能实现和完善为前提的。经济分析法学则与系统法学截然不同，它是建立在理性人个体的成本——收益衡量基础上的。虽然后来的制度经济学等对这种极端的个体主义有所修正，但经济人假设和个体基于利益衡量的行为选择仍不失为经济分析法学的重要基石。

（2）系统目标和评价维度的多元化。经济分析法学顾名思义，即是以可量化的经济指标为分析素材，只能从效益的维度分析某一法律制度或法律系统是否有效利用了资源（主要是物质资源）。对于法治这样一个复杂的大系统而言，单一的效益评价维度显然太过单薄。而系统法学则克服了经济学方法的这一缺陷。它可以根据决策主体的不同需要，研究系统的稳定性、信息通畅性、自适应能力、抗干扰能力等，并可以通过加强负反馈、减少流通环节、衰减噪声等方法对这些性能加以控制和改进。同时，效率评价也是对系统功能评价的重要维度之一，从这个角度而言，经济分析可以纳入系统分析，作为效率评价的一种工具。

（3）分析工具的多样化和兼容性。系统目标和评价维度的多元化，决定了系统论分析工具的多样性。例如，可以应用控制论工具来设计和改进法治系统的结构；应用信息论解决系统稳定性问题；利用博弈论处理某些系统要素之间的关系等。总之，一切有利于实现系统总体功能和目标的工具和方法皆可纳入系统之内，经过系统的有机整合消除其冲突，使其各展所长、各有所用，共同实现法治系统的总体目标。系统理论的这种兼容性和开放性也许正是其独特的生命力所在。

二、系统法学研究的困境与出路

系统法学以其研究方法上的独特性，开辟了法学研究的一种新思路，将其称之为一个独立的法学流派并不过分。但正如现存的任何一个法学流派一样，系统法学也面临着自己的研究困境，能否有进一步的发展，取决于该方法的研究者和应用者们能否找到有效的手段来克服系统研究方法的缺陷。

1.功能主义和工具理性使系统法学长于对法制现实的描述，其次是对未来一定程度的预测，而对于法律的初始生成及其合法性等问题鲜有独特的理论阐述

与其他法学流派相比，这一缺失使系统法学的理论体系缺乏完整性。近来有学者尝试以自创生理论来解释法律的生成和演进过程，这无疑是一个有价值的拓展点。作为一个产生不久，又曾一度声寂的法学流派，系统法学还有待于许多类似的生长点上的理论拓展，来使它的基本构架完整、立体、丰满起来。

2. 如何使系统理论更好地适应法治这个社会大系统

系统的适应性是系统理论的重要研究课题。系统论本身作为一种研究方法，从工程技术领域引入法学领域，也存在一个适应问题。毕竟，社会系统的运行规则和生物学、物理学、工程学等领域的规律有着显著的不同。社会主体的多元和价值选择的多样化，使包括法律现象在内的社会现象包含有更多的任意性和偶然性，这就使法治这个本已庞大的系统变得更加复杂。系统论能否很好地适应这种学术领域的的转变、充分发挥上文中所论述的特点为法学研究做出独到的贡献，取决于以下两个方面的突破：其一，是系统论本身的发展和创新。系统科学本身是一门独立的学科，有大量的科学工作者在从事方法论层面的研究。其中，复杂大系统也是重要的课题。该领域的成果无疑将对法治这个典型的复杂大系统的研究和控制大有助益。其二，也是最重要的一方面，即系统法学理论的研究者们，应当避免只是将工程系统论简单地套用于法律现象；而应当秉承系统论的基本精神，结合社会科学和法学自身的特点，发展出真正意义上的"系统法学"的工具和语汇，形成"系统法学"的论证体系。这样才能从根本上完成法学对系统论的吸纳，才能使系统法学这一流派形成底蕴并焕发活力。

3. 处理好专业化和通俗化的关系

系统法学的基石是系统科学。这是一门在工程技术领域有近百年学科史的独立科学，已经形成了一整套学术语汇，包括基本术语、分析工具、仿真建模等。系统法学要借用系统论来研究问题，难免要使用这些语汇。但是，多数这些工程技术术语对于没有相关专业背景的法学学者和受众而言，非常难于理解。如果不加以适当的法学化翻译和转换而一味地套用，恐怕会使系统法学的理论阐述成为一种艰涩生硬的文字游戏。如果说经济分析法学的诸多指标和曲线还让"外行"读者有一根"成本—收益"的稻草可抓，满篇工程术语的系统法学将成为彻底自说自话的"天书"，让人望而却步。因此，系统法学学者在应用系统理论进行专业化的研究同时，还肩负有用通俗的法学语言表达系统论精神，将系统法学浅近化、通俗化的任务。

迄今为止，系统法学的价值和前景如何，甚至于它能否称之为一个独立的法学流派，仍然莫衷一是。不论它是理性之神的惠赐还是希腊神话里西西弗斯肩上永远无望推上山顶的巨石，既然它已经进入我们的视野，我们就应当走近它、接触它、尝试使用它，才能最终对其做出客观、公正的评价。

第三章

权利冲突的系统化模型

第一节　权利概念的系统论解读[①]

在系统论的视角之下，权利可以视为是一个由若干相互关联的要素所组成的系统。一个完整的权利概念应当包含正当性、规范性和实践性三个必不可少的要素。基于这一认识并结合行为可能性空间理论，可以将权利界定为：主体所享有的现实可确定的法定行为可能性空间。这一定义通过改变权利概念系统的结构克服了以往各种权利理论的缺陷，全面体现权利概念系统的三要素并实现他们相互的动态制约和平衡。在法律实践中，这一系统论权利界说将在保障人的主体选择权基础上最大限度地克服主观臆断，并能够较好地解释实践中的权利冲突问题。

---

①本节内容综合采用了作者发表的多篇论文的内容与成果。邹晓玫. 法律权利的演化和生长空间——控制论视角下权利冲突的结构功能[J]. 黑龙江省政法管理干部学院学报, 2007(2)；邹晓玫. 系统法学研究方法评述[J]. 惠州学院学报, 2007(2)；邹晓玫. 寻找权利的动态边界[D]. 中国政法大学硕士学位论文, 2005.

一、系统目标的确定

从法学诞生之日起，对于权利本质的争论就从未平息过。作为建构庞大法律帝国的最基本单位，权利的界定实际上意味着我们对法律根本性质的理解，也直接反映着法律体系在社会中的基本角色。中国法理学兴起至今，关于权利本质的界定一直未有通论，各家学者站在不同的学术角度、针对不同的时代特征见仁见智，具有代表性的学说也有十余种。

理论本身没有绝对的对错之别，但却有着深刻的时代印记。在信息时代的浪潮之下，以系统论为代表的现代科学理论以其独特的思维视角在各个学科领域获得了广泛的关注。以系统理论审视法律世界，法治本身便是一个复杂巨系统，而权利则可视为这个复杂巨系统中一个最基本的要素，它和法治系统的其他要素之间的关联和互动，从根本上决定着法治系统的最终社会功能。相对于法治系统的庞大，权利无疑具有基本构成单位的要素属性。但权利这一要素本身也是由其内部多重属性的相互牵涉制约而成，因此，我们可以将权利本身视为一个独立的子系统，研究它的内部结构和各个组成要素之间的关系，从而有可能从更全面真实的角度界定权利的概念，为这一法学核心问题的研究提供新的思路。

二、目标系统的要素研究：权利的构成要件分析

系统论区别于以往研究方法的关键在于，自然法学、概念法学和经典的社会法学方法论上的共同特点是采用"形态—性质"的考察视角，侧重研究某一法律问题"是什么"或"应当是什么"。系统法学"背叛"了这一经典的模式，将关注的焦点从对象的性质转移到对象的构成结构和该种结构造就的功能结果上来，即关注法律问题"如何构成"、"怎样运动"、"功能如何"。所以，当我们将权利本身视为一个由许多相互独立而又互相联系要素所构成的系统时，首先必须对这个目标系

统进行结构研究，即需要明确这个系统中到底包含着哪些要素，他们之间的关系如何。

我国现代意义上的法理学没有西方法学理论那般渊源久远，也没有经历泾渭分明的众多法学流派的争鸣与碰撞。但若细究"权利"这一核心概念看似不动声色的演变轨迹，仍可以看出，在短短几十年法学理论的发展史当中，我们的认识发展进路和西方三千年法学思想的流变历程有着深刻的暗合。西方法理学经历了从自然主义→实证主义→现实主义（或谓之社会本位）的强强接力，我国学界对于权利本质的认识则表现为：重正当性→重规范性→重实践性（或谓之社会性）的发展脉络。而正当性、规范性、实践性这三种属性正是构成权利概念系统的三个相互关联的要素。

1. 正当性

"权利最本质、最核心的东西即'正当'。"[1]能够作为权利予以肯认的行为首先必须是正当的，这对任何一个理性人而言都很容易接受。几乎所有关于权利本质的讨论都涉及了权利的正当性问题。但究竟什么是"正当"？法学中的"正当"恰如伦理学家为我们设定的"善"的最高范畴，闻者皆能心有戚戚，但又概莫能名之。于是不同的学者从不同的角度寻求权利的正当性根据。自由说将权利界定为"权利就是由自由意志支配的，以某种利益为目的的一定的行为自由"，[2]将自由之不可剥夺和必须最大限度地保障作为权利正当性的依据。利益说主张权利是"法律关系主体依法享有的某种权能或利益。"[3]利益说背后是人类趋利避害的本性在作为正当性的说明。还有学者从心理学角度提出权利的正当性根源于人的本能。[4]可见正当性是权利本质不可回避的论题，不论主张权利的正当性源自何来，主张者都必须提供一种正当性的解释。近期有学者甚至主张，正当性是权利本质的唯一要素，

---

①范进学.权利概念论[J].中国法学,2003(2).

②程燎原,王人博.赢得神圣——权利及其救济通论[M].济南:山东人民出版社,1998.

③沈宗灵.法学基础理论[M].北京:北京大学出版社,1988.

④张永和.权利的心理学分析——本能——一个考察的新视角[J].学习与探索,2006(2).

即"权利就是正当的事物，义务就是应当的事物。"①这一观点可以说是正当性权利观的极端体现，该观点无疑对权利的正当性要件予以了充分的重视，但将他作为构成权利的唯一要素，笔者认为有欠妥当。正当的事物很多，但并不都能谓之以权利。例如，一个罹患绝症不能动弹而又备受疼痛煎熬的病人，要求结束自己的生命，无疑具有人道主义意义上的正当性，但稍有法律常识的人都知道我们尚不能说安乐死是一项权利，哪怕仅指应然权利也过于武断。此外，某一事物是否正当，难以有客观的标准，一种理论下的正当，很可能在另一理论的视角下不具有正当性。可见在正当性之外，权利概念系统中必然还包含其他必要要素。

2. 规范性

所谓规范性是指具有主观上正当性的事物必须由法律规范承认或认可，方能称之为权利。对权利本质的认识由单纯考虑正当性发展到在正当性基础上考察规范性，实质上就是权利客观化的过程。②在西方，这一转变是在实证主义向自然主义宣战并分庭抗礼的过程中完成的。值得说明的是，由于我国的现代法理学起步较晚且总体而言吸收实证主义法学的元素较多，因此从一开始就表现出了对权利的规范性要素的重视，规范性权利学说的出现在时间上并不明显晚于正当性权利学说，较早的一些权利学说就已经将规范性作为比正当性更具决定意义的权利构成要素。20世纪80年代初提出的"法力说"、"可能说"、"资格说"都明确地将法律的认可作为权利成立的必需条件。其中以"法力说"最为典型，该学说主张权利是"法律对法律关系主体能够做出或不做出一定行为，以及其要求他人相应做出或不做出一定行为的许可与保障。"③。对权利必须具有规范性的认识，是权利概念学说的进一步深化，它使我们走出对于应然权利的不切实际的玄想或过高的期待，意识到权利必须由法律予以确认和保障方才客观实在。权利并不能确保一切正当都成为可能，它只能确立和保障那些现有国家公权力

---

①范进学. 权利概念论[J]. 中国法学, 2003(2).

②易锋. 权利客观化试论[OL]. 法律思想网. http://law-thinker.com/show.asp?id=3403.

③中国大百科全书网络版. 法学[OL]. http://202.112.118.40:918/web/index.htm.

力所能及的正当性权益。

3. 实践性

所谓实践性是指，某种正当性的事物经过法律规范的确认，还需具备在现实生活中的可实现性才能称之为真正意义上的权利。换言之，无法真正实现或无法确实享有的权利只是空头的许诺，不是真正的权利。对于权利的实践性要素，关注程度远不及前述的两种要素，甚至会有很多学者质疑实践性到底能否算作是权利的必要构成条件。但现实生活中越来越多的法定权利之间的实际冲突提醒我们，有必要对权利的要素和结构进行反思和重构。例如，商品住宅楼的业主和物业都主张楼内走廊张贴广告的收益应当归自己所有。前者基于对公共空间面积的所有权主张该收益权，后者基于对公共空间的维护和合理使用主张该收益权。两者都有一定的正当性，也都有相关的法律规定作为规范性依据，但在现实生活中，这项收益权的主体只能有一个，必然有一方实际上不能享有这项收益权。而且不仅是在这一个案中不能同时享有，判例的参照作用会使之后的类似案例都按同一原则处理，也就意味着必将有一方主体一般性的丧失这项收益权。如果这时我们还执意要根据正当性和规范性的具备而坚持两方都对该收益享有权利，则即便不是有意脱离现实，也有自欺欺人之嫌。权利冲突的广泛存在说明社会现实和法律规范所肯认的正当性之间，存在着不可忽视的距离，国家不等同于社会，法定不等于真实。因此，在传统的正当性和规范性之外，重视权利的实践性要素有着极其重要的意义。近期国内也有学者注意到了社会现实因素在权利界定中的作用，提出了"权利是为社会或法律所承认和支持的自主行为和控制他人行为的能力，表现为权利人可以为一定行为或要求他人作为、不作为，其目的是保障一定的物质利益或精神利益。"[1]如果说规范性加入是主观权利转化为客观权利，那么实践性的添加，则将使客观权利进一步转化为现实权利，使权利概念更加趋近于真实。

---

①周永坤.法理学——全球视野[M].北京:法律出版社,2000.

三、系统内部结构的转变：权利概念的新界定

1. 现行权利概念系统的结构缺陷

就每个具体理论观点来看，现有权利理论对于权利概念的界定基本上是以上述三个要素中的一个为核心关注点，涉及或部分涉及其他两个要素，据笔者所占有的资料，几乎没有对三个要素有非常完整概括的理论。特别是对实践性要素，更是少有涉及。从静态角度看，基本上可以归纳为"正当性核心论"和"规范性核心论"。前者以正当性为权利本质属性，涉及或隐含规范性考虑（如图3-1）；后者则以规范性即法律的规定为权利的灵魂，涉及一定正当性（如图3-2），或者干脆认为法律的规定本身就是权利的正当性根据（如图3-3）。

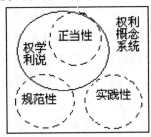

图3-1 正当性核心论

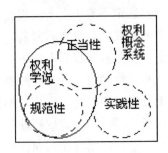

图3-2 规范性核心论

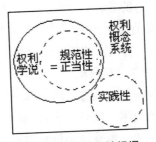

图3-3 权利的正当性根据

就权利理论整体而言，权利的界定经历了一个正当性—规范性—社会性的直线型动态过程，因而在时间维的每一个点上，没有哪种概念能够非常完整的涵盖这三个必要要素。在系统论的视角下，我们试图寻找到一种权利的界定方式，能够改变现有权利理论的这种动态和静态结构，实现在一种理论中，正当性、规范性和实践性三要素的并存和相互影响、相互制约（如图3-4）。

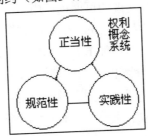

图3-4 正当性、规范性和实践性并存和相互影响、制约

2. 新的权利概念及其系统结构特点

（1）权利概念的系统论界定

系统论视角下，"法律调节实际上是控制者运用法律技术对人们行为可能性空间的调控。根据一定的调控目的和价值选择，立法机制确定人们行为的规范行为可能性空间。"[①]该文作者首次提出了行为可能性空间理论，使权利本质研究从单纯形态分析向功能结构研究的转化成为可能。所谓人的行为可能性空间是指行为主体各种可能采取的行为方式的集合。社会生活中的个人、社会组织、团体、国家都是社会

---

① 熊继宁. 系统法学导论[M]. 北京:知识产权出版社,2006.

中的行为者。它们各自具有的各种可能性的行为方式的集合，就是他们的行为可能性空间。[1]从行为可能性空间理论出发，我们可以把权利界定为：主体所享有的现实可确定的法定行为可能性空间。

（2）系统论权利概念的结构分析

①系统论界说同时涵盖了正当性、规范性和实践性三个要素。首先，这一界定将正当性的范围扩展到最大化，将主体所有可能做出的行为都赋予了最初意义上的正当性，不以任何主观价值评判为根据进行取舍。这比以往任何一种正当性理论都更具包容性和开放性。

其次，行为可能性空间的法定性，明确了可能称之为权利的行为空间必须是经过法律按照一定的取舍标准予以缩小之后的空间，明确体现了规范性的要求。

最后，"现实可确定性"则集中反映了这一界定对实践性的重视。这里"现实可确定性"有三层含义：一是指权利所规定的行为空间，在现实生活中具有明确的实现的可能性。比如，如果法律规定每个公民都享有在太空中自由旅行的权利，这一行为空间虽然具备传统权利的要件，但它在现实的社会条件下无法兑现，实际上是将不可能的行为强行划入了"行为可能性空间"，因此这样的法律规定也不能构成真正的权利。二是指该法定行为空间在现实生活的具体情境中，能够唯一性、确定性地属于该权利主体，不存在规范性的空间归属争议。换言之，当我们说某人享有某项权利的时候，就应当意味着只要他愿意，就能够实际进行该项权利范围内的活动，而不会遭遇其他有权利作为依据的对抗性请求权。前文所述之"权利冲突"的大量存在，恰恰说明了不考虑权利的实践性要素所带来的问题。在系统论界说的视角之下，所谓的"权利冲突"并不是两个真正意义上的权利的冲突，而是由于规范的缺失或不明确，造成的两个主体行为可能性空间的重叠。它不是权利冲突，而是权利缺失或待确定。三是"现实可确定性"不同于"现实必要性"。上文论述的可确定、可实现中隐含着主体的可选择性，他希望行使权利时就可以不受阻碍进行特定行为，但他也可以

---

[1]熊继宁.社会变革与结构性缺陷——经济体制改革中的法律调节机制[M].北京：法律出版社，1991.

选择不去行为。这就不同于"确定性"和"必须实现"。这也是系统论界定之下，权利和义务的区别所在。

②系统论界说使权利系统内部三要素实现了互相制约的动态稳定结构（如图3-5）。

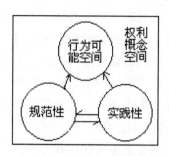

图3-5 系统论界说实现三要素的动态稳定结构

首先，实践性要素从客观上决定了行为可能性空间的范围。我们将行为可能性理解为权利的正当性根据，而人们在社会中的行为可能性空间的大小很大程度上是由当时所处的社会历史实践阶段所决定的。社会实践的发展从根本上决定了人们行为可能性空间大小，并由此而决定着权利内容和范围。例如，今天我们对享有飞行安全的权利习以为常，但在几百年前人类飞行是不可实现的行为，因而在当时绝对不应当也不可能出现"安全飞行的权利"。可见，权利的实践性对其正当性有着制约作用，不可实现的事物，无以言其正当性，也无从成为权利。

其次，规范性要素根据社会价值观念对行为可能性空间进行主观性限定。在特定历史条件下，行为可能性空间的范围是相对确定且客观的。但法律是人创设的产物，又要完成社会控制的任务，因而不可避免地要具有一定主观性考量。法律必须根据立法者的价值选择和主观判断对行为可能性空间进行取舍。某些行为即使在客观上可能，但由于其不符合立法者的主观目的，经过法律的筛选，也必然被排除在权利的范畴之外。比如杀人、抢劫在客观上是可能的行为方式，但经由法律的禁止性排除之后，这种行为便丧失了成为权利的可能。如果说实践性要素决定了哪些行为是"可能的"，那么规范性要素的作用就在于他决定了哪些行为是"可以的"。如果在立法者看来某种行为"不可以"容忍，那么即便它是"可能的"，也决不会成为权利。

最后，规范性和实践性两者是交互影响的。一方面社会实践决定着社会主体的价值选择、认知水平。而民主社会中的立法者意志实际上是所有社会主体的意志经过多方博弈所形成的一种中和或妥协的结果。所以立法者的主观选择和判断，早已打上了深刻的社会实践的烙印；另一方面，法律规范设定了社会的基本秩序和结构，对社会生活的每一个领域和社会中的每一个人施加影响。经过长时间的调控，一部分的法律秩序逐渐被内化为社会秩序的一部分，从而以社会传统的方式对人们的行为可能性空间产生影响。

就这样，规范性要素和实践性要素在交互影响的基础上共同约束着作为正当性的体现的行为可能性空间，共同构成了系统论视野下权利的本质内容。

四、转变后系统功能的改进：系统论权利界说的价值

1. 以行为空间作为权利本质，使对权利本身的认识最大限度的脱离主观臆想，具有客观性和现实性

以往的各种权利学说，不论是以利益、自由、还是本能作为正当性的依据，都无法避免在什么是利益、什么是自由、什么是本能的追问面前陷入主观性的取舍和判断。因而可能在权利体系需要发展的时候造成理论上的困境。例如，在中西法制历史中，都曾有一段时间将一夫多妻界定为一项权利，如果我们以本能理论或利益理论来解释这项权利的正当性，那么今天普遍确立的一夫一妻是否就不在具有本能论或利益论意义上的正当性呢？可见，在这权利体系发展过程中某些传统界定会较频繁的遭遇困境，至少是需要重新厘清。而系统论界说中的行为空间本身就源于社会实践，因而以最大的包容性将所有可能进行的行为都包含在内，作为法律规范和社会秩序进行进一步取舍的初始原料。把所有的主观价值判断、取舍的权力交给了立法决策主体，而不是由权利主体个人自行确定什么能够成为权利。这并不是说权利

主体对权利的内容和范围没有任何影响力，系统论界说的用意在于强调，人们不能基于"我认为这应当是我的权利"就主张享有该权利，他可以也只能通过在民主立法过程中参与自己的主观意见来达成他的诉求，而不能通过直接确定那些行为具有正当性来实现这一目的。这也是系统论视角下的权利学说和已有各种理论的最大分野。

2. 将所有主观价值考量集中于规范性过程，不但没有剥夺人的主体性，相反是将最大的主动权赋予了人

规范性要素虽然只是权利系统的一个组成部分，但它本身也是一个由许多要素构成的子系统，其中很重要一个就是立法者的主观因素。在民主时代，这个因素不再是某个人的好恶，而是全部社会主体多重博弈的结果，包含了所有参与者的主观性。民主程度越高，这种主观判断就越具有公平性。同时，将权利形成过程中的所有主观性活动全部集中通过规范性要素予以实现，远比让各方主体就哪些事务属正当性、哪些应当纳入权利范围进行无休止的争论更具效率性。所以，通过规范性要素缩小权利空间的过程，也是最大限度尊重人的选择的过程。

3. 社会实践因素的加入赋予了系统论权利界说最大的开放性并能够避免陷入权利冲突的悖论

实践性的参与，使社会现实中所有因科学进步或是社会发展所造就的新的行为可能性立即就能够纳入权利考虑的范围。这就是权利体系保持了权利系统对社会生活的开放性，并为权利与生活保持动态同步成为可能。同时，学界一直存在关于权利冲突问题是否是伪问题的讨论①，可以在系统论的权利界定方式下得出明确结论：所谓的"权利冲突"并不是两个真正意义上的权利的冲突，而是由于规范的缺失或不明确，造成的两个主体行为可能性空间的重叠。它不是权利冲突，而是权利缺失或待确定。

①郝铁川.权利冲突：一个不成问题的问题[J].法学,2004(9).

第二节　系统法学视野之下的权利冲突①

一、法律控制论的视角

控制论法学是系统法学理论的一个分支，或者说是系统法学侧重控制论方法的一种变形。无论从思想渊源、理论基础还是分析工具上讲，都与系统法学理论紧密联系。控制论法学试图"不采用把法的功能属性归结为某一具体事物的方法，而从法的构造和动作原理上，从其各子系统之间，以及系统和社会环境的联系中，也就是说从其机制上去考察，从而从形态—性质的描述过渡到结构—功能的研究"。②从控制论的角度来研究法制系统，可以将法视为：社会自组织过程中，利用国家强制力减少行为不确定性的规范控制系统。法制系统是通过有组织的暴力，强制性的缩小人的行为可能性空间，来达到减少社会行为的不确定性的控制目的的。所谓社会的有序状态就是人的行为可能性空间相对缩小或是行为不确定性相对减少的某种状态。而社会控制，就是国家为了有效的组织社会的政治、经济和文化生活，通过一定的约束条件，缩小人们的行为可能性空间，使之按照国家目的所要求的方向发展。

行为可能性空间是法律控制理论中的重要概念，也是实现社会控制的逻辑起点。《社会变革与结构性缺陷——经济体制改革中的法律调节机制》一书作者首先界定并使用了行为可能性空间的概念。以此为切入点分析并指出了在我国计划经济向市场经济转轨的过程中出现的

---

①本节内容综合采用了作者发表的多篇论文的内容与成果。邹晓玫.权利概念的系统论解读[J].当代法学论坛,2007(6);邹晓玫.系统法学研究方法评述[J].惠州学院学报,2007(2);邹晓玫.寻找权利的动态边界[D].中国政法大学硕士学位论文,2005;邹晓玫,李玥.理性主义限度与行为法学——以《法社会学视野中的司法》为例[C].第三届系统工程学会论文集,北京:中国政法大学出版社,2013:223.

②熊继宁.社会变革与结构性缺陷——经济体制改革中的法律调节机制[M].北京:法律出版社,1991:9.

两次宏观失控，其根本原因在于社会控制模式中存在"结构性的缺陷"，提出引入"法律控制模式"，以沟通"政府—市场—社会"的三元模式，实现向新的社会稳态结构的过渡。[①]该文作者已经成功将行为可能性空间理论应用于对法律运作模式的解释，即解释法律如何通过限制和缩小行为可能性空间来实现社会控制。

二、理性主义限度与行为法学[②]

1.法的理性主义限度

法文化在结构上可以分为三个层次：深层结构，即反映该社会终极性法律理想与信仰的观念和行为模式；中层结构，即对观念和行为模式进行系统说明、解释和确证；表层结构，即法律认知、情感体验和心理评价。法的理性主义归属于法文化的中层结构，其过程只是一种基于法文化的深层结构由内而外的单向度理论演绎，是一种理性建构。由于它没有将作为实证经验基础的表层结构纳入分析范畴，其本身在哲学意义上就存在缺陷。具体地说，法的理性主义限度表现在以下几个方面：

首先，法的理性主义在本质上永远无法实现"完备理性"。不可否认，法的理性主义通过形而上的研究方法，提出过许多富有洞见的理论假设，具有"片面的深刻性"。但是这些理论假设往往只关心对未来事件做出完美预测，实现"全局最优"，却没有理会是否与现实脱节。比如，对于法律制度的演进，理性主义一般认为是社会理性选择的结果。但是，要说明这一结果，就必须研究法律制度的演进过程，而演进过程是一个基于实证经验基础的现实过程，属于历史范畴，不可能达到"全局最优"（即"完备理性"），只能找到"局部最优"（即"有限理性"）。因此，法的理性主义所能实现的对未来事件的完美预测，

---

① 熊继宁.社会变革与结构性缺陷——经济体制改革中的法律调节机制[M].北京:法律出版社,1991.

② 邹晓玫,李玥.理性主义限度与行为法学——以《法社会学视野中的司法》为例[C].第三届系统工程学会论文集,北京:中国政法大学出版社,2013:223.

只是"有限理性"。①

其次，法的理性主义不能解释社会多元化。理性主义的演进过程是这样的，处于理想状态中的理性人，对自己的地位、财富、性别、种族等等状况一无所知，然后以自私为前提和需要，进行理性思考和分析，被迫选择公正、善以及正义等等这类抽象价值。而近现代以来，市民社会与国家界域的分化、对立和互动发展，造就了私人领域和公共领域、特殊利益和普遍利益、个体权利与公共权力、市民文化和公共理性的分野，市民社会与政治国家呈现的是纷繁复杂的多元化格局。而分析法的理性主义偏执就在于将现实社会中处在不同界域、具有不同历史文化背景的现象，用一个人为建构的理性标准进行普遍性的制度安排和意识规制，忽略了社会多元化的特点，从而也不可能实现其预先设定的理想目标。②

再次，法的理性主义在形式上缺乏对人的心理及外化行为的关注。现代法学的发展已逐步意识到法文化的底层结构，即法律认知、情感体验和心理评价对于法律发展的重大影响，但囿于法的理性主义抽象的哲学思辨，对人的心理及外化行为的研究都浅尝辄止。将法视为一种静态的法，即书本上的法，而没有作为动态的法，也就是生活中的法即法行为，没有关注行为人的心理机理及其外化行为与多元社会各方面的关系。

因此，可以说，思辨式的法学理性主义运动正面临着严重的挑战，亟待一种新的研究方法的介入。

2.行为学介入的突破

当代法学大师哈耶克曾对于通常我们所接受的建构理性法学观作过经典评判，他从知识论的角度，认为人们所掌握的知识是分散的，任何人都无法把握所有的知识，也就无法设计针对所有人的行动的规则，无法对社会秩序加以设计和改造，这样的一种理性的努力必然对自由构成威胁。哈耶克得出结论：社会秩序在事实上必然不是理性建构出来的，而是一个自生自发的秩序。因此，如果说法律是作为人们

---

① [美]唐·布莱克.社会学视野中的司法[M].郭星华等译.北京:法律出版社,2002.

② 谢邦宇等著.行为法学[M].北京:法律出版社.1993:4.

形成社会秩序的规则，法律就不可能被认为是设计或创制的，法律必然包含了行动的意外后果在内的秩序规则，这些规则是我们的理性所不及的。人们所能做的就是"发现"这种法律。

在经济学界，当 1994 年博弈论获得诺贝尔奖时，不妨宣称，经济学理性主义运动达到了它的高潮，它用博弈论的语言重写了当代经济学，整个经济学成了博弈论矩阵，"完备理性"的假设登峰造极。但自 1998 年阿马蒂亚·森将行为现象引入经济学而获诺奖始，理性主义就遭到了质疑。2000 年获诺奖的阿克劳夫立意把行为学和社会学的核心概念纳入经济学，从而改变了西方经济学界芝加哥学派以博弈论建构理性从而长统天下的局面，直至 2002 年卡尼曼又以行为金融学摘得诺奖桂枝。可以看出，当代经济学正在发生一次"行为学转向"。①

行为科学，是指应用心理学、社会学、人类学及其他相关学科的成果，研究人的行为规律及人与人之间的相互关系的科学。根据英文版《国际管理词典》的定义，狭义的行为科学是指有关对工作环境中个人和群体行为进行分析和解释的心理学和社会学学说。它强调的是试图去创造一种最优的工作环境，以便每个人既能为实现公共目标，又能为实现个人目标有效地做出贡献。"这种狭义的行为科学，在西方国家也被称为"组织行为学"。这种组织行为学的研究对象是人的心理和行为的规律性；研究范围是一定组织中的人的心理与行为，而不是研究一切人类的心理和行为规律；研究方法包括心理学的方法、社会学的方法、人类学的方法、系统分析的方法等；研究的目的是在掌握一定组织中人的心理和行为规律性的基础上，提高预测、引导、控制人的行为的能力，以达到组织既定的目标。组织行为学研究一定组织中人的心理行为规律，不为研究规律而研究规律，而是为了通过掌握规律性来提高预测、引导、控制人的行为的能力，特别是要采取相应的措施变消极行为为积极行为，以实现组织预期的目标，取得最佳的工作绩效。

美国著名法学家卡尔·卢埃林在其《普通法传统》一文中，特别

---

①张维迎.经济学家看法律、文化与历史[OL].公法评论网. www.gongfa.com.

强调行为主义首先不是一种哲学，而是一种方法。它告诉人们从一个新的角度去考察法律问题。其次，这种方法是一般的科学方法。它不仅适用于法律领域的研究，而且普遍适用于任何领域的研究。尤其是对医学、心理学、社会学和人类学等影响甚强。再次，这种方法富有浓厚的技术性色彩，是对各种行为结果进行新观察的一种分析方法。最后，这种方法具有综合性，它是多种科学方法的总称，包含有心理学、教育学、人类学、社会学、系统论、信息论、控制论等各种具体的研究方法。这些具体的研究方法具有共同一致性，都是以客观主义的定量分析为主，运用函数关系对影响人们法律行为的各种变量因素，进行精确的、动态的具体描述。

行为学介入的重大突破在于，改变了法的理性主义宏观叙事式的纯粹概念分析，注重从现实出发，强调对人的行为进行实证的、经验的分析，而正是由于这种在多元化社会中对具有不同心理的复杂个人的微观层面分析，必须引入定量分析这一重要的法学研究方法。日本学者川岛武宜说过："在日常的用语和思考中，把被当作质的东西，在量的差异中来观察分析，是科学的目标。"[①]

对于法学来说，行为学的研究可以极大地推动实证法学研究，立足于从法文化的表层结构，对法律观念和行为模式进行系统说明、解释和确证，形成"经验理性"，以与从法文化的深层结构演绎而出的"建构理性"相观照，形成相辅相成的互动局面。这是行为学介入的最大益处。

3.从行为入手的典范：《社会学视野中的司法》

在西方法律思想的传统中，司法是实现正义的基本形式。在人们的传统观念中，司法就是司法机关在运用法律过程中严格按照有关法律规则和程序办事，不枉不纵，不偏不倚，从而使各种纠纷获得圆满妥善的解决。司法代表了一种法律的形式正义，是法律实现社会正义的真正实质涵义之所在。而传统法理学模式即视法律为逻辑三段论，法律事实×法律条文＝司法结果。因此，只要是相同的事实相同的条

---

①刘家梅.直面司法的差别待遇——解读《布莱克，社会学视野中的司法》[J].西南民族大学学报(人文社科版).2004(2).

件，就会得出相同的结果。但是，事实确并非如此。

美国学者唐纳德·布莱克（Donald Black，1941—）把行为主义分析方法引入了法学研究。他运用心理学、社会学、人类学的方法等，通过对司法审判过程中个个不同行为人的心理和行为的规律性进行分析、总结和解释，目的是提高预测、引导、控制人的行为的能力，以取得法律实施的最佳效果，并最大程度地实现法律的终极目标——正义。布莱克发现，司法存在着差别待遇。而这种差别待遇是无所不在的，并且是法律的自然行为的一个方面，就像鸟儿飞翔、鱼儿游泳一样自然。因此，在他看来差别待遇是司法生活的重要特点，不值得大惊小怪，它的存在是自然的。

司法的差别待遇意味着法律是可变的、它因案件的不同而不同。行为法学的模式将注意力集中到了案件的社会结构上，即谁是参与者。它是因情况而定的，每一个案件除了法律的技术性特征——法律准则具体应用于实际案件中的过程之外，还有其社会特征，这些社会特征包括：谁控告谁？谁处理这一案件？还有谁与案件有关？每一案件至少包括对立的双方(原告或受害人以及被告)，并且可能还包括一方或双方的支持者(如律师和友好的证人)及第三方(如法官或陪审团)。这些人的社会性质构成了案件的社会结构，每一方的社会地位如何？他们之间的社会距离有多大？每一个案件都是社会地位和关系的复杂结构，而这正是导致"法律等差"的关键。布莱克用一个关键的词语来描述导致社会结构不同影响的因素：即法律量的变化。什么叫法律量，它是指施加于个人或群体的政府权威的数量。简言之，可能受罚或加重罚的可能性。引起这个法律量的变化的几个因素分别是：对手效应(谁控告谁)、律师效应、第三方效应(谁是法官、检察官、警官、陪审员)、讲话方式等。综合各方面因素，其量不同，处理方式不一样，差异尽在其中。

那么如何来规避或者说缩小、弱化这一差别现象呢？这一问题成为布莱克思考的又一主要问题。布莱克从案件社会结构特征入手，多方面分析了导致胜诉的各种可能之社会因素，并且提出了几种从行为学意义上对法律系统进行改良的策略。

第一种规避司法差别待遇的方法是：建立一些专门用来处理冲突的法律合作社团组织——法律合作社团。这些法律合作社团将平衡处理纠纷中的社会结构，通过消除案件与案件之间众多的社会差异，减少各种歧视现象，从而使每个人应该享有的社会权益更加得到尊重。

第二种方法是从案件的处理过程入手，消除案件自身的社会特征，即非社会特征化，来使案件均质化。比如通过降低歧视的量(包括社会异质性、种族相关性)，法庭的非社会特征，提出激进的非社会特征化方式，提出证人和控辩双方不出庭质证和参与公开辩论，以及展望实现电子司法。

第三种方法，用非法律化手段来达到司法公正。他认为要减少法律差异的最终解决办法就是削减法律。也就是他在书中所倡导的社会的非法律化，实现法律的最小化。社会秩序不可能波平浪静，成员间相互争斗，冲突总是存在，除了法律，人们该怎样处理纠纷和冲突，怎么实现公正，作者列出了五种方式：①自我帮助；②逃避；③协商；④第三方的调解；⑤忍让。作者主要从两方面阐述这个问题：一是从当今人们过分沉湎法律的现状中，引出的"基蒂·吉诺维斯综合症"，提醒人们在过分依赖律师及司法部门的官员(如警察、法官等)的同时，处理自身问题的能力却在退化，甚至消灭殆尽。另引用日本人"面子"观在社会秩序、交易中所起的规范作用。认为这是一个当局有意识地寻求法律最小化的现实的成功案例。为此他提出有计划地减少法律的观点。布莱克声称："法律最为声名狼藉的一点在于，它赋予富贵者比贫贱者大得多的权利。有些人甚至认为这是法律的基本功能，人们甚至难以想象，缺陷如此多的法律到底还将给那些富贵者以多少好处。总之在法律差别被特殊强调的地方，减少这种差别的方式就是减少法律本身。"[①]

西方法律思想数千年的发展，就是一个从法文化的深层结构向表层结构进行研究完善的过程，这三者的关系又是紧密相连相辅相成的。深层结构的坚固决定了中层理性主义的发展与完善，理性主义的缺陷

---

①卓泽渊. 我国行为法学基本问题试解[J]. 现代法学. 1998(5).

又需要表层研究的弥补与检验并进行纠正，而对表层结构的研究又进一步深化和反思了法的深层结构。这种对法文化的表层结构的研究深入社会现实，通过对现实和人们行为的分析，揭露出很多理性主义搭建的完美图景所忽视甚至是刻意掩盖的事实，也进一步加深了我们对法的深层结构观念的认识。

对行为法学进行批判的观点，无非认为行为法学进行定量分析而欠缺定性分析，而恰恰西方法学的定性发展得相对完善，而定量的分析却非常缺乏，通过行为学的定量分析，却往往能够反思出过去的定性中有多少纰漏和想象的美好成分，这些美好愿望已经称为真正施之有效的法律改革措施方案的绊脚石，正如理性主义可以服务于革命，但是更多的时候它是保守的代名词。行为法学也许提出的改革的手段和建议令理性主义者和其它诸多流派的研究者们无法接受，违背了我们对法律的信仰，以及对法律和法治的孜孜不倦的追求和完善，结论甚至是对法律和法治的背叛，但也真实地将法是实际中如何运作，人们是如何看待法律面对法律，法律人是如何看待法律面对法律这些基于人背后的真相暴露无疑。其非法律化手段的建议虽然与法治社会大相径庭，貌似复古与迂腐，但是我们也不得不从他的结论中客观地看到，在我们一味宣扬法治精神、追求法治社会而对传统大肆鞭笞、忍无可忍的今天，是否应该对我们千年的儒家道德传统进行辩证地思考与取舍？再完美的法治都是通过社会中的主体来实现，我们要坚持对法治的信念也就必须忍受它所不能避免的缺陷，否则任何信仰都将最终导致集权主义乃至法西斯类的暴政，那将导致另一种对法治和正义的背叛，正如现代西方功能法学派所认识到的：法治并不是法律的内在的优点，不是法律的完美化身，法治并非是实现善而只是防止恶，并且这种恶还是法律所造成的。法治并不等于良法治理，法治也可以服从多个目的。

但是，作为一种以方法论定义的学派，方法论以及其具体研究手段的选择，研究对象的设定研究方法的采取，研究范围的限定，研究材料的选择等具体问题，却决定了该学派的发展前景。研究者也不可避免地带有先入为主的定性观念、然后再有意识地对研究的对象进行筛选以符合自己的定性结论。这些都使得行为法学无法像其所宣扬的那样，摒弃价值判断，只作实证分析。这些研究过程中不可避免的主体性和偏差，正是我们在对行为法学进行客观评价时真正需要应对和解决的难题，这样我们才能对行为法学有一个正确的认识态度和客观的评价，并且更好地促进行为法学的发展。过度的理性建构和过于缺乏的实证研究，正是我国法学研究所欠缺的，在对方法论没有进行过系统的研究、分析和吸收消化的情况下急于建构并批判，正是法学研究的弊病所在。

三、行为可能性空间理论的深化

1. 行为可能性空间的概念

所谓人的行为可能性空间是指行为主体各种可能采取的行为方式的集合。社会生活中的个人、社会组织、团体、国家都是社会中的行为者。它们各自具有的各种可能性的行为方式的集合，就是他们的行为可能性空间。[①]人的行为选择的可能性是随着社会的发展进步而不断增加的，在没有任何条件限制的情形下，可能性的行为选择几乎是无限多的。如果任人们为所欲为的话，可以想象社会将会陷于何种混乱局面。因此，法律的控制任务就是通过给人们的行为设置各种约束条件，并以国家的强制力量保证实施，从而将不同主体的行为限制在一定的可能性空间之内，以实现社会的和谐和秩序。

2. 行为可能性空间的特征

（1）相对有限性。行为可能性空间的大小，受到行为主体所处社会的科学技术水平、认知能力以及社会道德规范等多重因素的制约。对某一具体社会中的某一具体当事人而言，他可能的行为方式是有限的，不可能"为所欲为"。但行为主体都有不断扩大自身的行为可能性空间的内在要求，因而才产生了不断追求科技进步和精神自由的人类文明史。但这种内在要求同时也和特定环境下的行为空间有限性构成

---

①熊继宁.社会变革与结构性缺陷——经济体制改革中的法律调节机制[M].北京:法律出版社,1991:10.

了矛盾。

（2）动态发展性。特定时空下的行为可能性空间是有限的，但从社会的演进的宏观历程来看，人类的行为可能性空间是不断在扩展的，许多在封建或奴隶时代无法想象的事情，已经成为现代人的法定权利；从各个行为主体之间的微观关系而言，由于他们各自的行为可能性空间都在不断扩大，而特定时空的可能性空间资源是有限的，因而就必然导致在更多的领域会出现矛盾和冲突。行为可能性空间的动态发展既带来了希望也引发了冲突。这就要求我们通过更严谨且具有动态性的规则来对人们的行为可能性空间做出更加"精确"的划分，从而保护希望，消弥冲突，创造社会和谐。承担这一任务的最佳选择就是法律。

法制系统的任务，就是要通过对人们行为可能性空间进行有效的限制，避免不同主体之间对行为可能性空间的争夺，并通过一定的机制，保证所有主体的行为空间能随着社会发展而和谐、有秩序地不断扩展。

3. 行为可能性空间与一些传统法学概念的区分

（1）"行为可能性空间"与"利益"

利益是传统法理学中的重要概念。许多学者将权利冲突的本质归结为不同主体之间的利益的冲突。利益是指那些能使主体的收益增加或损害减小的事物或行为。利益是一个涉及价值判断的概念。当我们讨论某一主体对某一事物是否享有利益时，首先要判断该事物对该主体是"有利"还是"有害"。行为可能性空间是一个相对中性的概念，他是主体所有可能的行为方式的集合，强调的是客观的可能性。有一些行为对特定主体来说是可能的，但未必会带来利益。也就是说，可能性空间范围内的行为未必都能带来利益。在实际生活中，主体的某些行为也并非以获取利益为目的。

（2）"行为可能性空间"与"自由"

自由是人们可以按照自己的意愿为或不为一定行为。自由是人类不懈追求的理想生存状态。从这个意义上讲，行为可能性空间是对自由进行限制的结果。可能性空间侧重的是现实的行为可能性，即在当前的社会条件和规范制约之下，人们所能实现的自由的范围。自由强调的是主体意志的自主，即主体"想要"怎样行为；而行为可能性空间则强调的是现实的可能性，即主体实际上"可以"怎样行为。

4. 行为可能性空间理论的贡献

（1）提出了社会科学领域中的控制对象，使控制论应用于社会问题的研究成为可能。工程技术领域中的控制，是要控制信息在系统中的传递方式和传递途径。传递过程中的信息是其控制的对象，控制的目的是消除信息的无序状态，获得控制主体需要的结果。而在社会系统中，人们通过各种行为建立起彼此之间的关系，也因为各种行为才会产生矛盾和冲突。行为可能性空间就成为了社会控制的主要对象，社会控制的目的就是通过合理有效地限制行为可能性空间而避免或消除矛盾冲突，实现社会的和谐和有序。

（2）实现了从"形态—性质"描述到"结构—功能"考察的视角转换。行为可能性空间的概念并不涉及行为的本质等定性问题的讨论。它所关注的是行为的方式和行为之间相互作用的机理。这就跳出了传统的从现象到本质的研究模式，将视角切换到了"行为是怎样构成的"以及"行为会产生怎样的效果"。这使我们对社会问题的研究，在一定程度上摆脱了强烈的主观性，以相对客观的方式来看待社会（包括法律）的运行。这有助于我们更清楚地认识社会问题的症结所在，进而对症下药，提供更有针对性和可操作性的解决方案。

（3）最大限度地将主动权赋予了人。以行为可能性空间作为社会控制的基本对象和逻辑起点，绝不是单纯的将人视为没有思想、情感和意愿的受控机器。恰恰相反，这一视角将最大限度的主动权交给了人。首先，一切社会控制的根本目的是实现控制者想要达到的秩序。社会控制过程中，控制主体是人。在现代社会的民主制度之下，是代表全体社会成员意志的立法者在充当控制主体。理论上讲，所有社会成员的意志，都在立法者的意志中得到了体现。也就是说，社会控制是为了实现人的目的而进行的控制。其次，在规范确定的行为可能性空间之内，人可以自己掌控自己的行为选择，不受其他的侵犯和干涉。行为可能性空间必须受到限制，是为了避免侵害他人和实现社会的和谐与秩序。其根本目的不是为了剥夺选择的空间，而是保护并在可能的时候均衡地扩大人的行为空间。受到限制的空间之内，人可以自由选择。

四、从行为可能性空间的角度看待权利冲突

如前文所述，行为可能性空间的大小受到多种因素的制约。权利是就法律规范所确定的人们的行为可能性空间。它有别于自由所描述的理想空间，也不同于伦理道德所划定的应然的可能性空间，权利是法律规范划定的、人们在现有的社会环境下现实的、可以获得保障的行为可能性空间。

1. 权利冲突的实质

系统法学研究者认为，权利冲突是规范行为空间主张的冲突。现实生活中的权利冲突实际是不同行为主体，关于规范行为可能性空间主张方面的冲突。权利冲突可能产生的现实行为纠纷，是输入司法系统的主要行为信息源之一。[①]

社会控制者（立法者）通过制定法律规范来划定人们的行为可能性空间。但立法并非完美无缺，而社会关系又纷繁复杂。由于立法技术的不成熟或者其他原因，法律规范体系对行为可能性空间的划分可能存在不合理的情形我们可以把权利冲突视为：在一定的行为可能性空间之内，两种合理且合法的权利系统共存，同时占据或试图占据某一特定的行为可能性空间，从而在两个系统重合的部分（图 3-6、图 3-7、图 3-8 中的阴影部分）产生的矛盾与不和谐状态。

2. 权利冲突的成因

从系统论视角出发，权利冲突的理论成因包括：

（1）规范空间缺陷。由于理性、社会和历史的局限性，以及人类行为的丰富、可变和不确定，凸显出法律规范行为模式的有限、将死和固化，法律语言表达的奇异性、模糊性等因素，法律规范空间可能

[①]熊继宁. 系统法学导论[M]. 北京：知识产权出版社，2006：62.

出现空缺、模糊、交叉和重叠。

（2）规范空间认知不确定。法律规范空间内部冲突或空间不确定可能造成行为主体的认知不确定。两个以上的行为主体的认知不确定，可能造成现实行为空间的冲突，引起法律行为纠纷。

（3）规范空间认知冲突。即便一个清晰、确定、非冲突的规范空间，也会由于行为主体确定性的认知模式、理解能力、法律文化和法律意识等方面的差异，引发规范行为空间的认知冲突。两个以上行为主体之间的规范空间认知冲突，可能赞成现实行为空间的冲突，引起法律行为纠纷。[①]

基于前文所述，造成权利冲突的具体原因，可以分为三种情况：

（1）现有法律对A、B两项权利的行使范围有明确的规定，但由于立法时未加以协调或其它原因而导致在实践领域中，两种权利的行使产生了现实的冲突（图3-6）。

（2）现有法律虽规定了A、B两项权利的合法性，但并未对其具体的行使范围做出明确的规定，即在C空间的边界问题上，存在法律空缺，致使A、B两项权利行使过程中，就其各自对C行为空间的占有权产生了争议，引发权利冲突（图3-7）。

（3）现有法律明确确定了两种权利可支配的行为空间，两权利可支配的行为空间本来也没有叠合部分，但由于科学的发展或社会的进步，我们在两种权利之间又发现了新的权利空间。对于这一空间的归属，现行法律没有明确的规定，但在具体个案中，享有权利的各方必然基于自利的倾向而主张将该新发现的空间纳入自己所享有的权利的支配空间。这就造成了事实上的权利冲突，即对新发现空间的争夺（图3-8）。

---

①熊继宁. 系统法学导论[M]. 北京:知识产权出版社,2006:63.

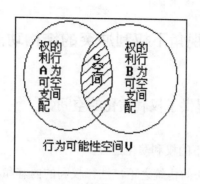

图 3-6 立法不协调导致的权利冲突

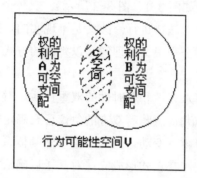

图 3-7 立法规定不明确导致的权利冲突

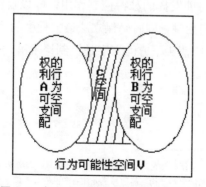

图 3-8 权利空间再发现导致的权利冲突

第三节　系统论视角下权利冲突的结构功能①

一、权利冲突提供了权利演化的空间

1. 反馈作用下的权利演化过程

在我国实证法的传统之下，法律权利的内容和界限本应由成文法明确地予以界分，但由于种种原因，现行法律的界分造成现实的权利空间重叠或模糊（如图 3-1、图 3-2 所示）。具体个案中的矛盾必须予以解决，而短期内对法律进行修改又是不现实的。因此，司法者必须依据对立法意图和公平正义的理解，以判决的方式对发生冲突的权利进行重新划分。

这种界分具有永久性和暂时性的双重性质。对于该案件的当事人而言，法院的终审判决意味着双方的争议已有确定的解决方案，无相关法定事由则不可再行变动。但对于整个法制体系而言，这一判决却并非永久和确定的。在正式形成立法对其予以确认之前，案件的判决可以表现为一个变动和演化的过程，而这个演化过程恰恰体现了实证法体系下，法院可能发挥的独特控制作用，即以反馈控制过程弥补立法系统的刚性和滞后性，同时确保立法最大程度的公平和有效。（如图 3-9 所示。注：图中箭头下方的文字是控制论术语，上方文字表示其相对应的法律内涵）

---

① 本节内容综合采用了作者发表的多篇论文的内容与成果。邹晓玫. 法律权利的演化和生长空间——控制论视角下权利冲突的结构功能[J]. 黑龙江省政法管理干部学院学报, 2007(2)；邹晓玫. 权利概念的系统论解读[J]. 当代法学论坛, 2007(6)；邹晓玫. 系统法学研究方法述评[J]. 惠州学院学报, 2007(2)；邹晓玫. 寻找权利的动态边界[D]. 中国政法大学硕士学位论文, 2005；邹晓玫, 李玥. 理性主义限度与行为法学——以《法社会学视野中的司法》为例[C]. 第三届系统工程学会论文集, 北京: 中国政法大学出版社, 2013:223.

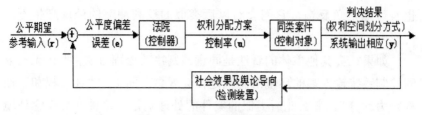

图 3-9　权利冲突控制过程系统图

由于权利冲突正是因为法律无明确规定或规定有相互冲突才产生的，所以权利冲突的案件通常无成文法可循，往往是直接进入司法领域。因此，在权利冲突的控制问题上，真正的控制器是法院而非立法机构。因为没有明确的立法可以作为审判的依据，所以法院最初是根据社会对公平的一般理解（即图中的公平期望）拟定出一个权利分配的方案，然后将这一方案适用于具体的权利冲突案件，最后，以判决的方式确定下一种权利空间的划分方式。这种权利划分方式随判决公之于众，必然会引起社会其他主体的反映。这些反映可能是支持的也可能是反对的，这些反馈意见与法院原先持有的公平预期可能存在差异，于是法院会根据这一偏差相应的修正处理类似案件的方案，直至获得一个社会满意的权利空间划分方式。

反馈就是把系统的输出量的全部或一部分，从输出端通过某些线路反向送回输入端，去正确地影响原来的输入量。反馈分为正反馈和负反馈两种。如果反馈量起到削弱原输入量的作用，这样的反馈叫做"负反馈"，负反馈能起到稳定输入量的作用；反之，如果反馈回去的量"加强"了原输入量的作用，就叫"正反馈"，正反馈能够放大干扰因素，使系统远离稳定状态。①

假设在案例 2（钢琴噪音案）中，最后的裁决结果是休息权和工作权均衡实现，即分别占有行为可能性空间的 1/2。这是一个确定的判决，具有法律上的效力，这一判决向社会公布时，即是将控制系统的处理结果反馈回信息的输入端。这种反馈信息有可能是正反馈，

---

①王元(主编).模拟电子技术[M].北京:机械工业出版社,1996:244-250.

也有可能是负反馈，它们会对以后类似的权利冲突的处理产生不同的影响：

如果社会其他主体的看法是同意该判决的处理方法，那么无疑返回控制系统输入端的环境信息就是社会观念层面上的"休息权和工作权效力均分"。那么此后类似的案件的处理就是在这种社会观念环境下做出的，得出的仍然是效力均分的结果，依次类推，对该类问题很有可能一直维持对半分的处理模式。那么这个控制系统就越来越趋于稳定。

相反，如果其他社会主体的看法是不应当两权均等，而是其中一种权利应当占较大比例，假设是认为休息权应当占据更大比例。这一结论反馈回决策的环境系统，就可能导致下一次对相关问题做出的处理结果是休息权占有可能性空间的 3/5；这一结果如果再次形成"休息权比例应当加强"的反馈信息，那么再下次的处理结果就可能是休息权占有 2/3 的行为可能性空间。依次类推，最后有可能在某一次得到的结果是"休息权绝对优先"的结果。与第一次结果相比，这个结论有了本质性的变化。这种反馈机制就是正反馈机制。

2. 以立法形式确定权利演化的结果

经过一定数量的同类案件处理过程的摸索和调整，使得社会的反响围绕最初法院设定的公平期望上下波动并越来越接近直至重合（如图 3-10 所示）。此时，图 3-9 中的 y（即权利空间划分方式）也将趋于稳定，即表明此类权利冲突案件的当前解决方式已经被社会广泛认同，当前的权利空间划分方式已经成熟。这时，即可以通过立法，将图 3-9 中 e ＝0 时的权利空间划分方式确立下来，作为今后处理类似权利冲突案件时的成文法依据。从此以后，所有此类权利冲突由于新的立法界定而暂时归于消弥。相冲突的权利又重新找到了各自行使的边界，而权利的演化也在这一环节最终得以实现。

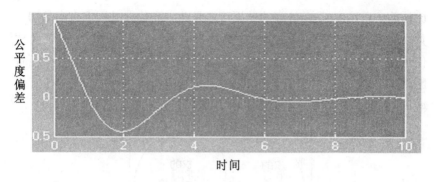

图 3-10　公平度偏差的响应曲线

二、权利冲突提供了权利生长的空间

图 3-8 所示的这一类权利冲突的形成,实际上是由于科技进步和社会发展造成了在新增的权利空间主观权利必须进一步客观化。主观权利是和客观权利相对应的概念。前者指基于人类理性并以权利主体意志为核心而确立的权利;后者指以国家立法为根据并由法律明确确认的权利。简言之,主观权利是权利主体认为自己应当享有的权利,而客观权利是法律以明文授权的方式所确立的公民可以享有的权利。图 3-8 所示的权利冲突类型中,本来制定法所确立的两种客观权利相安无事,但由于种种原因,在两者之间产生了新的权利空间,而各个权利主体都认为自己对该空间享有主观权利,而此时在这一空间内客观权利处于缺位状态,于是争议产生了。解决这类冲突的办法即将案件输入图 3-9 所示的反馈控制过程,寻求一个稳定后的权利空间划分方式。

虽然对此类权利冲突的控制原理和解决方式与权利演化过程类似,但获得结果的实质意义却有很大的区别。促进权利演化的权利冲突,不论最后的处理结果如何,权利空间的总量并没有改进,两项冲突权利之间的关系无非是此退彼进或此进彼退。但此类权利冲突的解决却可以使相冲突权利的行使范围都在实质意义上有所扩大(如图 3-11),或在新增的权利空间上形成第三种新的客观权利(如图 3-12)。

比如前文所述案例 3，处理的结果可能是业主和物业共同拥有商品房公共空间的使用权，也可能是规定公共空间的独立的使用权，任何希望使用这一空间进行营利活动的主体必须遵循相应条件并支付相应费用。不论哪一种情况，都在实质意义上使客观权利空间的绝对量有所增长，因此，此类权利冲突实际上为权利的生长提供了可能性。

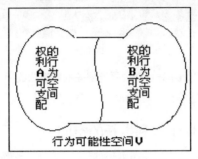

图 3-11　相冲突权利的可支配空间

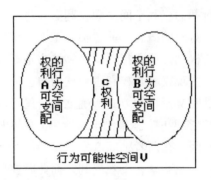

图 3-12　产生新的权利

综上所述，不同类型的权利冲突在社会法制控制系统中发挥着不同的结构性作用。立法不协调或不明确所导致的权利冲突可以促成权利体系跟随社会价值趋向演化；而权利空间再发现导致的权利冲突则为权利行使空间的实质性扩大甚至新权利的生成创造了条件。两种作用的实现都是通过以法院为控制器的反馈控制系统来完成的。从这一结构性作用角度而言，权利冲突的合理有效解决是实现权利体系动态稳定发展、实现渐进性动态平衡的关键所在。

第四章

一般权利冲突的系统性控制模式

第一节　目标系统的结构及环境特征[①]

一、系统内部结构特征

　　要实现预期的控制目标，我们必须先了解目标系统的结构特征。从系统论的角度来看，x 系统的结构特性，主要是由构成该系统的两个要素（即 A 权利、B 权利）的性质及其相互关系决定的。x 系统主要具有以下几个方面的结构特点：

[①]本节内容参见邹晓玫.法律权利的演化和生长空间——控制论视角下权利冲突的结构功能[J].黑龙江省政法管理干部学院学报,2007(2)；邹晓玫.寻找权利的动态边界[D].中国政法大学硕士学位论文,2005.

1. 可比性

A、B 两要素分别是两项现实存在的法律权利。它们都有道义上的合理性，也都有相应的法律法规作为其合法性的有力支撑。从这个意义上讲，它们是处在同一数量级上的两个具有可比性的要素，需要比较的只是在具体的环境条件下哪一个应当优先，或者分别应当享有多大比例的可能性空间的问题。

2. 不重叠性

x 系统空间内的任意一点，A 要素和 B 要素都不可能同时占据。也就是说 A 权利和 B 权利不可能在任意一点上同时获得实现。假设在某一点上，A 权利应当得以实现，那么在此点上就必然排除 B 权利存在的可能性。这一结构特性提示我们，在设计解决方案的时候，如果确定在某种情形下，有一种权利必须得到保护，那么我们就可以肯定的在该情况下排除另外一种权利的实现可能性。

3. 空间可以保留

如果在 C 空间内的每一点，不是被 A 占据就是被 B 占据，不能有任何一点空缺，我们就说 C 空间是不可以保留的。但是，在我们的 x 系统里却并不是这样。有可能存在这样一种情况：即 A、B 权利之间存在一个空白的地带，它既不应被 A 占据，也不应被 B 占有。这可能是由于该空间所代表的权利尚未被现行法律所认可；或者是以为在具体的个案环境下，两种权利都不能扩展到空白地带。对这一结构特点，我们可以在设计解决方案时，加以利用，人为地保留一些权利的真空地带，给一些当前尚未确定清晰的权利冲突问题，留下今后进一步发展和演变的空间。

二、系统的环境

某一系统的运动状态和发展方向由构成系统的要素的性质决定，但同时受该系统相关环境因素的影响。因此对目标系统结构特点的研究，不能忽视其外围环境对其的影响和作用。x 系统中两种权利最终由谁占据有限的行为可能性空间，不仅仅是 A、B 两种权利的静态比较。它同时受到法制系统乃至整个社会系统中其他诸多因素的综合制约和复杂影响。这些因素包括：

1. 主体行为因素

理性人的行为选择是趋利避害的，他可能基于一些其它利益考虑而采取某些行为或放弃从事某些可以进行的行为。权利冲突过程中各个相关主体的行为选择都会对最终的处理结果产生影响。这里行为因素可以分为三类：（1）裁判者即法官的行为。他是权利冲突解决过程中的控制主体，他的行为选择直接影响着权利冲突能否解决，以及能否获得公正的解决；（2）权利当事人的行为。当事人可能基于某些原因放弃权利或者滥用权利。我们必须对上述两类行为因素加以有效控制，确保我们所比较的A、B两种权利是当事人正当的、合法的，并得到完全主张、公平对待的权利。

2. 价值因素

不同的时代、不同的社会背景下，人们对同一种权利的理解可能有较大的差异和不同，这就可能给权利的比较造成障碍。特别是在价值标准多元化的现代社会，是否能够按照主流的社会价值观念来进行权利的比较，将对权利冲突的最终解决结构产生很大的影响。当然，"主流"社会观念和价值体系本身就是一个以比较形式存在的概念，它们的形成是一个社会各个阶层、各种力量不断博弈的结果。我们必须对各种社会因素进行控制，以保证法官能够按照主流的价值观念处理权利冲突；并创设一种机制，确保在法官偏离了应有的价值轨道时，我们可以给予纠正。

3. 制度因素

这里的制度包括三个层面的内容：（1）程序制度：裁判者和当事人在权利冲突的解决过程中所应遵循的程序，以及违反这些程序性规则将收到的惩戒或应当承担的后果。（2）监督制度：权利冲突最终结果的公正与否对裁判者本人造成的影响，以及对以后的类似问题的裁判具有的约束力；社会舆论能否以及如何对权利冲突的解决施加影响。

以上三种环境因素都将对权利冲突的解决产生影响，但它们并非彼此孤立地发挥作用，而是相互联系、相辅相成的。其中主体的行为因素是核心，价值因素和制度因素都通过影响主体行为得以体现；同时制度可以规范价值的整合过程，而价值因素又影响制度的形成。

第二节 控制装置的设计及其运行方式

一、控制方式和控制装置的结构

明确了我们所要研究的系统的结构特性和最终期望实现的控制目标，我们就可以为解决权利冲突问题设计一个控制装置，使具体的权利冲突问题经过这一装置的处理之后，即可得出一个相对合理的确定解决方案。基于我们所要研究的 x 系统受到多重因素的复合影响和作用，我们将采用多级分段递阶控制的方法来设计控制装置。

所谓递阶控制是一种集中与分散相结合的控制方式。多级递阶控制是按照受控对象或过程的结构特性和决策控制权力，把大系统分为若干等级；每个等级划分为若干小系统；每一个小系统有一个控制中心；同一级的不同控制中心独立的控制大系统中的一个部分；下一级的控制中心接受上一级的控制中心的指令。控制过程中信息流通主要是上下级之间的信息传递。多段递阶控制形式按照被控制对象的过程顺序来分段，按衔接条件进行协调，即把前一段终点的边界条件与后一段的初始边界条件衔接起来，这样就可以完成全过程的协调控制任务。因而既具有横向信息流，又具有纵向信息流。[①]根据上述原理，我们将解决权利冲突问题的控制装置设计如图 4-1 所示：

---

① 熊继宁.《澳门商法典》中控制机制的设计初探[J].澳门论学，2001(1)：133.

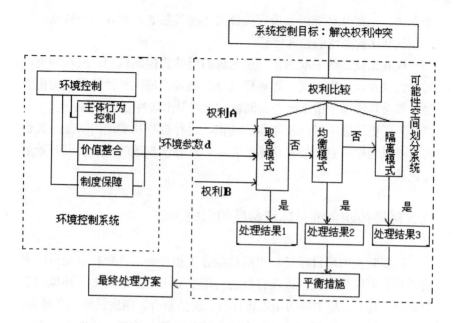

图 4-1　控制装置结构图

依上图，我们将总体控制目标是：明确的划分出相冲突的各项权利最后所占据的行为可能性空间，即解决权利冲突。直接决定这一控制目标能否实现的是行为可能性空间划分系统，在这个系统中我们要对相互冲突的权利进行比较，根据不同的情况采取不同的控制模式，以确定最后的可能性空间划分方式。系统的环境因素对行为可能性空间如何划分也有重要的影响。因此我们的控制装置也必须考虑相关的环境参数。系统的环境自身也是一个相对独立的系统，其中的各个要素相互作用，最后产生一个综合的环境参数输入到可能性空间划分系统作为权利比较过程的参照系。这两个系统的区别在于，前者的控制主体的立法者。即立法者通过制定各种规则实现对主体行为、价值整合和相关制度的控制，为权利比较过程提供已知的环境参数；后者的控制主体是司法者。即法官根据环境控制系统提供的各种已知条件，按一定的控制流程对冲突的权利进行比较，最后得出合理的处理方案。

环境控制目标再分解为主体行为控制、价值整合、制度保障三个子系统，三部分环境因素最后整合为环境参数 d ，和 A 、 B 权利一起作为权利比较系统的输入信息。

权利比较系统采取的是三层递进的过滤式控制机制。权利冲突经过取舍模式、均衡模式、隔离模式分层处理，每一种处理模式得出的结果都必须经衡平措施把关和调整，才能得出最终处理方案。

为了更清晰地描述控制器的结构、运行机制和实现的功能，我们将沿着系统中信息产生和传递的方向，从环境参数的形成机制开始展开论述。

二、环境控制系统：环境参数的形成

控制装置的总目标是：明确地划分出相冲突的各项权利最后所占据的行为可能性空间。该项目标的实现受到上节所述的多种环境因素的影响，其中，最主要的是主体行为、价值整合、制度保障三个要素。我们必须通过各种手段对这三个要素施加影响和控制，才能保证在它们构成的环境条件下进行权利比较，能够得出我们希望的可能性空间划分结果：

1. 主体行为控制

理性人的行为选择是趋利避害的，他可能基于一些利益考虑而采取某些行为或放弃从事某些可以进行的行为。权利冲突过程中各个相关主体的行为选择都会对最终的处理结果产生影响。主体行为控制的目的，就是通过调控影响裁判者和当事人判断的各项因素，强化或削弱其中某一项或几项的作用，以形成尽可能公平合理的裁决环境，进而实现控制者所希望获得的最终决策方案。

（1）裁判者（法官）的行为控制

①裁判者的行为构成。权利冲突的解决是以裁判者的最终判断为形式的。裁判者基于哪些因素做出了该判断，对权利冲突能否解决和怎样解决具有决定性的意义。

法官并不是机械适用法律的机器，而是生活在错综复杂的社会关系之中、有个人利益、有个人价值倾向的人。与其他社会主体一样，他也要寻求行为收益的最大化。他在裁决过程中的行为方式，除了受到我们所希望他遵从的法律规则的约束，同时也受到其它利益因素的不同程度的影响。我们必须客观的正视法官行为的不同构成因素，才能有针对性地进行有效控制，最终达到我们希望的控制目标。法官的每一个裁决实际上都是下列几种行为因素综合作用的结果：

　　a. 职权性行为因素。法官作为司法者，其首要的职能和职责是依照实体法和程序法的规定对案件进行审理和裁决，解决社会纠纷，恢复秩序，实现法律上的公平与正义。在这种行为中，影响法官行为选择的主要因素是法律授予的权力、赋予责任以及为法官司法活动设定的行为规范。

　　b. 体制性行为因素。法官所掌握的司法权是国家管理体制的重要组成部分。法官的行为不可避免地要涉及到如何处理司法与行政、立法的关系。同时，法官所处的司法体系内部，也有其自身的运行体制，如法官的任免、调动、奖惩以及法官之间、法官与法院之间的关系。这里的每一重关系都涉及到法官的职业前途或其它切身利益，无疑会对其行为选择产生较大影响。

　　c. 社会性行为因素。法官是生活在社会中的人，他们与其他人一样有着各种生活需要，包括经济上的保障、家庭情感的和谐以及社会的接纳、认同和尊重。虽然我们长久以来一直对法官有着"铁面无私"的期待，但事实上，大多数人不愿意为了公正判案而致使自己众叛亲离或长久背负舆论的责难。因此我们应当在制度设定上预先考虑社会性因素的影响，尽量避免让法官去面对两难的选择。

　　d. 文化性行为因素。每个法官具有不同的知识背景、认知结构和生活经历，因而会形成不同的价值取向。当然，作为法律职业共同体中的成员，他们的文化行为中都具有法律文化影响而形成的共性，但伦理、道德等多元化的价值因素也使法官的文化行为表现出显著的差异性和多样性。文化背景的差异对行为选择的影响虽然是隐性的，其作用力却并不小于其他任何一种影响因素。

　　②主体控制目标和控制手段。这四个方面的因素制约着裁判者（法官）对权利冲突问题做出的最终判断；它们中的任何一个因素。都可

能对最终的决策正确与否产生正面或负面的影响；主体控制目标，就是要通过对这些因素的制度规制，强化职权行为因素和文化因素中法律文化的作用，削弱其它因素的影响，确保裁判者是基于对法律本身的理解而做出的判断，而不添加个人利益的色彩，克服主观性。在我国的具体司法现状和制度环境下，其具体实现手段和改进途径包括：

a. 提高法官职业进入成本。提高对法官的教育水平、从业经验及从业水平的要求。确保法律职业队伍中的最优秀者担任法官。这相当于提高法官这一职业的价格，可避免低素质人员滥竽充数。

b. 增加法官独立司法的现实经济收益。提高法官的工资待遇和福利保障水平。同时确保司法财政来源的独立性，使其脱离对地方政府财政的依赖。

c. 增加其独立司法的可期待收益。实行法官任免体制的独立化。实行法官无违法行为终身制。确保法官的职业及社会地位稳定性。

d. 减少不必要的潜在成本。使法官享有司法豁免权，即法官执行审判职务的过失行为不受法律追究。使法官在合理限度内能够摆托某种外在或内在的压力，消除怕担责任的顾虑，大胆行使独立审判权。当然，法官审判中的行为不检点或行为触犯法律禁止性规定，理应受到惩戒。

（2）当事人行为控制

我们必须排除妨害当事人充分主张权利的因素，确保进行比较的权利是完全、真实的权利。当事者有公平的机会来提出和说明自己的主张是应当得到支持的，这是权利冲突存在和获得合理解决的先决条件。按照理性人追求自身利益最大化原理，每个当事人应该都会主张自身权利的最大化实现。但是，这是只在法律因素范围内考虑问题得出的结论。而实际上，当事人在衡量自身利益是否得到最大化实现时，并不是仅仅考虑法律因素，还包括其它各项社会因素。当事人可能因为主张实现自己的民主权利而使自身的人身安全受到威胁（比如受到恐吓、报复等），这可能会迫使当事人放弃或部分放弃本应获得完全实现的权利。虽然，从表面上来看，这似乎消灭或削弱了权利冲突，但实际上，却可能导致冲突的恶性积累，积累达到一定程度时，可能导致更激烈、范围更广泛的社会性利益冲突。因此,这种对权利的放弃,应当是我们行为控制力图避免的结果。但是,从另一个方面来看,我们也可以利用当事人行为选择的这一特性,在某些权利还不足以获得确定的法律保护的情况下,使其免于和其它法定权利形成正面冲突,以节约争议裁判成本。

2. 价值整合

价值整合的目标在于:对社会中多元化的价值标准进行汇集、整理和概括、提炼,形成当前社会的主流价值观念,为权利的比较过程提供一个价值的参照系。众多不同的价值观念体系整合为一,这是一个多方博弈的过程。在集权社会中,君主或其他类型的独裁者的意志取代其他各种类型的价值观,成为社会的主导观念。在现代社会中,大多数国家采用一定的民主决策程序来从众多的社会主体观念中提炼出主流的价值体系。理论上来讲,这一价值体系的真实和可靠程度,取决于两个方面的因素:(1)民主的广泛性,即是否能保证最大范围的社会主体能够真正参与到民主决策的过程中来,发表自己的意见。(2)民主程序的合理性,即意见汇集和整合的程序是否科学合理,是否能最大限度地排除不当干扰、避免信息的丢失遗漏以及防止暗箱操作。鉴于民主制度的设计和改革是政治学家们的研究范畴,在本文中并非核心内容,因此不加赘述。但是,民主的广泛性和有效性关系着价值整合的真实性和有效性,因此不能忽视。

3. 制度保障

广义而言,实现主体行为控制的各项措施以及价值整合过程所依托的民主制度都是制度保障的内容。但鉴于我们所要研究的是与权利冲突的解决相关的环境因素,这里的制度所指的是与权利冲突本身有直接关系的各项制度。这一环境控制的目的是确保权利冲突获得较圆满解决,巩固解决的成果,并为实现权利体系的动态稳定发展提供制度可能性。

(1)程序保障。权利冲突解决过程中,裁判者和当事人都必须遵循一定的行为程序。在现实中主要体现为诉讼程序和调查取证的程序。这些程序的进一步科学和完善,可以保证当事人双方的权利得以完全的主张并获得充分的保护，同时可以杜绝裁判者或当事人在冲突解决过程中采用不正当的手段来实现正当的目的。

（2）司法监督制度。如果裁判者对自己做出的处理决定不必承担任何后果，那么我们有理由相信，他很难以最大的谨慎对待手中的裁决权。因此，必须强化司法监督制度，纠正可能存在的不合理决定，并使做出不合理处理决定法官承担不利的后果。

（3）舆论监督制度。我们要通过制度建设排除舆论的不正当干扰。从实然的角度而言，法治社会中舆论监督可有效遏制腐败，防止权力的滥用。从应然的角度讲，舆论监督是法治社会的一个表征。这是我们对法治社会中舆论监督的地位和作用的基本定位。但是我们应当看到，舆论监督仅仅是有助于裁判公开，并不必然实现司法公正。实践中，常常因为过多强调裁判的公开和舆论监督的自由，对司法的独立和公正造成严重的伤害。可以说舆论对于权利冲突的解决而言是一个控制阀，可益之，也可损之。舆论控制的目的就在于，通过规制，保障其必要的监督和促进作用，抑制其可能造成不良影响的一面。

（4）判例制度。如果权利冲突的处理结果对后来的类似的权利冲突问题没有法定的约束力，那么每出现一个案件，即使它和以前的某些案例极其相似，也必须按照我们设计的控制过程从头再来一遍。这不仅是对社会资源、司法资源的极大浪费，同时也非常不利于权利体系实现自我发展和自我更新（其具体运行模式后文将予以详细论述），容易造成权利体系的僵化和自我封闭。在普通法系国家中，判例是一种历史悠久、不可置疑的有拘束力的法律渊源，在普通法系发展的历史过程中，判例法也的确表现出了一些特有的优点。因此，我国的实践中应当适当的改变现行的不承认判例约束力的制度，强化判例对已有处理结论的巩固作用，加强其对以后发生的类似案件的影响和导向作用。

上述的三种环境因素并非彼此孤立，而是相互关联而发生作用的。行为控制和社会控制是为实现主体控制服务的，并最终通过影响主体的裁判得以表现。三项环境因素综合作用，合成一个最终的环境因素，输入到另一系统——行为可能性空间划分系统，成为权利比较过程中的重要已知参数。

三、可能性空间划分系统：权利比较

按照上述过程处理、筛选过的环境信息，汇集成一个处理结果 d，和权利 A、B 同时作为另一个控制过程，即权利比较过程的初始输入信息，进入权利比较过程。

行为可能性空间的划分系统是直接解决权利冲突的控制装置。从信息流通的原则上来看，它是一个"顺馈控制"过程；在补偿原则上是一种开环控制。比较过程本身，分为选优、衡量、限制、衡平四个层次。这四个层次之间具有递进式关系，也就是说，每一个权利冲突问题的处理都要依从左到右的顺序依次经过这些层次，不可以选择或跳跃；但是，并不是说每一个权利冲突的处理过程都必然经过所有的四级处理过程才能得到解决，有可能经第一层处理即获解决，也可能在第二、第三层次取得满意的结果。下面，我们分别来讨论一下各个层次的具体处理方法：

1. 取舍控制模式：权利的选优

（1）权利的非等值性

权利是合法化了的利益（实体权利）或寻求利益的合法途径（以请求权为主的程序权利）。利益是特定情形下，人的生理和心理需求的特定化体现。人的需求是具有不同层次性的，而这种层次性使各种需求在效力上是具有高低性的。对某一主体而言，在某一时间点上，各种需求的迫切程度是不同的，因而各种需要对该主体行为的驱动力的大小是不同的。这就决定了该主体在该种情形下，对涉及自身各种利益的价值评价具有非等值性。美国法哲学家 E.博登海默指出，法律的主要作用之一就是调整及调和种种相互冲突的利益，而"这在某种程度上必须通过颁布一些评价各种利益的重要性和提供调整这种利益冲突标准的一般性规则方能实现"。[①]德国的利益法学及由此而发展出的

---

① [美]E.博登海默.法理学,法律哲学与法律方法[M].北京:中国政法大学出版社,1999:398.

评价法学更明确承认，法律的目的就在于"以赋予特定利益优先地位，而他种利益相对必须作一定程度退让的方式"来规制整个人或团体之间的被类型化的利益冲突。①这些对法的认识结论是在承认各种利益并不等值的前提下做出的。非等值的利益评价体系经法律予以承认和固定，就成为一个权利的体系，而这一体系中的各项权利之间也必然是非等值的。权利的非等值性决定了各种类型的权利之间是存在排列位阶的。

　　在各种不同类型的权利中，有一些是作为人所应当享有的最起码、最基本的权利，这些权利的缺失或损害将会导致人在特定社会中主体资格的丧失或人格的不完整。这样的权利我们将其称为基本权利。在基本权利之外，有一些权利虽然并非与人的主体资格、人格完整直接相关，但随着社会的发展进步，它们日益受到人们的关注。对这些权利的认可与否和保护程度成为评价一个社会文明程度的重要指标。这种权利与基本权利相比虽然缺乏根本性和决定性，但是它们的重要性是不可忽视的。同时，随着社会进步中，在大多数人的基本大部分基本权利得到已得到有效保护的国家或社会中，这些权利日益受到重视，有些已被写进宪法性法律，获得了基本权利的保护形式。鉴于这类权利的重要性和动态发展特征，将其定义为次基本权利。除基本权利和次基本权利之外，其它一些能帮助人们获得更高的生活质量、满足更高层次的精神和物质享受的权利则属于非基本权利。如果发生冲突的双方主张的权利分别属于上述不同的类型，原则上非基本权利应当让位于其他两类；次基本权利应让位于基本权利。

　　（2）权利的排位

　　各项具体权利的排位，是一个随时代发展不停变化的图谱。即使在同一时代，对权利地图的描画，也是一个仁者见仁智者见智的问题。这里，我们权以马斯洛的需求层次理论为基础，对权利位阶作一个排列。此前也有学者从这个角度入手作过权利位阶的排列，本文从权利的分类和排列顺序等方面对该模型进行了改进。②

① [德]拉伦兹.法学方法论[M].台北：五南图书出版公司,1996：1.
② 付智勇,刘晋元.公民的权利位阶初探[J].青海师专学报,2003(3).

根据美国心理学家马斯洛的需求层次理论，人的需要有生理需要、安全需要、社交需要、自尊需要、自我实现的需要五个层次。他认为，需要分为生理需要和高级的社会需要，低层次的需要得到满足以后，高层次的需要逐渐产生，但此时，层次较低的需要并未消失，但对活动和行为的影响作用就降低了。其中生理需要是人的最基本的需要，与维持延续生命直接相关；社会性需要虽然不会像生理需要那样得不到满足可导致死亡，但也会引起痛苦、沮丧、焦虑等消极情绪，严重的可导致疾病，危及身体健康。[①]以马斯洛的需求层次理论为参考，我们可以将公民的权利分为九个层次，其中最基础的四类权利是基本权利，基本权利之上衍生出的两类权利为次基本权利，其余为非基本权利。其整体结构如图 4-2 所示：

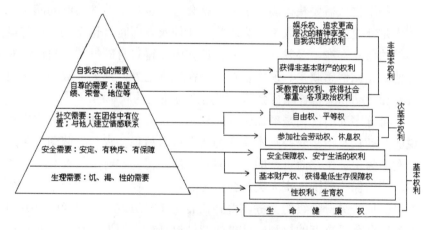

图 4-2　马斯洛需求层次理论及权利层次

①基本权利满足的是人类物质层面的需要，包括生物意义上的物质需要（生理需要）和社会意义上的物质需要（人身和财产的安全）。

在基本权利中，生命健康权是最本源的权利，是其它一切权利的基础和根本出发点，无疑应当排在第一顺位。性的需要和饥、渴一样，是人类的生理本能，是维持种群繁衍的生物本能的体现。虽然人类文明的历程给性需求打上过各种各样的标记和烙印，但终究无法否认它

---

① 黄希庭.心理学导论[M].北京：人民教育出版社,1991：192-195.

的存在和重要。它和勇气、智慧、直立行走的双腿一样是大自然对人类的赐予，我们理应对其给予承认和保护。因此，性权利及其密切相关的生育权，应当排在第二顺位。排在前两位的权利都是由人类最根本的需要，即生理需要决定的。

基本财产权和获得安全保障的权利都是基于人的安全需要而产生的权利。但基本财产权及其派生出来的获得最低生活保障的权利，是人的生命健康等生理需要获得满足的根本物质保障。只有在最低的生存条件得以保障之后，人们才会渴望，才能享有人身、财产的安全和生活的安宁。因此，基本财产权、最低生活保障权应排在第三序列；获得安全保障、安宁生活的权利排在第四序列。

②次基本权利保护的是人类基本的精神需求。

基本物质需要获得满足之后，就会进一步寻求精神层面的满足。首先是社交的需要。人是社会动物，即使衣食保暖，也无法长期与世隔绝的孤立存在，必须在某一社会群体中获得自身的位置和角色，并与他人建立情感联系。现实社会中，在家庭之外，绝大多数的人是通过参加劳动和其它各项社会活动而建立与他人的联系的。

第五序列的权利是参加劳动的权利以及劳动者的休息权。这里所说的劳动权是指在获得基本生存物质资料之后仍要求获得劳动机会的权利。为保证生存而进行的劳动属于依法获得基本财产的权利，是基本权利的保护范围。在人类社会演化的漫长历程里，劳动一直是一个阶级强加给另一阶级的义务，直到社会主义宪法诞生才明确的将劳动定为每个公民享有的权利。这里的劳动权是指人们为建立社会联系担当社会角色而参加劳动的权利。

第六序列的平等、自由权是人们在社会交往中追求的较高层次的权利。该类权利广泛体现在各个社会领域，具有较高的抽象性，因而排在劳动权和休息权之后。

③非基本权利保障的是与基本生存无关的更高层次的精神和物质追求。

在基本的物质和精神需求之上，人们还希望应得其它社会成员的尊重，获得成功。权利的第七序列可以涵盖公民的如下：文化教育权、社会尊重权、政治权利、荣誉权等。第八序列是非基本财产权，即指公民对维持自己及家属生存的必要财产以外的财产所享有的占有、使用、收益和处分的权利。相对于生活所必须的基本财产权而言，其紧要性已大大减弱，其位阶也不能与基本财产权同日而语。另外，第七序列中的各项权利多属于人身权利，与人身权相比较而言，一个公民如果没有这一部分财产权，不影响其作为主体而存在；但如果没有人身权，则其作为权利主体的资格就受到了损害。所以，非基本财产权的位阶也应居于人身权之后，属于第八序列。

人的最高层次的需求是自我实现，由这一需求衍生出的权利包括娱乐权、享受权等寻求更高层次生活品质的权利。这些权利排在第九序列，和第七、八序列共同构成非基本权利。

（3）权利选优过程及其应当注意的问题

当两项权利发生冲突的时候，原则上应当按下述程序进行取舍：①基本权利优先于次基本权利，次基本权利优先于非基本权利；②顺位在前的权利优先于顺位在后的权利。

应当注意的是，权利选优模式并不能解决所有的权利冲突问题。在遇到以下几种情况时，我们就必须承认这一控制模式的局限性，采取其它的解决模式：

（A）发生冲突的两项权利同属于九个层次中的某一个。

（B）对发生冲突的权利中的一项或多项究竟应当归属于哪一层次存在大的分歧。

（C）社会演变或科学技术进步引起对某些权利认识的重大改变。

在前两种情况下，可以继续由本文涉及的控制器中其它的控制模式来解决问题；在第三种情况下，上文所述的权利位阶图就必须进行修改，各类权利的位阶排列可能发生变化。这是对选优的标准进行了更新，我们可以根据新的排序来解决新的权利冲突问题。这好比给了我们一把采用新的度量单位的尺子，不会从根本上妨碍我们丈量行为的可能性空间。

（4）选优的反向思考维度

当遇到两个权利相互冲突的情况时，我们不仅要看某一权利是否有应当优先考虑的性质，还应该从相反的方向考虑如果一个权利优先于另一个权利会带来什么样的后果。如果确定某一权利优先会带来不可接受的后果或损失，则应当排除让该权利优先的可能性。主要应当考虑的是以下两种后果：

（A）对相对权利的影响。一个权利优先于另一个权利不能超出可容忍的限度。如果一方权利的优先不仅意味着对方相应权利的放弃，同时还侵犯了对方其他的比优先权利位阶更靠前的权利，则可以认为超出了可容忍的范围。比如某公民可以以自己享有休息权要求邻居放弃跳的斯科的娱乐权；但如果他以此为由冲进邻居家砸了别人的录音机，就侵犯了他人的财产权，属于超出了限度。

（B）对公共权益的影响。一方权利的优先不能严重威胁公共利益。比如，公民有言论自由的权利，他可以在公共场合对朋友评价某个人的衣着不合体"像绑了个炸弹在身上"，不构成侵权；但是如果他大喊"那人身上绑了个炸弹"，则会引起恐慌和骚乱。这时，他的言论自由优先权就应当被排除。

不难看出，在存在反向排除可能性的时候，往往是本当优先的权利伤害到了原相对权利之外的另一项或多项位阶更靠前的权利。实际上冲突的权利一方发生了改变，原权利冲突已经转化，成为一新的权利冲突问题。重新用权利选优的方式来处理新的冲突，也能得出原优先权利不再优先的结论。但反向思考的方式在实践中更加简便易行，因此有说明的价值。

（5）选优的结果

两项冲突权利的选优，可能出现两种结果。其一，A权利位阶高于B权利，那么，我们可以得出结论：在该案中A权利应当获得完全的实现；B权利应当让位于A权利。也就是说，在这种情况下，A权利完全占据C系统所代表的行为可能性空间，如图4-3所示。得出此结论，则该项权利冲突问题得以解决。如第二章开篇所设的案例1，我们把"生命权"和"隐私权"输入权利选优系统进行比对，根据我们所设定的权利排位，"生命权"显然在位阶上高于"隐私权"。因此得出的结果是：在这个权利冲突问题中，"隐私权"应当将发生冲突的可能性空间让与"生命权"，即电信部门应当为 120 救护中心提供其掌握的病人详细地址。

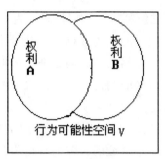

图 4-3　选优模式处理结果

其二，相冲突的两项权利属于同一位阶，没有哪一项可以明显的优先于另一项。在这种情况下，我们就把该信息沿箭头的方向输入下一个流程，进行权利的称量（或称衡量）。

2. 成本控制模式：权利的均衡

（1）权利的称量（或衡量）

在权利的选优过程中，我们力图通过比较权利的位阶高低来确定谁应当优先行使，从而迅速的解决权利冲突。但在实际的个案中，很可能出现两个相冲突的权利属于同一权利位阶，无从取舍的情况。另外，还有一些案例中，虽然两种权利不属于同一位阶，但由于社会各阶层对它们的价值评判出入太大，无法形成一个主流的价值排序。在上述两种情况下，我们都需要以另外一种不同于简单取舍的控制方法来解决权利冲突问题，那就是，在具体个案的环境中进行权利的称量。这类方法在国外早已开始使用，如德国和日本的价值(利益)衡量方法。尽管这些方法是否完全妥当尚存争议，且其本身也处于不断完善和发展之中，但类似方法的运用在处理较为复杂的案件中是不可避免的，否则就可能无法确定性地解决权利冲突。正如拉伦兹所说："面对权利冲突，司法裁判不得不根据它在具体情况下赋予各该法益的'重要性'，来从事权利或法益的'衡量'。"①当复数权利主体同时主张的冲突权利同为基本权利或同为非基本权利时，权利应当如何配置呢？加藤教授在解释利益衡量在民法解释中的重要性时认为："法学乃是以控制人的行为、预先规范人的生活的法为根据的，裁判中加入实质的判断，是无论如何也难以避免的自然之理。问题在于采取什么样的形式，……或者说是指更看重什么样的利益。"②对冲突权利的配置，实质上也是"加入实质判断"的过程。"实质判断"的标准无外乎价值取舍和效益考量两种。鉴于我们在这里要讨论的是两种无法确定哪方优先的权利，主观的价值取舍显然是不合适的。效益理论将分配结论建立在成本与收益的权衡、比较基础之上，是一个相对客观的评价标准。在效益原则的基础上，可以通过均衡点来寻求一种造成损害最小或支付代价最少的行为可能性空间分配方案，从而以最经济的方式解决权利冲突。

经济分析方法是系统法学分析方法中的重要一支，即对系统的运作方式进行费效分析，从效益的角度来衡量某一系统的运行模式是否合理以及如何进一步改进。法律制度是社会制度中的重要组成部分。制度经济学将制度变迁分为两种类型：诱致性变迁和强制性变迁。前者指一群人或一个人在响应由制度不均衡引致的获利机会时所进行的自发变迁；后者指由政府法令引致的变迁。强制性变迁又分为正式的制度安排和非正式的制度安排。在正式制度安排中，规则的变动和修改，需要得到它所管束的一群人的准许。因此，它的变迁需要它的创新者花时间去与其他人进行谈判以达成一致意见。非正式制度安排中，规则的变动与修改由一个个的个人完成，如价值观、伦理规范、道德、习惯、意识形态等等。根据这种划分，法律制度变迁应属于强制性制度变迁中的正式制度安排。新制度经济学不仅将成本—收益分析方法引入制度分析，而且将供给与需求分析方法引入制度分析。

其一，制度需求。制度是某些服务的供给者，它们应经济增长的需要而产生，制度之所以可以引入经济学的分析，是因为制度能提供经济的服务，具有经济价值。制度所能提供的服务，就是便利，具体

---

① [德]拉伦兹.法学方法论[M].台北：五南图书出版公司,1996：131.
② 王肃元.论权利冲突及其配置[J].兰州大学学报,1999(2).

说，包括四个方面：提供用于降低交易费用的制度，如货币、租赁、抵押贷款、期货市场等；用于影响要素所有者之间配置风险的制度，如合约、保险、分成制、合作社、公司等；用于联系职能组织与个人收入机会的制度，如产权、资历及劳动者的其他权利等；用于建立公共品和服务的生产与分配框架的制度，如学校、高速公路、飞机场、农业试验站等。由于对每一类这样的服务都有需求，因而可以用供给与需求的方法来分析。对制度的新的需求，是人的价值提高的结果。

其二，制度供给。制度变迁不仅由对更为有效的制度绩效的需求引致，而且还是关于社会与经济行为以及组织与变迁的知识供给进步的结果。正如科学技术的进步会使技术变迁的总供给水平提高一样，当社会科学知识与商业、法律、社会服务、计划等方面的知识进步会使制度变迁的总供给水平提高，这些方面的知识进步降低了制度创新的成本。但这并不是说制度变迁完全依赖于产生社会科学和有关专业新知识的正规研究，制度变迁也可能是政治家、官僚、企业家以及其他人知道它们日常活动时所实施的创新努力的结果。

其三，制度均衡。一般而言，均衡包括两个方面的内容：一是指对立变量相等的均等状态，即变量的均衡；二是指对立双方中任何一方都不具有改变现状的动机和能力的均衡状态，即行为均衡。制度均衡主要是以后一种向度来进行分析的。所谓制度均衡，就是指这样一种状态："当这些制度所提供的服务与其他服务所显示的报酬率相等时，关于这一制度的每一经济服务的经济就达到均衡。"它是指人们对既定的制度安排和制度结构的一种满足状态，因而天意也无力改变现行制度。从供求关系上看，制度均衡是指在影响人们的制度需求和制度供给的因素为一定时，制度供给适应制度的需求。

制度均衡是指制度安排和制度结构已经达到理想境地，再也没有调整的必要了。但事实上，制度的均衡状态只是一种理想状态，它只出现于非常"偶然"的机会中，而制度的非均衡倒是一种常态。舒尔茨指出："现代经济增长进程被所有的作为经济增长的结果的非均衡方式所困扰，执行经济职能的制度也不例外"①这种非均衡是制度变迁的原因，因为有大量因素影响制度均衡使现有体制之外出现了盈利机会，如果不进行制度创新，即实行制度变迁，就不可能使这种利润实现。

当制度的变迁发生，并引致了经济的进一步增长后，对于制度变迁的要求就进一步转变为使现行的制度安排上升为法律，以便确定下来。一旦制度安排被作为法律制度确定下来，制度安排就转化为制度环境，从而产生对经济行为的制约。这就是我们将制度变迁与法律变迁联系起来的结合点。

因此，经济分析方法与系统论、控制论方法在方法论层面上是相容的、统一的。一些应用控制论方法撰写的文章中，也引入了经济学方法进行费效分析，以定量的方式解释了企业作为市场主体在经营过程中的行为选择，做出了控制理论与经济分析相结合解决法学问题有益尝试。②在权利冲突问题的研究领域，也多有学者尝试使用经济分析的方法，其中较有代表性的是有学人在其硕士学位论文中全文采用经济分析方法研究权利的相互性问题，并提出了权利冲突的化解途径。③在前人成果的基础上，本文尝试在控制论的模式下应用经济分析方法中的成本分析，来作为解决权利冲突过程中的一种控制模式。力求充分发挥经济分析的同质的研究对象定量考察的优势。

在这里要特别强调的是，在存在外部负效应的情况下，效益判断标准中的效益最大化是指社会效益最大化，即依据效益判断标准衡量利益大小时，应能使整个社会的产出最大化而非仅仅指权利主体个体的效益最大化，但是，当这种社会效益最大化的权利配置导致权利主体个体显著不公平时，也应考虑个体的效益。

（2）成本和成本均衡

按照微观经济学理论，效益是收益与成本之比；成本投入是为了

---

①[美]科斯等.财产权利与制度变迁[M].上海：上海三联书店，1994：254.

②熊继宁.经济法调控原理——从控制论角度对经济法的初步解读[C].海峡两岸经济法学讨论会论文集.北京：中国政法大学出版社，2002：84-86.

③旺华.论权利冲突.[D]中国优秀博硕士学位论文全文数据库，中国期刊网，UDC：340，http：//c82.cnki.net.

达到效益最大化。在总收益一定的情况下，投入的总成本越小，则实现的效益就越大。在权利衡量这一问题中，我们将收益定义为：冲突获得合理解决，即冲突双方的权利在互不侵犯的范围内获得实现。可以认为，这是一个确定的收益目标。我们所要解决的问题是，如何以最小的成本投入来实现这一既定的收益目标，以使效益达到最大化。

所谓成本是指经济主体为获得某种收益所做的全部投入之和。在这里，我们可以将权利冲突的成本定义为：为合理的解决权利冲突，社会和当事人必须支付的全部人力、物力、财力和精神损耗之和。根据微观经济学理论，在收益水平既定的条件下，不同的成本投入量和不同的成本组合方式，会产生不同的结果。如图4-4所示：

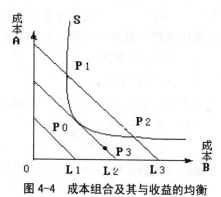

图4-4　成本组合及其与收益的均衡

假设某一生产由A、B两种成本构成。L为标记的是成本曲线。[1]图7中有三条成本曲线L_1、L_2、L_3，表示不同的总成本投入水平，从L_2~L_3依次递增。同一条成本线上的每一点均表示构成该总成本的A、B两种成本的不同组合。

S代表一定收益水平的等收益线（等产量曲线）[2]等成本线与不同

<hr />

[1] 因为总成本等于各种成本之和，所以A＋B＝L，A＝L－B，所以以B为自变量划出的成本曲线必然是一条在第一象限的直线

[2] 等产量曲线是代表特定总产量的平面与生产曲面相交所得的曲线在成本投入平面上的投影。其形状是第一象限内的平滑曲线。参见[美]曼斯费尔德.微观经济学（第九版）[M].北京：中国人民大学出版社，1999：173-174。因为在我们所要讨论的社会问题中，不存在销售利润的问题，因此可以将产出量即视为收益量。

收益线的交点P_0、P_1、P_2则表示出总收益固定时，不同成本投入方式所达到的收益情况。可以看出，如果把全部成本都投在A成本或B成本上，使另一成本投入为零，则收益水平只能是零，即没有收益。P_0、P_1、P_2点的收益均大于零，但同样的总收益值，P_0点的成本却小于P_1、P_2点，所以P_0点的成本组合更合理。在总成本为L_1的情况下，想达到S的收益水平是根本不可能的。由此可以得出以下结论：

①要达到一定的收益，必须有相应水平的总成本投入。例如，要达到图中S的收益水平，L_2是最起码的投入要求。

②总收益既定时，在组成总成本的各种成本上均有投入，才能使收益存在。

③总收益既定时，各种成本合理组合才能实现此成本水平上的收益最大。使收益最大的成本组合是唯一的，即成本线与收益线的切点P_0所代表的组合，P_0点即为均衡点。

（3）权利冲突的成本构成及成本分析

下面我们以案例2为例来分析权利冲突的成本构成，为方便起见，我们将案例2重新叙述一下。公民休息权和公民工作权相冲突的案例：钢琴噪音案。

某小区居民司徒阳除了自己弹琴外，还向外招收学生进行钢琴教学活动。每天早上9时直到深夜11时，除了中午一小段时间外，琴声持续不停。居民们反映长期的琴声严重地影响了他们正常的生活、休息，给身心造成了严重伤害。居委会和公安机关曾先后进行了调解，提出让司徒阳在小区附近另择新址教授学生，但司徒阳坚决不同意。×年×月，住户中的4户代表终于用一纸诉状将司徒阳告上了法庭。在诉讼请求中，住户要求司徒阳"停止钢琴声造成的干扰及侵害，赔礼道歉，赔偿精神损失每户200元"。[①]

下文中我们将以此案为例，进行权利冲突的成本分析。

权利冲突的成本是从动态过程对该运动所付代价的描述，从静态的制度到动态的运作，从表面措施到深层心理。经济学成本通常是一

---

① 刘作翔.权利冲突一个应该重视的法律现象[J].法学，2002(3).

种明确的、纯物质性内容的概念，容易被感知、认识及把握。权利冲突则不同，它是一种利益冲突状态，也是一个社会运动过程，许多内容及要素都要以非物质形式存在。因此，认识利益冲突的成本，既要从物质形态为表象的方面去把握，又要注意以非物质形态为表象的成本构成。基于此，本文将利益冲突的成本分为有形成本、无形成本和机会成本。

①有形成本是指，解决权利冲突的过程中，当事人和社会必须支付的可以以金钱来计算的人力物力和财力的投入。它包括：

a. 当事人有形成本：为有效的解决双方的权利冲突，达到一个双方都较为满意的结果，双方当事人必须支付的相关费用。以案一为例，包括安装隔音设施的费用，可能有的损害赔偿费用，案件的诉讼费用等。如果当事人一方或双方不承当任何一点费用，那么该案无疑将无法获得解决。

b. 社会有形成本：在实现权利冲突有效解决的过程中整个社会需为其支付的费用，以及在其解决后，为了巩固该争议解决所取得的成果而追加的其它社会成本。前者指调查、审理、执行该案件所需的司法成本；后者拎：其一，该案审结后，如果需要以立法的形式将该案所确定的法律规则加以固定，那么就需要有相应的立法成本；其二，如果这种解决权利冲突的解决方案后来被证明是错误的、有失公正的，那么就还需为其支付相应的纠错成本。

②无形成本是指在权利冲突解决过程中和解决后，当事人双方和其他社会主体的精神损耗。如果解决的方案不尽合理，则不仅会使当事人承担不应有的经济负担，而且有可能对其造成精神上、情感上的伤害。同时，不合理的解决结果可能误导其他社会成员对法律和正义的理解，要弥补这种无形损害所需支付的成本，也是无形成本的一种。这些损耗如果不能充分考虑、善加控制，势必会增加权利冲突的总成本。值得注意的是，随着精神损害赔偿纳入我国的法律体系，前一种无形成本有向有形成本转化的倾向，但不论它最终将纳入哪部分成本，都对总成本控制有着不可忽视的作用。

③机会成本是权利冲突解决进程中必须考虑的一种特殊成本。在

经济学家看来，一定资源或投入用于某种生产的成本，就是用这些资源可能生产的其他产品的价值。以这种方式定义的成本就是机会成本。在这里，我们可以用机会成本理论来说明同一总成本水平上，不同种成本合理组合的重要性。

在总成本投入量为 L_2 时，如果将 L_2 平均投入 A、B 两种成本，那么，将可以实现预期的收益值 S，即图 7 中 P_0 点所表示的结果。如果只将 L_2 的 1/4 投入 A 成本，而其它 3/4 都投入 B 成本，则其收益点就移动到 P_3，很明显，P_3 点达不到预期收益的水平。可见，这 1/4 的成本投入 A 还是 B，直接决定了预期收益是否能够实现。而我们知道，这些成本投入了 A 就不可能投入 B，当它实际投向 A 时，就丧失了投向 B 的可能性，也就丧失了投向 B 时可能获得的收益。投向 B 可能获得的收益，就是选择投向 A 的机会成本。同样，投向 A 可能获得的收益，也是选择投向 B 的机会成本。毫无疑问，我们的决策必须采用机会成本最小的方案始为最佳。换句话说，就是必须选择最合理的成本组合方式，才能实现预期的收益。

在权利冲突的解决过程中，就是要让可以较少投入取得较好解决效果的一方来做出一定让步。如上述案例中，假设方案 A 是让弹琴者承担增加隔音设施的责任，方案 B 是让所有其他住户都增加隔音设施。A 方案的收益是双方的权利都可得以实现，而且人数很多的一方当事人不必支付任何经济开支；相对 B 方案而言，这是 B 方案的机会成本。B 方案的收益则只有双方的权利均可得以实现一项，不包括 A 方案中后一项收益；而这是 A 方案的机会成本。很明显，A 方案的机会成本小于 B 方案，是较为可取的方案。

（4）成本分析的结论

通过上述成本分析，我们就权利称量问题得出以下结论：

①在权利称量过程中，我们将选择能够解决问题同时成本较小的一种方案。

②要想解决权利冲突问题，必须有一定量的总成本投入，同时各种成本都是不可缺少的。也就是说，冲突各方和社会都必须为争议的解决做出贡献、支付代价，缺一不可，这样才能获得圆满的解决。

③理论上而言，解决问题而成本最小的最佳解是存在的，而且是唯一的。它的取得与否，取决于总成本在各项投入之间的分配比例是否合理。按照 P_0 点所代表的比例来分配各方的责任，则可以实现权利冲突双方的均衡让步，在互不侵犯的范围内各自获得相应比例的实现。

当然，成本比较并不是价值称量需要考虑的唯一要件，但它无疑是不可忽视的重要因素。通过这种比较，我们可以在有限的行为可能性空间中，为两种互不能优先的权利划定一个相对合理的空间比例，使它们能在互不侵犯的前提下，都获得一定程度的实现。这样，我们又可以在这个层面上达到我们的控制目的，其结果如下图所示：

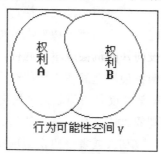

图 4-5　成本均衡模式处理结果

在上述"钢琴噪音案"中，由于按照国家环保法的规定，钢琴声尚不能构成噪音，而原告方也无证据证明琴声对他们的精神产生了伤害，所以没有适用于本案的具体法律条款和法规规范，法庭最终只能以民法通则关于"公民在行使自己的权利和自由时，不得侵犯他人的权利和自由"的规定做出判决：被告侵犯了原告享有居住环境安静的权利，应立即停止侵害，从本判决生效之日起 30 天内在琴房中加装隔音设施，并承担这一案件的诉讼费用 100 元整。原告的其他诉讼请求由于没有证据，予以驳回。①可以看到，最终的判决结果是，在采取一定措施的前提下，两权利都得到一定程度的实现。由于让弹琴一方采取隔音措施成本较小，因而该费用由他承担。而主张休息权的一方也必须做出权利让渡，即在对方采取措施的条件下，容忍其行使娱乐权。这一

①刘作翔.权利冲突一个应该重视的法律现象[J].法学,2002(3).

判决正是基于成本均衡的权利称量结果的体现。

3. 隔离控制模式：权利的公平限制

（1）公平限制原则

在相互冲突的权利同为基本权利或同为非基本权利时，有时会发生这样的情况：我们将很难确定冲突权利哪一项蕴含的利益更大或哪一项权利实现后效益最大。这时我们就必须突破寻找绝对均衡的控制模式，寻求另一种能暂时缓解冲突的途径，遵循另外一项原则——公平限制原则。公平限制原则是指，以两项权利各自的核心领域为基础，同时对它们的行为可能性空间进行公平的削减，从而在两者之间形成保留空间，作为隔离带，暂时消弥冲突。换句话说就是，在我们能够找到确切的均衡比例时，以均衡点为边界，就可以实现两方的互不侵犯；而在我们无法找到确切的均衡点时，我们暂且对两项权利都划定一个限制的边界，在两条边界之间留下一些空白地带，以待以后的社会发展演变来继续发展某种权利或限制某种权利。

这里需要澄清权利的"质"与"量"的问题。所谓权利的质，就是决定了权利所以成为权利，或者说决定某项权利能够存在的东西，即权利的本质。而权利的量是那些"虽不影响权利的质的存在，却通过权利存在的范围、广度、构成、功能等方面表现出来的权利所固有的一种规定性"。[①]

权利的本质究竟是什么，不是本文可能性空间理论讨论的重点。如果一定要下一个相应的定义的话，可以认为法律规定的某种权利空间的存在就是权利的"质"，可能性空间理论主要考察的是权利的"量"问题，即权利的范围和功能。因此，在权利限制的问题上，我们必须明确的根本准则是：权利限制只是在必要时公平的缩小双方的行为可能性空间，而不能消灭可能性空间。在这一准则基础上，我们可以引申出以下权利限制的原则。

（2）权利限制应当遵循的原则

①不剥夺原则。公平限制的根本目的是为了消除冲突，保护权利

---

① 陆列奇. 权利的限度[D]. 吉林大学硕士学位论文, 2004.

的实现。因此,权利限制的根本限度是不能剥夺任何一方的权利。如果裁判者以限制权利为由剥夺了一方或双方的权利,或者使它们成为实际不可能实现的权利,那将使以权力(司法权)解决权利冲突的过程转变成为权力的滥用以及权力对权利的侵犯。这不但不能解决原有的问题,相反使原来狭义范围内的权利冲突成为了广义范围内多重权利(权力)冲突的复杂问题。这是我们必须极力避免的情形。

②必要性原则。必要性有两个方面的含义:首先,法律对权利的限制应以消除权利冲突为基准。限制权利是由权利与其他权利之间、权利与社会利益之间、权利与社会责任之间的冲突所致,那么限制权利就只能以消除这些冲突为基本界限和必要条件。超出这一必要限度的限制,必定会导致对权利的损害,不能实现保护权利实现的目的。其次,权利空白的存在必须是必要的。对冲突的权利进行公平限制,必须基于对权利发展可能性的合理预见,即在公平限制后所形成的可能性空白空间中,有可能发展出新的权利或衍生出新的权利模式,而在当前的法治条件下确认这些权利还欠缺成熟的依据。规定这一必要性条件是为了避免裁决者简单地将公平限制模式套用到所有权利冲突的解决过程,造成对一些权利不必要的损害。

③合法性原则。德沃金认为:"一个负责任的政府必须准备证明它所做的任何事情的正当性,特别是当它限制公民自由的时候。"[①]对法律权利的限制本身必须是合法的。限制权利必须应有明确的法律依据。对法律权利,只能依据法律进行限制,其他任何形式的限制都是非正当的,都会导致对权利的贬损。这种依据可以是确认该权利的法律规则上位的法律原则,必要时也可以是相关的立法精神。

(3)权利限制的方式

在法律实践的操作过程中,我们可以利用C系统中行为可能性空间的排他性以及空间可以保留的特征,以"空间排除法"来进行权利限制。C系统内的空间是可以保留既不被A权利占据,也不被B权利占据;而该系统内可行性空间的排他性使我们可以通过规定某些空间

---

① [美]罗纳德·德沃金.认真对待权利[M].北京:中国大百科全书出版社,1998:252.

不得被占用，从而将冲突权利中的某一项或两项均排除在该空间之外，实现权利的隔离。这就是"空间排除法的含义"。具体的排除方法有以下几种：

①禁止式排除法。即根据某些禁止性规则或原则划定某些权利行使的禁区。例如商品经营者有权以抽奖的方式进行有奖销售，但最高奖的金额不得超过 5000 元。[①]奖金金额过高就有可能侵犯其它经营者的权益，形成不正当竞争。设定 5000 元以上的奖金额这个行为空间对所有经营者而言都是不可涉足的，就形成了一个有效防止恶性竞争的隔离带。随着商品社会的发展，这一空白空间有可能缩小或被新的权利占据。

②例外式排除法。即在法定权利的可能性空间之内，根据一定的规则或原则做出一些例外的"点"，在这些点上，排除权利的行使可能性。例如：美国的律师执业规则规定：当事人有权要求为自己担任过代理人的律师，在其以后律师执业活动中为该当事人保守隐私或秘密信息。但同时规定，如果这样做会对公共安全、他人生命、或律师自身的清白造成实质威胁，则律师可以披露这些信息。[②]这就以例外的方式在当事人的权利行为空间中设定出一些空白的点，这些点联系起来，就成为隔离律师与当事人利益冲突的隔离带。

③资格排除法。这是比较常用的做法，即在一些权利之后附带一定法的主体资格条件。如果不符合这些条件则排除该主体行使权利的可能。比如结婚权行使的年龄条件，继承权的身份条件等。如果权利主体不能满足这些条件则不能行使这些权利。

公平限制的方法之所以可以有效地解决权利冲突，是由我们的控制对象 C 系统的特性决定的。如前文所述，C 系统的结构特点之一是行为空间可以保留，即 C 空间内的每一个点并不必须被 A 或 B 占据，

---

① 《中华人民共和国反不正当竞争法》第十三条，1993 年 9 月 2 日中华人民共和国主席令第 10 号公布，1993 年 12 月 1 日起实施。

② 参见 Georgetown Journal of Legal Ethics , Winter, 1998 ,11 Geo. J. Legal Ethics 319.

可以允许留下空白的部分。由此我们可以看出，按照公平限制方式得出的权利冲突解决方案具有图 4-6 所示的结构特点：

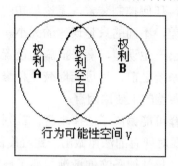

图 4-6　隔离模式处理结果

在前文所举的案例 4 中，法律最终并未承认或否认男性享有"生育权"，也没有明确如何保障男性"生育权"的实现。法院只是裁决批准离婚，而并没有正面回答男性"生育权"的问题。这就相当于将两个主体生育权之间的冲突地带独立出来，使两方暂时都不能占有，留待以后权利的发展来填补这一空白，或决定这一可能性空间的归属。

4. 自检纠错模式：冲突解决结果的平衡

通过上述三个阶段所采取的不同控制模式，已经为绝大部分的权利冲突问题提供了解决的途径，但是否可以说，这三种模式已经足以解决所有的权利冲突问题呢？做出肯定的答案显然过于武断了。社会关系纷繁复杂，同时又是在不断发展变化的，我们严格依照现有的法律规则和理性方法做出的最终判断，却有可能背离具体案件中的实质争议，早成对某方当事人明显的不公平。这就需要我们对通过以上三种技术得出的处理结论进行最后的把关，即对其进行"平衡处理"。

（1）"平衡"的含义

平衡是指裁判者依据自己对公平的理解，结合个案的具体情况，对选优模式、均衡模式或隔离模式得出的权利冲突解决方案进行最后的总体考量，如果该结果的处理方式在该案件中会造成对一方当事人显著的不公平，则依据一定的原则予以修正，将修正后的方案作为最终的处理决定。

（2）平衡措施必须存在的原因

平衡措施必须存在，而且是每一个权利冲突解决过程中的必经控制程序，这是因为，任何控制装置，无论最初的设计多么精致，都不可避免地会产生误差，不同的只是误差的大小。同样本文所设计的权利冲突控制装置也会产生误差，衡平措施的设置就是为了在处理结果输出权利比较的子系统之前，尽可能地减少和修正这一子系统内形成的误差。造成这些误差的主要原因有：

①对法律的解释可能偏离了法律本身。裁判者在处理权利冲突问题时，不可避免地要对现有的法律做出一定程度的解释。从法理上讲，一项法律颁布以后，该法律条文便渐渐脱离了原制定者，而自己生存下去。它失去了原制定者赋予它的某些性质，而通过使用者的解释获得了另一些性质。而这些新获得的性质本身可能是对原来法律的一种歪曲，这种歪曲会造成得出的结论偏离了原有法律所追求的正义目标。平衡可以纠正这一偏离。

②脱离实际的法律会导致脱离实际的裁决。法律的发展相对于社会发展具有一定的滞后性。法律体系中的一些规则可能已经与现有的社会状况脱节，如果一味遵循这样的规则而不加变通，必然使权利冲突的处理结果难以符合社会对正义的理解和期待。这即需要通过平衡来寻求新的可能性的出路。

③沟通国家正式法律知识系统与基层乡土社会知识系统的需要。相对于国家正式的法律知识系统来说，基层乡土社会因为自己习俗上的知识传统而成为铁板一块。但是国家正式法律知识系统还是保持着对乡土社会情理风俗的优势，尤其是在两者发生冲突的时候。为了沟通国家正式法律知识系统与基层乡土社会知识系统，司法官总是力图在国家正式的法律规则与乡土社会非正式规则之间寻求一个最能够适合当前所审理的案件公正解决的均衡点，这正是平衡措施的价值所在。

④法律与道德之间的张力会导致误差的产生。法律追求的目标之一是法律裁判结果与社会主流道德之间的和谐，但法律的程序性特点使那些即使是基于特定道德理念而制定的规则最终有可能因技术性的原因，与原来的道德基础产生的差异。为了消弥争执和冲突、圆满而

得当地处理案件，裁判者必须调动和运用其个人的智慧，在某些法律规则之外或者法律没有明确规定的地方做出努力，即采取"平衡措施"。

（3）平衡措施应当遵循的基本原则

①平等的对待各方当事人。在相同的情况下给予相同的对待。不可对任何一方有歧视或是偏袒。

②采取平衡措施的过程中应当更加重视实体正义，特别是个案的实体正义。因为在进入平衡过程之前的各个控制阶段，都必须严格遵循法律规定和我们设计的权利比较程序。严格遵守法律规范倚重的是形式正义，而控制流程本身更是高度的程式化，而这些在保证了控制过程的稳定和严谨的同时，也可能造成一定程度的僵硬和偏离。这些缺陷需要通过平衡措施对实体正义的关注来进行修正。

③平衡过程应当遵循法律。平衡并不是要刻意的背离或推翻制定法，而是尽量追随制定法的原则和精神要义，结合具体个案情况加以运用，对某些具体的规则加以修正和补充，以求使权利冲突的解决结果更接近正义的目标。

④平衡的目的在于避免明显的不公平。平衡并非授予裁判者随心所欲的权利。虽然平衡是处理决定做出前的必经程序，但这并不意味着平衡一定要改变原来的控制模式下得出的结论。只有在该结论明显对一方不公平，可能造成不必要的损害时，以平衡为理由的修正和更改才是合理的。

（4）"平衡"与"衡平"的区别和联系

"衡平"一词是个多义词。主要有三种相互联系的意义：第一，它的基本含义是公正、公平、公道、正义；第二，指严格遵守法律的一种例外，即在特定情况下，要求机械地遵守某一法律规定反而导致不合理、不公正的结果，因而就必须使用另一种合理的、公正的标准。一般地说，法律中往往规定了某些较广泛的原则、有伸缩性的标准或通过法律解释和授予适用法律的人以某种自由裁量权等手段，来消除个别法律规定和衡平之间的矛盾。古代罗马法中就承认这种矛盾并规定由裁判官对这种矛盾采取补救措施。梅因在其《古代法》一书中曾详细探讨这一问题；第三，指英国自中世纪中开始兴起的与普通法或普通法法院并列的衡平法或衡平法院。……当然，衡平法或衡平法院这两个名称所讲的衡平也导源于以上第一种，特别是第二种意义上的衡平①。

"衡平"有三个层面的含义，在这三个层面上"平衡"都与它有着一定的联系，但二者绝非等同：

①抽象意义上的公平、正义。在这个层面上"平衡"与"衡平"的基本价值追求是相同的，有着相同至少是非常接近的内涵。它们都以追求个案的正义和公平为出发点和最终的归宿。

②制度层面的"衡平"，是指判例法体系特有一种以法官自由心证为核心的纠正个案不公平的司法制度。在制度层面上，本文所说的"平衡"与"衡平"既有联系也存在显著的区别。相同点在于，两者都是对个案处理结果偏差的纠正措施；对严格按法律规则得出的结论来说都是一种"例外"。但绝不能因此将"平衡"与制度含义上的"衡平"等同起来，两者有着根本性的差别：

a. 纠错的主体不同。"衡平"是衡平法院的法官对普通法院法官做出的判决进行修正。相对于原裁决做出者而言，衡平的修正力量是外来的，是另外一个裁判主体做出的纠正。

而"平衡"是同一裁判主体对自己经过取舍、衡量、或隔离得出的结论进行"是否公平"的考虑，如果认为存在不公平则即行纠正。"平衡"的过程不涉及其它的裁判主体。

b. 纠错的依据不同。"衡平"和"平衡"依据的是都法官的良心，是法官自身对公平和正义的理解，但前者是原裁判者之外其它法官的良心，可能会存在前后两位裁判者对正义本身的认识冲突；而后者是同一裁判者依据自己的良心考量自己做出的结论，是一种自我反思。它的总体价值标准是一以贯之的，没有改变，会产生与前不同的结论是由于裁判者为了纠正系统误差而采取了与以前不同视角。

c. 纠错过程的性质不同。"衡平"是一种历史悠久的司法制度；而"平衡"是裁判者做出最终的裁决之前经历的一个对权利冲突问题控

---

① 沈宗灵. 比较法总论[M]. 北京：北京大学出版社, 1987：172-173.

制阶段，也是一个必需的思维判断过程，它的目的是解决冲突，并使做出的判决更接近裁判者自身追求的正义目标。

d. "衡平"并非每个案件的必经程序。如果当事人不主动将案件提交衡平法院审查，衡平程序不会自行启动，因此并非每个案件都需经过衡平才能得出最终结论。但"平衡"是裁判者对权利冲突做出裁决前必经的控制过程，是不可以被省略或忽视的，不存在当事人要求才启动的问题。

③规范和机构层面的"衡平"指的是在衡平制度的基础上形成的规则体系和法院体系。在这个层面上"平衡"与"衡平"的共同点较少，平衡是一个控制过程，不存在法律形式的规则，更没有专门从事平衡的法院。但是，"衡平"法规则中的一些核心原则却对平衡过程具有借鉴意义。

为避免平衡措施的适用可能造成的对制度化的冲突权利配置原则体系的侵害，其适用必须受到严格的条件限制，最核心的条件是：遵循基本权利优先于非基本权利原则和利益衡量原则以及公平限制原则配置权利将导致一方主体的显著不公平。如果裁判者发觉了这种不公平，就应当采取平衡措施，在形成决定性的处理方案之前纠正这种不公正（如图4-7所示）。例如，前述的案例5中，某企业在录用员工时无正当理由人为地排斥怀孕女工时，企业的契约自由权和妇女的就业平等权就发生了冲突。由于这两项权利同属基本权利，所以要遵循利益衡量原则加以配置，众所周知，契约自由权是现代法治社会、市民社会的最基本权利之一，其蕴含的利益要远大于妇女就业平等的权利，因此应优先配置。但此原则的遵循将会导致对部分妇女的显著不公平，这时就应用平衡措施排除利益衡量原则的适用而优先配置该妇女的就业平等权。

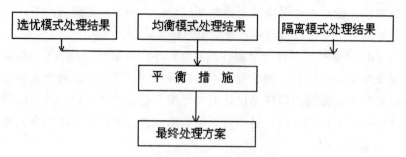

图 4-7 解决权利冲突的平衡方式

第五章

网络环境下的权利冲突

　　网络环境下的权利冲突表现为两种不同类型的对网络行为可能性空间的争夺。从系统论的视角出发，在法治发展和权利演化的大背景下重新认识网络权利冲突的本质、特征及其法律功能。以法律原则为框架，司法为控制中心和生长点，以"终端用户—网络运营商—公共权力部门"三位一体的新型"权利—义务"体系为依托，充分发挥网络自身的信息技术优势，寻求网络权利冲突的"回应型"解决机制。

　　迅猛发展的互联网深刻地改变了民众的生活和社会交往方式，同时也不断地向法律世界提出新的课题与挑战。继刑法修正案确立了非法侵入计算机信息系统罪之后，2010 年生效的《侵权责任法》第三十六条首次对网络侵权行为做出了规制，2012 年 12 月 28 日通过的《关于加强网络信息保护的决定》则进一步明确了国家对互联网实施法律规制的意图和决心。然而面对层出不穷的网络权利冲突事件，上述法律文件在包容性、延展性以及对社会现实的实时回应性上都存在缺陷。互联网环境的特殊性使得权利和权利冲突均表现出有别于传统的样貌，而这些的特性赋予了网络权利冲突在法律发展意义上的独特功能。

第一节　网络权利冲突的特征与类型[①]

一、网络权利冲突的本质

权利冲突是指两种各自具有法律依据的权利在个案的具体条件下无法都获得实现的现象。经过相当长时间的研究与争论，学界就权利冲突的客观实在性达成了共识[②]，但对权利冲突的本质与内涵仍存在争议。以现代系统论和控制论的视角观察，网络权利冲突的实质在于：不同主体基于自身的利益诉求，对网络信息技术所造就的新的"行为可能性空间"[③]的争夺。

网络权利冲突有别于一般权利冲突。现代系统论认为，任何系统的整体特征都取决于系统所处环境及系统内在结构的特点。主体行为在网络环境下表现出不同于传统的复杂性、匿名性、多变性和实时性，这种环境意义上的独特性，必然对网络权利冲突的成因和特质产生重大影响。在控制论的视角下，权利冲突实质上是对归属不明确的行为可能性空间支配权的争夺[④]。传统法律体系中的"行为可能性空间归属不明"一般由三种原因导致：（1）立法冲突导致两项权利在同一行为可能性空间发生竞合；（2）现有规范对两项法定权利的行为边界未予设定或设定不清，导致权利主体对特定行为可能性空间的争夺；（3）社会发展导致新的行为可能性空间出现，多个法定权利主体主张将自

---

①本节内容综合采用了作者发表的多篇论文的内容与成果。邹晓玫. 网络权利冲突的法律功能研究[J]. 法制博览, 2013(9)；邹晓玫. 法律权利的演化和生长空间——控制论视角下权利冲突的结构功能[J]. 黑龙江省政法管理干部学院学报, 2007(2).

②于宏伟, 朱庆锋. 正确对待权利冲突——现象与解决方式之间[J]. 法学论坛, 2006(1): 28.

③行为可能性空间是指行为主体可能采取的各种行为方式的集合。社会生活中的个人、社会组织、团体、国家都是社会中的行为者。它们各自具有的可能性的行为方式的集合，就是他们的行为可能性空间。熊继宁. 社会变革与结构性缺陷. 经济体制改革中的法律调节机制[M]. 北京：法律出版社, 1991: 9.

④邹晓玫. 法律权利的演化和生长空间——控制论视角下权利冲突的结构功能[J]. 黑龙江省政法管理干部学院学报, 2007(2): 17.

己的现有权利延展至该行为可能性空间。受制于现实世界主体行为样态的有限性,互联网出现之前的传统法律世界中,权利冲突以上述(1)、(2)两种类型居多。

二、网络权利冲突的特征

互联网以信息技术为依托,构筑了一个现实世界之外的独特行为空间。网络虚拟世界中存在着大量的虚拟主体,却进行着大规模真实的行为和信息交换,而这些信息和行为能够给现实生活中真实的主体带来真实的影响。这使得网络环境下的行为可能性空间成为多方争夺的焦点,加之法律规范对飞速发展的网络世界响应不足,导致网络权利冲突表现出不同于一般权利冲突的样貌:

(1) 以对新行为可能性空间的争夺为主要类型。网络环境下,行为主体具有匿名性,网络服务方式和行为方式均具多元化特征,加之web2.0网络技术下代码权的下放[1],使得网络用户对网络信息创生与交换过程的参与不断深化。大规模的网络交易行为以及网络虚拟财产的产生,意味着互联网世界中的特定"虚拟"行为,将对现实世界中的特定主体产生"真实"的影响。上述行为可能性空间在互联网出现之前的传统法律体系内是不存在的,因而必然引发多方主体对新的行为可能性空间的争夺。例如,提供网络存储空间的网站中,网络用户的上传和下载权与作品的著作权之间的权利冲突即是典型的对于新的行为可能性空间的争夺。

(2) 部分在传统法律体系中边界清晰的权利,在网络环境下表现出权利冲突状态。网络世界的匿名性和网络数据传输的迅捷与便利,共同导致了下述状况的广泛存在:特定匿名主体的特定网络行为对其他主体造成了损害,但由于网络技术的限制,难以确定侵害主体,或无法确认该损害系传统意义上的侵权还是权利冲突引发的外部性损失,因而无法实现有效的法律救济。

---

①梅夏英,刘明.网络侵权归责的现实制约及价值考量——以《侵权责任法》第36条为切入点[J].法律科学(西北政法大学学报),2013(2):83.

三、网络权利冲突的类型化

如果网络权利冲突的实质在于不同主体对于网络信息技术所造就的新的"行为可能性空间"的争夺，那么探寻这些争夺形成的内在机理，将有助于从根本上解决或缓和网络权利冲突，并为网络行为的有效规制寻求法律规则的生长点。依据网络权利冲突的成因、规制特点及其在网络法律体系中可能发挥的作用不同，可以将网络权利冲突分为两大类：

1. 法定权利在网络空间中的"退化"（以下简称为 A 类冲突）

此类网络权利冲突是指两项权利在主体、客体、内容上与传统无异，权利界限清晰。但是借助了网络技术手段，使得权利损害难以被查知，或查知后难以实现有效救济。较之于前述三种传统意义上的权利冲突，这种网络权利冲突具有非典型性。网络的匿名性以及便携式无线网络终端（可以无线方式接入互联网的掌上电脑、智能手机等）的广泛使用，使行为人可以在极短的时间内对大规模网络用户造成广泛而严重的损害。该行为既有可能基于传统侵权理论上的故意或过失（如是则构成侵权），也可能基于法定权利的行使，后者属于网络权利冲突的讨论范畴。

此类网络权利冲突的规制难点在于网络环境下的主体锁定、管辖权确认和调查取证常遇技术阻碍。受限于网络技术监管手段，法律救济可能首先遭遇侵害行为主体的锁定困难，即难以实现网络虚拟主体与现实法律主体之间的一一对应关系。现有网络侦查技术可以通过 IP 地址、网络服务器后台信息等方式锁定是哪一终端设备实施了造成损害的行为，但是很难确认是哪一自然人操作该设备实施了危害行为；即使能够确定行为主体，由于网络的平面性结构和大量移动网络终端设备的存在，使传统意义上的"侵权行为地"、"损害结果发生地"等管辖权联结点遭遇确定困难；贯穿于上述过程及其后可能启动的司法程序始终的，还有网络调查取证的权力主体、取证方式、取证程序、证据形式、证据效力等一系列的证据规则空白。

2. 对潜在"行为可能性空间"的争夺（以下简称为 B 类冲突）

网络技术及网络社区的存在使得虚拟空间中的特定行为能够带来一定的现实利益，而现有法律规范对该行为的正当性未有界定或对其边界厘定不清，从而导致多重主体要求将已有权利延展至该行为空间。新的行为可能性空间的出现，虽然会引发权利冲突，但如果处理得当，也可能成为新的权利的生长点或使原有法定的权利的行使范围得以扩张。

此类权利冲突的规制难点在于如何实现对新的行为可能性空间进行有效的划分。我国网络法治发展尚处于初级阶段[①]，而网络行为复杂多变，且复杂程度随着网络信息技术的日新月异而不断加深。在这种情形下对网络权利冲突进行简单的刚性立法为时过早，草率为之可能导致立法的不成熟或危及法律规范的稳定性。因此，对 B 类权利冲突，应当在刚性立法之前，寻求更具弹性但同时又具有法律效力的途径来实现对新产生的行为可能性空间的有效分割，消除或缓和其导致的不良后果。

第二节　应对网络权利冲突的策略转换

互联网的特殊技术环境决定了网络环境下的权利冲突更多地表现为对新出现的行为可能性空间的争夺。互联网的对传统的法律部门划分、社会关系调控方式以及法律程序的设计等都提出了颠覆性的挑战，要求我们以全新的思路来应对网络环境下的权利冲突，探索网络权利冲突的独特解决路径。

一、网络环境对权利冲突解决模式的全新挑战

1. 互联网的信息传播方式使传统法律部门的界限模糊

互联网的高速发展，短短几十年内就在人们的日常生活之外创造

---

① 程琳. 网络安全呼唤"良法善治"[N]. 中国社会科学报,2013-4-10(A04).

了一个全新的虚拟世界。随着互联网技术的不断进步，网络虚拟世界的功能也迅速地从简单的信息传递发展到了即时交流、共享、交易、学习等多重功能的复杂综合体。网络技术决定了任何一个终端用户可以将自己的信息与全球共享，同时也可以在互联网上获得任何他人发布的信息。同样的，一个行使权利的行为也可能瞬间与众多主体的合法权益产生冲突。

法律世界对庞大和复杂并不陌生，从诞生之日起到现在，传统法律世界已经在社会关系类型化的基础上形成了各个相对独立和自称体系的法律部门。法律部门的划分一般以调整对象为主要标准，以调整方法为次要标准。通常除刑法法律部门的划分是按照其独特的调整方法之外，其他法律部门均是按照其所调整的社会关系的特点来进行划分的。在大陆法系国家，传统上将法律划分为公法和私法两大类型：凡涉及公共权力的行使或调整公共权力主体与私权利主体之间垂直管理关系的法律视为公法；凡调整平等主体之间人身与财产关系的法律被视为私法。两种不同类型的法在设计上秉承的基本理念不同：公法性法律的根本任务在于明确权力的内容和行使方式，限制权力以避免其被滥用；在权利义务的设计上通常秉承"未经法律明确授权则为不得行使"的理念，以对权力的"管制"为根本旨趣。私法性法律的根本认为在于对公民的自由给予明确的法律保护，使其免受公共权力和其他个人的伤害；在权利义务的设计上秉承"未被法律明确禁止则为公民的自由"的理念，以最大限度地保护和实现公民的自由为根本旨趣。

然而在网络环境下，特别是在 web2.0 所创造的交互环境下，网络沟通和交流跨越了时间和空间的距离，每一个互联网的用户是网络信息的消费者的同时也均可以成为网络信息的生产者和提供者。这使得在网络环境下，传统的相对清晰的"公共领域"与"私人领域"的界分出现模糊，而基于上述界分的"公共话语"和"私人话语"的边界日益模糊。①一个网民在自己的博客上发表的隐私信息被广泛转发，引起了网络世界的广泛注意，究竟是在私人领域的私人行为还是公共领

---

① 周江洪. 网络法问题的法哲学分析[J]. 兰州大学学报(社会科学版), 2002(6)：68-74.

域的信息发布行为？网络 BBS 的管理人员究竟应当对其网站上发表的
争议性言论承担私主体的技术支持责任还是公权力主体的审查和监管
责任？两大传统领域界分的失效，导致网络世界的私人事务与公共事
务高度融合，简单地将传统的法律部门各司其职的格局套用于网络世
界中难以有效解决网络环境下的特殊问题。单纯的以私权利定位为出
发点来调整网络行为，可能导致互联网成为一些拥有技术优势的个体
采用隐蔽方式侵犯他人权利甚至实施犯罪行为的掩护；而过度强调对
互联网行为的监管则可能使网络丧失其匿名性和交互性带来的活力，
网络世界一旦成为一潭死水，则公众对社会公共管理行为的社会监督
又失去了一个非常重要的场所和渠道。因而笔者认为有必要针对网络
环境下的特殊主体和特殊问题，设计针对性的解决方案，在保护网络
空间活力的基础上实现有效监管，前提是为公共权力对网络环境的监
督管理寻找到宪法意义上的"正当性"和"合理性"基础[1]。

2. 信息传输的复杂性和迅捷性对网络法律监管提出的高技术挑战

互联网的技术性特点是虚拟空间相对于现实世界最大的也是最根本
性的特征。网络技术的每一次革新都会带来人们生活和交流模式的根本性
改变：web1.0 的环境下，实现了网络信息的共享和全球范围内的快速传
递；web2.0 实现了任一网络的终端用户向互联网上传信息的可能性，在
此基础上实现了网络环境下 P2P 的即时交流；互联网、移动终端和广播
电视网络的贯通更使现代人在信息技术构筑的庞大网络面前无处遁形。互
联网的高度技术化特点，给人们带来了生活方方面面的巨大便利，同时也
伴随着对安全和自由的潜在威胁和现实侵害。互联网给法律世界也同样带
来了双重影响：一方面法律人拥有了更加广泛和相对自由宽松的平台与职
业共同体成员以及社会公众共享和交流法律世界中的规则、价值和热点事
件。根据因特网最大的、最具权威的分类目录 Open Directory Project[2]的

---

① 赵宏. 微时代下的表达自由及其限制[J]. 网络法律评论,2013(16)：3-13.
② Open Directory Project 是互联网上最大的、最广泛的人工目录，它是由来自世界各地
的志愿者共同维护与建设的最大的全球目录社区。开放目录专案是含有最广泛内容，以人工分类为
主的目录。它的编辑人员主要来自互联网的志愿者共同为目录提供资源,具有较大的公正与可信性。
卢东凌. 中国网络法律信息资源分布评价[J]. 重庆科技学院学报(社会科学版),2013(9)：53.

统计，至 2013 年我国共有法律信息网站 266 个，以国家机构和律师协会等为核心，为公众提供网络法律信息和网络法律服务。[①]另一方面，互联网技术也对法律世界的传统运作方式提出了巨大的挑战：

（1）网络空间依赖信息技术构建，监管必须以技术优势为前提。网络虚拟空间完全建立在计算机、服务器和信息传输设备等技术产品之上，可以说，网络世界里，谁是新的软硬件技术的拥有者，谁就享有事实上的优先权。如果说在现实世界里，法律可以否认某一确实存在的行为不具法律意义上的正当性，从而予以限制、处罚或取缔的话，那么网络虚拟世界中的这种否定必须以掌握最具优势的网络技术为前提，否则将是毫无意义的。一个技术超群的黑客可能在几秒钟内侵入重要计算机系统获取秘密信息，然后消失的无影无踪。如果法律只是规定禁止侵入他人计算机，而没有技术上追踪黑客行迹方式、判定其故意侵入的技术标准，很难想象这样的规则会有任何实质性的作用。网络的技术性特征要求：（A）从宏观上看，国家对互联网实现有效管制必须以国家掌握明显优势于终端用户和网络服务提供商的关键性信息技术为前提。同时，在频繁出现的跨国家、跨法域的网络权利冲突和争议中，如何确保本国和本国公民的利益不受非法侵害，最为根本的途径也是取得国际意义上的互联网技术优势。（B）从中观意义上来看，网络的技术性特征提示我们，应当跳出传统的单纯依赖国家和公共管理机构实现法律管制的思路，动员网络世界具有集中技术优势的力量：网络服务提供商来实现部分网络活动的秩序化。（C）从微观的网民行为规制来看，应担强化其基于对网络技术性特征了解和知情基础上的自由行为选择，从而避免民众在不知情的情况下，陷入米歇尔·福柯所担忧的"全景敞视"[②]的监控之下。

---

① 卢东凌.中国网络法律信息资源分布评价[J]. 重庆科技学院学报(社会科学版)，2013(9)：53.

② "全景敞视"最早来源于英国哲学家边沁设计的圆形监狱，认为可以通过监狱建筑的形状使犯人感到道德的约束和秩序的要求。主要作用是引导犯人意识到自己的处境，使他们处在一种不变的可被视状态，以保证权力自动起作用。米歇尔·福柯借"全景敞视"来隐喻现代社会中对人的无所不在的"规训"，在规训的世界中，特定知识或技术的掌握着实际上掌握了在不知不觉中"规训"他人的"微观权力"。[法]米歇尔·福柯.规训与惩罚[M].刘北成、杨远婴译.北京：三联书店，1999.

（2）网络技术变革的迅猛和持续，要求网络法律调整具有一定的弹性和前瞻性。网络技术的革新速度之快，给以相对"稳定性"为重要内在价值的法律世界带来了不小的挑战。互联网从普遍应用到几乎无所不在，只用了短短 30 年左右的时间，而这 30 年中互联网技术本身又经历了至少两次以上的根本性革新，未来互联网技术将发展到何种程度，几乎是法律世界难以预测的问题。因此，在对现有的网络权利冲突进行管理和规制时，不可能如传统世界中一般设定一个相对完整并且相对闭合的规范性体系，这样的立法规制模式最后很可能只有两种结果：要么法律规范很快被飞速发展的网路技术规避、淘汰甚至抛弃；要么过于僵硬的规范严重限制网络技术的开发和应用，使互联网的发展遭遇人为因素的阻碍，裹足不前。两种都是法律世界和网络用户不愿看到的结果。因此，网络权利冲突的法律规制，必须在立法者充分了解网络技术性特点的前提下，保持规制方案在先对长的时间内的弹性和前瞻性。

（3）网络技术性特点要求法律调整和管制过程中高度重视网络技术性规范的作用。技术性规范在非网络的现实世界法律规制中也很常见，但在网络世界中，技术性规范的作用尤其重要。如上文所述，网络世界是在信息技术基础之上搭建的，构成网络世界的硬件和软件的技术性标准根本上决定了网络行为监管的格局和方式。因此，网络环境的下法律监管应当高度重视以下及方面的技术性规范的制定：（A）接入互联网的计算机、服务器、信息传输设备等的硬件技术性标准；（B）上述硬件设备所转载或使用的计算机软件的开发设计和应用规范；（C）互联网接入服务的提供者所需循序的技术性规范；（D）各类网络服务提供商所应遵循的技术性规范；（E）网络终端用户在使用互联网过程中需要遵守的技术性规范。

3. 互联网的"去中心化"特征使得现行法律程序性规则遭遇困境

在 web2.0 技术支持下，互联网的任何一个接入用户都可以向互联网上传新的信息，同时可以浏览、下载或者传播互联网上的已有公开信息，而且这一切均可以在极短的时间内以匿名方式实现。因而互联网的存在几乎消解了所有地域、人际网络给信息传播带来的阻碍。任何人都可能成为网络的信息中心，任何信息仅凭借自身的内容吸引力即可在互联网世界被广泛关注。网络世界的匿名性又抹平了社会身份和角色带来的标签化影响，从而基于其在网络世界的活动方式对现实存在的人们进行重新的归类和划分，现实世界的权威在网络世界不一定拥有权威。网络的这种平面化特点极易形成中心多元化甚至无中心的交往格局，这一特点给传统法律程序实现对网络世界的调整造成了以下阻碍：

（1）调查取证困难。网络世界里发生的每一个动作都会在互联网的各软件或硬件中留下痕迹，这一点和现实世界的行为高度类似。但是由于网络信息的传递快速、匿名，且是以一般主体不能直接读取的代码形式存在于各种网络介质当中，因而在证据的追溯和提取过程中，均可能遭遇技术障碍。如果有深谙网络技术者可以掩盖自己的网络活动踪迹则可能给调查取证过程带来更大的困难：数据代码实际上是一串由 0 和 1 排列组合而成的数字序列，任何一个数字的改变即可对其表达的意义构成完全破坏。因而网路证据的保全和其真实性、有效性的认定也较传统证据形态有更大的困难。

（2）传统的管辖权确立方式难以应对网络争议。传统的管辖权设计以地域为核心连接点，采用层级管辖的方式确立司法案件的处理权限。然而互联网完全突破了不同地域人们之间交往的限制，一个网络争议中的双方当事人很可能是不同国家、相隔万里、素不相识的两个人，但是他们的权利争议和相关损害确实完全真实的。

（3）主体间责任划定困难。从物理意义上看，网络世界里信息的传递往往在瞬间经过几十甚至几百个服务器的中转；从主体间关系上看，网络环境下的信息交换可能是点对点的人人互动（如即是聊天）、可能是人与网络平台互动（信息查询网站）；也可能是多人在网络平台环境下的互动（网络聊天室、交友平台、BBS 等），还可能是多人在网络平台、监管机构参与下的多元互动活动（网络购物、网络游戏等）。网络的迅捷和多主体密切关联互动，使得网络环境下一旦产生对特定权利的损害，很可能是多重主体交互行为导致的，且上述互动行为可能在非常短的时间内迅速完成。这使得传统的"过错——责任"原则，在面对网络环境的时候，产生应对困难。例如，某一网络BBS平台在管理用户上传的大量言论发帖时，没有发现A对B的诽谤言论。这里难以按照传统的法律原则简单地评判该网络平台在A对B的损害中是否存在过错。需要结合该网络平台的技术性特征以及其在具体网络权利冲突中扮演的角色来讨论其是否存在过错以及是否需要承担责任的问题。

二、现行法律对网络权利冲突的基本应对思路

1. 网络法律与对网络的法律调整

我国的现行的法律体系下并没有形成一个独立意义上的网络法律部门。学术界对于什么是网络法律也并未形成统一性的认识，有些学者认为，网络法律是指调整与网络有关的各种社会关系的法律规范的总称，其调整对象是与网络有关的各种社会关系。同其他法律关系一样，网络法律关系由主体、内容、客体三因素构成。网络法律关系其中的构成因素或法律事实应至少一项与网络有关。[①]这一相对普遍接受的概念内涵相当广泛，且与传统的法律界限并不清晰，外延上存在交叉。例如，《侵权责任法》中涉及网络侵权的条款究竟是属于侵权法还是网络法律，还是同时兼具两种属性？现行法律体系中并不存在一个独立的网络法律部门，仅仅是以零散立法的方式对网络法律活动进行管理或规制。因而，笔者在此不想采用网络法律的概念，而仅仅讨论现行法律对网络世界的调整状况。

根据学者已有的研究文献统计，截至2013年1月为止，我国直接对互联网进行规范的重要法律法规就有172个，从内容上看涉及网络安全、网络信息服务与管理、网络著作权保护、电子商务、个人信息保护、未成年人保护、网络违法犯罪等；从规范形式上看包括法律、行政法规、司法解释、部门规章和其他规范性文件（不含地方性法规）；从规范性质上来看专门性的法律3件，相关性的法律11件，司法解释

---

① 齐爱民,刘颖.网络法研究[M].北京：法律出版社,2003：43.

18件，行政法规10件，部门规章40件，其他规范性文件90件。①上述网络立法在数量上随着网络交易的规模的扩张和互联网的普及呈现不规则增长的态势，但在立法层次、立法方式和内容的全面性、均衡性等方面均存在较大的问题。上述状况反映出，现行法律规范对网络环境下权利冲突的应对存在基本策略层面的欠考量。

2. 现行法律规范调整网络权利冲突的基本策略

虽然系统的网络法律体系尚未形成，但作为调整社会关系的最重要规范，法律对于现实存在的各种各样的权利冲突显现却不能置之不理。面对层出不穷的网络权利冲突案件，现行法律规范体系不得不以被动的姿态应对，其解决方式总体上秉承以下基本思路：

（1）从调整的基点来看，仍然是以调整对象为规范的分类的基点，并未考虑网络环境的客体特殊性。传统的法律体系，是在客体类型化的基础上划分法律部门的。具体而言，各国特别是大陆法系国家在区分公法和私法领域的基础上，进一步根据社会关系的性质和特点，将法律体系划分为宪法、民法、经济法、行政法、国际法等法律部门。传统的划分方法中，除了刑法是按照调整方式的不同进行划分的，其他法律部门的划分均是按照社会关系的性质不同来划分的，也就是在法律关系的调整对象的类型化基础上进行划分的。如上文所述，网络空间中的行为，因其网络技术性因素的加入，集成了传统社会关系中的公共领域和私人领域的多重特点，产生了基本领域的交叠；同时，网络的工具性属性使得传统的各项法律关系，均可借助网络空间加以实施，并在网络的多主体交互环境下产生许多变体；上述两方面的特点综合呈现，就使得网络环境下的行为呈现法律意义上的构成复杂性。在这种复杂性面前，仍然坚持按照调整对象的类型化来设计法律规范，显得非常笨拙。

（2）从规范的设计思路来看，是将现行法律中的相关权利延伸至网络空间。由于A类网络权利冲突往往能够在已有法律体系中寻得客体相同或相类似的权利，因此在遭遇此类权利冲突时，法律的处理办

---

① 于志刚，邢飞龙.中国网络法律体系的现状分析和未来建构——以2012年12月31日为截止时间点的分析[J].辽宁大学学报（哲学社会科学版），2013(7)：82-93.

法通常是通过司法解释或司法适用，比照已有权利的保护方式对网络环境下的相关权利进行规制。比如，比照传统法律体系中的出版商权利来近似的确定网络环境下提供网络存储空间的网络服务提供商（ISP）的权利行使范围及行使方式。但由于网络的特殊技术环境，上述类比方式在理论上虽不至遭遇重大困境，但在实际操作层面却是绝难实现的，强行使用只会使法律的规定如同虚置。例如，A在某网站匿名发帖恶意诽谤B，侵犯了B的名誉权。按照现有法律规定，若A要追究B的诽谤责任，则需以B为被告人向有管辖权的人民法院提起诉讼。但现实情形是，A根本难以获知B究竟是哪一特定自然人（网络刑侦技术或可找到发送该诽谤言论的计算机，但难以确定其操作人），同时也难以确定管辖法院（如果实施侵害行为的是移动终端设备，且通过无线方式接入互联网，则传统意义上的侵权行为地、损害结果发生地均难以确定）。类比规制的结果是A的权利根本难以获得实际意义上的保护。造成上述实践性困境的原因也根源于网络行为构成的复杂性：部分行为只不过是借助网络工具实现的传统法律关系，传统法律规范即可调整；部分法律行为在传统法律关系中有所涉及，但在网络环境下产生了新的行为可能性空间，因而需要重新设计法律规范予以调整；还有一些因网络存在而产生的全新社会关系，需要按照网络自身的独有特征和运作方式予以规制。以上三种类型的网络行为中均可能产生权利冲突，除第一种网络行为中的权利冲突可以按照传统的方式予以解决之外，其他两种环境下产生的网络权利冲突，均需重新设计法律规范来予以解决，简单地将已有法律体系中的法律规范以类比的方式适用于网络世界，只会越来越显得捉襟见肘。

（3）从规制方式来看，是针对特定问题进行个别规定。对于B类网络权利冲突，现有的解决方式一般是在原有法律体系中就特定问题增加个别规范，进行个别规定。例如在《刑法》中增加危害计算机系统安全罪；在《侵权责任法》中设置网络侵权的条款；通过司法解释的方式应对大量的网络著作权侵权案件等。该方式能够较好地适应网络行为的特殊性，但其根本的规制思路仍然是以国家强制力为权威性根基、以刚性立法为表现形式、以维护法律体系的内在统一性为基本逻辑。这种"打补丁"的方式可以一定程度上解决个别网络权利领域的法律纠纷，但难以实现对数量众多、样态各异的网络权利冲突全面、有效、实时的回应，同时也不利于网络环境下新型权利的生成、发展与实现。

（4）从规范构成来看，以禁止性规范和义务性规范为主体，缺乏系统性的权利设计。实证主义法学大师哈特将人类的法律规则区分为两种类型：一类规则人们可以视为基本规则或主要规则，根据这类规则，人们必须为或不为某些行为而不论原因与否。另一类规则在某以上从属或辅助前一类规则，因为他们规定人们可以凭借其采用、废除或自改旧的主要规则。前一类规则设定义务；后一类规则设定公共权力或个人权利。[①]当人类面对一个尚未被法律规范所调整的新领域时，通常会采用义务性规范来确定国家对该领域的基本意志立场，然后才辅之以授权性规范来建立体系化的法律规范系统。在网络立法领域也是如此。自20世纪80年代网络进入较为快速的发展期以来，涉及网络的法律规范也在同步增长，但基本上是针对网络世界出现的较为严重的问题，采用设定义务性规范的方式予以针对性解决，鲜有系统的权利性规范设计。这一方面是人类法律发展进程的规律性体现，但同时也从另一个侧面说明了网络法律发展尚处于不成熟阶段，向系统的权利立法体系转变，是网络法自身发展的必然要求。

三、应对网络权利冲突的策略转换

1.总体策略的转换：以网络权利冲突作为网络"回应型"规制体系的生成基点

美国学者诺内特和塞尔兹尼克将社会中的法律分成三种类型：其一，作为压制性权力工具的法律；其二，作为能够控制压制并维护自身完整性的一种特别制度的法律；其三，作为回应各种社会需要和愿望的一种便利工具的法律。[②]网络权利冲突的大规模涌现要求法律打破

---

① 刘星.法律是什么[M].广州：广东出版社,1997：118.

②[美]诺内特,塞尔兹尼克.转变中的法律教育社会：迈向回应型法[M].张志铭译,北京：中国政法大学出版社,2002：16.

自身的认识疆界，"更多的回应社会需求"①，从"自治型法"迈向"回应型法"要求将法律的目的从维护自身的正统性转向实际权能的实现。

在"回应型法"的思路之下，法律关注的中心应当是应对现实问题的"能力"，而非"自治型法"所关心的"正统性"。②网络世界独特的存在方式和行为环境，决定了网络环境下的权利冲突在发生机理、涉及主体、表现方式和规制难点等方面均与传统法律体系下的权利冲突存在重大差异，因此简单地在已有权利基础上"划延长线"的方法无法有效地回应 A 类网络权利冲突。A 类冲突要求法律体系针对网络信息化特征，提供更为系统、科学的责任机制，以及更为便捷、有效的法律管辖和证据保全制度。因此，笔者认为应当在充分肯认网络权利冲突特殊性的基础上，建立"终端用户—网络运营商—公共权力部门"三位一体的新型"权利—义务"体系，在有效解决 A 类网络权利冲突的同时，实现网络权利的体系化构建。

"回应型法"强调以目的为核心扩大自由裁量权的适用方式与范围，同时要求"积极寻求（国家强制的）替代物，即各种鼓励性的、自我维持的义务体系"。③B 类网络权利冲突的特征决定了国家主导的刚性立法与规则预设无法实现对其有效回应。笔者认为，以司法为中心，辅之以网络主体的自主性、替代性纠纷解决机制，可以对 B 类冲突进行能动调节；同时以判例、案例等方式实现 B 类网络权利冲突解决方案的渐进式积累，不断促进法律权利向网络世界的推进和演化。

2. 以主体为基点来进行网络法律体系的设计

网络权利冲突中网络行为构成的复杂性，决定了网络法律设计必须摆脱传统法律体系根据调整对象实现类型化的路径依赖，寻求更能够体现网络技术性特点的法律体系设计方式。笔者认为，网络法律规制应当以主体为基点，构建新型法律体系。原因在于：（1）网络行为

①Jerome Frank, Mr. Justice Holmes and Non-Euclidian Legal Thinking[J].Cornell Law Quarterly 17(1932)：568,586.

②[美]诺内特, 塞尔兹尼克. 转变中的法律教育社会：迈向回应型法[M].张志铭译, 北京：中国政法大学出版社,2002：117.

③[美]诺内特, 塞尔兹尼克. 转变中的法律教育社会：迈向回应型法[M].张志铭译, 北京：中国政法大学出版社,2002：18.

方式及性质复杂，但网络行为主体类型化相对简单。网络世界千变万化的行为方式均有三种不同类型的主体做出：网络终端用户、网络服务商、网络监管者（公共权力主体）。三方的基本角色决定他们的基本行为方式和利益立场。以上述三大主体为基点来设计网络法律体系，相对简便、可行，也具备制度设计意义上的经济性。（2）网络技术发展日新月异，互联网环境下还将出现什么性质的新型社会关系，难以进行制度意义上的预设或预计。但在可见的未来网络发展中，上述三大主体的活动应当可以在相当长时期内比较稳定地涵盖网络活动的参加者的基本身份，具有相对意义上的稳定性。因而，以主体为基点建构网络法律，具有制度设计意义上的前瞻性，并能更大限度的容纳未来网络技术的发展和新型网络行为的出现。（3）以主体为基点可以避免网络法律体系陷入包罗万象的困境。如前所述，网络法律行为一部分与传统法律体系调整的行为相重合，一部分系网络世界所独有。如果沿用调整对象为基点的法律设计方式，则势必使网络法律涵盖或重述相当一部分的传统法律规范，造成立法上的重复和浪费。采用主体为基点，再在规范内容上与传统法律体系相结合，则可保证新规范的设计完全聚焦于网络环境下的特有权利冲突问题。

3. 以纵向立法与传统法律体系互为补充的方式取代传统规范的类别适用

如上文所述，网络行为构成的多样性使得传统法律体系的简单类比适用，不能满足解决网络权利冲突的需要，而以调整对象的性质为基点进行网络立法，又会遭遇种种困境，因此，笔者认为应当以纵向立法的方式就网络环境下的种种问题进行单独立法。纵向立法即指单独制定网络信息方面的单行法律以解决网络权利冲突问题。纵向立法须注意以下尺度：（1）纵向立法须以网络环境下不同主体的角色特征为权利义务设计的核心依据；（2）网络纵向立法应当与传统的法律体系相结合：对于仅仅借助网络工具实现、并未在网络环境下发生实质性改变的传统法律关系，仍然按照传统法律规范进行调整和规制，不必再行立法；对于在网络环境下新出现的特殊法律关系和在网络环境下产生实质性改变的传统法律关系，应当根据其在网络环境下的技术性特征，设计新的权利义务内容。

4.形成系统性权利体系实现第二性规则——权利的全面保护

现代法律世界的权利义务虽然是对应存在、互相依存的，但权利和义务在价值层面并不处于同一位阶。义务的存在是为了权利的实现。义务以权利为目的，权利以义务为手段。网络法律体系的建设不可能仅仅满足于第一性的义务规则的存在，网络权利体系的构建才是根本目的。解决网络权利冲突的根本途径是构建相对精致而灵活的网络权利体系，从而消弥因法律对权利界限划分不明确而导致的行为可能性空间的争夺。因此，网络权利冲突的解决必然要求法律从义务性规则的设计转向权利体系的设计。网络授权性规则的体系的设计应当包括以下几个方面的内容：（1）网络终端用户在网络世界享有哪些基本权利；（2）具备何种资质的主体可以成为网络服务提供商，不同类型的网络服务商在网络世界中享有哪些经营权；（3）哪些国家公共权力主体对网络活动和网络行为拥有监管权，拥有何种类型的监管权，这些权力根据何种原则受到限制；（4）何种类型的立法主体基于何种理由可以对网络活动进行立法，引入新的第一性规则和第二性规则。

第六章

网络环境下权利冲突的控制方式改进

　　网络权利冲突虽然是传统权利冲突的网络表现形式，但网络的独特技术性特征决定了其表现出不同于传统权利冲突的内在特点。这些特点要求我们必须从全新的"回应型"法律理念出发，采用不同的于传统的思路来应对网络权利冲突。从系统论和控制论的视角来看，控制对象的结构性特点的变化，必然导致其外部功能的特殊性，同时必然要求控制方式的改变。网络权利冲突的内在和外在的种种特点，要求我们必须对传统的权利冲突控制器做出根本性改进，才有可能实现对网络权利冲突的有效调整和规制。

第一节 传统权利冲突控制装置的特点与缺陷[①]

一、传统权利冲突控制装置的控制理念

1. 从基本理念上来看，传统权利冲突控制装置采用的是开环控制

开环控制是指整个控制装置不是一个闭合的回路，两端开口，一端是一些初始信息的输入，另一端输出的就是我们所想要的结论。开环控制是最原始的一种控制方式，也是最好理解和接受的控制方式。第四章中设计一般权利冲突的控制器，采用的就是这种开环控制的方式。在我们设计的装置中，我们将社会环境中产生冲突的 A、B 两项权利以及相关的环境信息从输入端口输入到控制主体的信息系统之中，经过权利比较和平衡措施，就在输出端口得到三种解决方式之一作为最终的处理方案。该方案直接被输出到系统的社会环境之中。至于社会环境对上述解决权利冲突的控制器给出的处理方案是否持何种看法，并不在这种开环控制方式能够处理的范围。

2. 从控制方式上来看，传统权利冲突控制装置采用的是顺馈控制

顺馈控制是指，系统中的信息是向同一方向流动的，从前一控制阶段流出直接进入下一阶段直至得出结论，中间没有和外界的其它信息交换。在我们的传统权利冲突控制装置里中，权利 A、权利 B 以及环境参数 d 由环境直接输入到纠纷解决系统，依次经过取舍模式、均衡模式和隔离模式，然后经过平衡处理，再输出到社会环境中。自始至终，控制装置内的信息都是向同一方向流动的，各种权利冲突按照其性质的不同，在不同的阶段获得不同方式的解决，除了输入的已知因素之外，在信息流动的过程中，并没有其他信息输入到控制系统，也就是

[①] 本节内容综合采用了作者发表的多篇论文的内容与成果。邹晓玫. 网络权利冲突的法律功能研究[J]. 法制博览, 2013(9)；邹晓玫. 寻找权利的动态边界[D]. 中国政法大学硕士学位论文, 2005；邹晓玫. 法律权利的演化和生长空间——控制论视角下权利冲突的结构功能[J]. 黑龙江省政法管理干部学院学报, 2007(2).

说控制器做出的处理结论没有再受其它因素的影响。

3. 从控制主体上看，传统权利冲突控制装置是通过单一控制主体实现的一元控制

从控制器的控制中心来看，传统权利冲突的控制器是由一个单一的控制中心来实现所有权利冲突的解决的。输入控制器的所有信息都必须流经唯一的控制中心，所有的控制决策也都由唯一的控制中心做出。在传统的权利冲突控制过程中，这个控制中心的制度依托就是人民法院。由于传统权利冲突通常以双方均有明确的法律规范予以保护的情形较多，因此，以人民法院的司法活动为中心来解决权利冲突也是权威性的要求。

4. 从控制器的控制层次上看，传统权利冲突控制装置采用的是单层控制

传统权利冲突控制器的设计，采用的是单层控制的方式。进入控制系统的信息必须经过唯一的控制中心才能获得处理。除非产生权利冲突的双方权利拥有者有一方或双方愿意放弃权利，否则只有通过中心控制器一种方式可以解决权利冲突。控制装置内并不存在其他实现权利冲突解决的信息流转路径。因此，我们说传统的权利冲突控制器是简单的单层次控制方式。

二、传统权利冲突控制装置的优点和缺陷

解决传统权利冲突的控制装置采用的是较为简单的顺控和开环控制，在控制器的结构上也只有一个控制层次和一个控制中心。这种控制器的设计方式基本能够解决绝大多数的传统权利冲突，但该控制器在有其自身的优点的同时也有不足之处，直接用以解决网络权利冲突可能会遭遇控制失败：

1. 开环控制对信息的处理及时、迅速，但对系统环境和内部变化的自主适应性和自我调节能力差

在开环控制过程中，整个控制装置不是一个闭合的回路，两端开口，一端是一些初始信息的输入，另一端输出的就是我们所想要的结

论。这种控制方式使我们随时可以对社会环境中产生的各种权利冲突问题进行分析和处理，不需等待其他的参考数据。输出结果可以随着输入数据的变化而直接改变，因而它的使用范围可以很广泛，可以处理几乎所有传统权利冲突范畴之内的问题。但开环控制采用的是对每一个发生的权利冲突纠纷重新处理的方式，不能实现权利冲突案件之间的联系和比较，难以确保类似案件之间的相同处理。同时，对所有权利冲突无止境的重新处理的方式也是低效率的，有可能导致控制系统内资源的浪费。比如，在开环控制的处理方式下，假设法院对某一权利冲突案件做出了处理，处理结果受到广泛认同，客观上对很多类似的权利冲突的解决有重要的参考价值。但由于采用简单的开环控制方式，控制主体无从知晓上述情况。当法院再次遇到类似权利冲突时还会重新将之前的控制步骤全部再行重复一遍，而不是直接采取类似前案结果的处理方式。这一方面浪费了法院的司法资源，另一方面，由于下文所列的各种影响性因素的存在，很可能前后两个权利冲突解决的最终方式并不相同，这将危害到法律适用的一致性和权威性。

2. 顺馈控制逻辑严密，信息流畅，不受其他外界因素的干扰，但缺乏自我纠错的能力

如前所述，在顺馈过程中，从前一控制阶段流出直接进入下一阶段直至得出结论，中间没有和外界的其它信息交换。这样既可以保证所有问题都得到解决，无一遗漏，又可以排除噪音干扰，加快处理问题的速度。在传统权利冲突的控制装置中，信息依次流经每一个控制阶段，按照每一阶段设定的逻辑进行处理，然后直接进入下一个处理阶段，中间并不允许其他信息的进入，这使得整个处理过程顺畅且严密。

但由于每一个处理阶段都只能依据来自前一个阶段的信息，因而无法对自身的处理结果的好或不好做出评价和比较，因而也就无从实现对处理不当之处进行调整。虽然我们在设计权利冲突的解决装置及其每一阶段的控制方式时，都尽可能地避免出现偏差，但是，由于法律关系、社会关系都是错综复杂的，且又处于不断的运动变化之中，依靠单向流动的环境参数来做出处理结论可能造成讲话和较大的误

109

差。这是因为，社会环境处于不断的运动变化之中，输入权利比较过程的环境参数，有可能是带有偏见的或者是不够充分的。而简单的顺馈方式无法对环境参数进行调整和修改，如果一个权利冲突案件处理的不够合理，那么这种不合理的方式很可能在较长的时间内保持下去，知道环境做出了自发的改变，而这样的风险将是法律世界不能够容忍的。

如果说在法律规范相对完整、健全的传统权利冲突领域，这种环境参数的不稳定性相对较小，那么在网络环境下，由于网络技术性特点影响和较多新的行为可能性空间的出现，环境变量的形成遭遇越发众多的不确定性因素：（1）网络的匿名性和迅捷性，使网络行为主体的自律和自我行为控制相对松弛；（2）网络环境下的价值多元表现的更为明显，价值整合也更加困难；（3）由于网络立法的不完善，制度性约束带来的参数稳定性也较一般权利冲突领域要差。这些因素共同导致，输入权利冲突控制装置的环境参数本身可能存在误差或偏见，而在网络环境下，这些误差和偏见出现的风险更大，必须通过完善控制装置的设计来降低风险。

3. 单一主体的控制方式统一性和权威性较高，但有限的司法资源不能满足解决网络权利冲突的多元化、大规模需求

传统权利冲突的控制装置是以法院为单一控制中心进行设计的。这种设计可以确保所有权利冲突的解决方案出自同一个控制主体，保证处理标准和结果的相对统一。同时，人民法院作为司法权主体的地位，也可以确保处理结果获得权威性保障。但这一设计的前提是已经存在相当大规模的立法，对各种权利实现体系化的保护，法院作为控制中心仅需要将权利冲突作为例外进行处理。而网络环境下，大量的权利冲突表现为对新的行为可能性空间的争夺，相对于现实空间规模更大，同时大量的包含着生成新型权利的诉求。因此，完全依赖法院作为唯一控制中心是不科学的。应当将网络环境下更多的主体加入到控制主体之中，实现不同网络权利冲突的解决方式分有不同主体进行。

4. 单层次的控制方式便捷、流畅，但可能使误差集中出现

传统权利冲突采用单一控制中心、单层次控制进行权利冲突处理。

而处理过程本身，也可能出现误差：（1）如上文中曾经论述的，权利的位阶排列并非是完全静态的，而是在涌现和消亡的过程中不断变化的。在网络环境下，新的权利诉求之间的位阶关系，往往比传统型权利更加难以确定；（2）成本分析的过程中，有可能对某些无形成本估计不足或是遗漏、忽略，这会造成行为可能性空间的分配不均衡。网络独特的技术环境，决定网络环境下权利冲突的解决成本构成较传统权利冲突可能有重大变化，按照传统控制方式进行，会出现重大误差；（3）由于权利核心领域的模糊和不确定性，公平限制可能出现过激，以至于实质上伤害或剥夺了双方或某一方的权利。在网络环境下这种不清晰将更为突出，误差较传统权利冲突解决过程而言将会扩大；（4）虽然平衡措施是一种力图纠正某些误差的补偿控制策略，但是，由于这种补偿控制的控制主体仍旧是裁判者本人，由于该主体的价值取向、个人经历和智识水平具有确定性和局限性，他很有可能难以发现已经存在的一些误差，更难以对其进行修正，因为这样相当于对其自身的否定。如果有某些前期处理阶段或层次来对上述产生误差的因素的进行弥补或修正，将更加有利于网络权利冲突的公平公正处理。

第二节　网络环境下权利冲突控制器的改进[①]

正是因为上述的原因，我们利用顺馈的、开环的、单一主体、单层次的控制装置所得出的解决方案有可能是有误差的，而开环和顺馈的控制方式本身又决定了它们无法纠正和彻底的避免这些误差。为了在网络环境下更好地实现"公平合理的解决权利冲突"这一最高控制目标，就必须为我们设计的控制装置增加另一种调节机制来巩固它的优长，同时弥补它的不足。

---

①本节内容综合采用了作者发表的多篇论文的内容与成果。邹晓玫. 网络权利冲突的法律功能研究[J]. 法制博览, 2013（9）；邹晓玫. 寻找权利的动态边界[D]. 中国政法大学硕士学位论文, 2005.

一、采用反馈机制的闭环控制系统

1. 反馈机制下控制器的改进

反馈就是把任何系统的输出量的全部或一部分，从输出端通过某些线路（"反馈线路"）反向送回输入端，去正确地影响原来的输入量。其目的是使系统除受到输入信号影响以外，不受其他因素的影响，从而能按预期的功能正常的稳定工作。[1]我们设计的反馈机制，就是将权利比较所得出的最终结果反向输送回控制系统的目标起点，把该结果与我们最初的系统目标进行比较，如果所得结果和目标之间存在差异（即目标差），我们就将该目标差输入控制系统，对解决权利冲突各个环节的基本预设进行修正，以期获得更加接近理想的处理方式。同时，处理方案也作为一种反馈信息输出到社会环境之中，通过对社会主体行为的调整和对其价值观念等的影响，实现对环境性因素的改变，从而对调整相应的环境参数，从而对最终处理结果施加影响，使其更加接近我们的预期目标。至此，网络权利冲突的控制装置，由于反馈机制的加入，成为了一个内部信息流动循环往复的闭合回路（其结构如下图所示），这样的控制系统将更具自适应和自我调控的能力，处理结果的稳定性也更有保障。

2. 反馈机制与平衡措施的区别

至此可能有人会问，我们不是已经通过平衡措施对可能存在的误差和错误进行修正了吗？为什么还要再增添一个反馈机制？是否有些画蛇添足或重复建构了呢？对此，我们可以明确地说，反馈机制是绝对必要的。反馈机制的意图在于将一个控制系统得出的结论导入到另一个相关的系统中，以不同控制主体的不同视角来对该结果做出评价，再将评价反向传输回原系统，以对原系统做出确认或修正。反馈是系统形成自我适应、自我调节能力的必要条件，它与平衡措施在性质和功能上都有着显著的不同：

---

① 王元(主编).模拟电子技术[M].北京：机械工业出版社,1996：244-250.

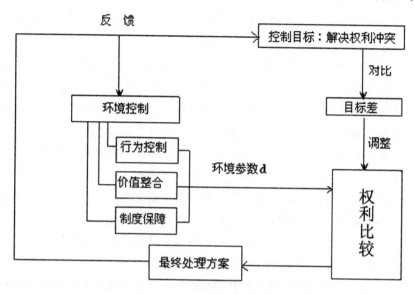

图 6-1　添加反馈机制后的单层控制装置

（1）控制主体不同。平衡过程中的控制主体是裁判者本人，是裁判者自身将处理结果与其自己所追求的处理目标进行比对，做出公平与否的判断，进而对明显的不公平进行补正。它基于的是裁判者自身的智识和判断；控制过程由其自行实现。反馈过程的控制主体是其他职权者或者是其它社会主体，总之是外在于裁判者本人的人。他是基于其它社会人不同于裁判者的理解，对权利冲突的解决方案进行修正；控制过程由多方的博弈得以实现。

（2）主要控制目标不同。平衡过程的主要控制目的是修正当前的权利冲突解决方案，限于使当前的问题获得较为圆满的解决，并不着眼于后来同类冲突的解决。而反馈机制中虽然也包括对当前的处理结果的直接修正，但主要是着眼于对此后同类的问题的影响和调整，主要是基于对控制装置整体稳定和动态发展的考虑，才予以设置的。

（3）作用方式不同。平衡措施是裁判者根据自由心证直接对其尚未公开宣告的处理方案进行修正，这是一种直接作用的方式。而反馈机制则是将结果反向输入到目标系统，形成目标差，再针对这一差异调整相关的因素，而调整后的新的参数会使权利比较系统地得出新的结论。这是一种标准的间接作用。

（4）实现的控制功能不同。平衡控制虽然是在初步得出解决方案之后由裁判者进行的修正，但终究是在最终方案公布之前进行的，究其根本还是属于"防患于未然"的事前控制或者是预测控制模式。而反馈机制则是在解决方案确定之后，再对其合理与否进行评价，将目标差反向输入与控制目标进行比较，根据目标差对结果进行调节。它属于一种事后控制，是完全意义上的补救措施。平衡措施是针对当前的环境、当前权利，由当前的裁判者做出的判断，是裁判者一种静态的自我反思；而反馈机制则更多的是针对环境的变迁、评价主体的不同、价值位阶的变化等动态因素影响而设计的，它力求实现的是一种动态的自我调整和自我完善。

（5）功能范围不同。平衡措施的补偿功能仅限于对某一具体的权利冲突问题的合理解决，也就是说，限于个案正义。反馈机制是通过对主体、行为、社会等多种环境因素，综合起效的，旨在追求整个控制系统的动态稳定和发展。在某些时候，它甚至忽略个别具体个案的正义（比如有些案件已经终审判决不可再更改；或者有些裁判虽不尽合理，但尚不为错误），它实现的是整体意义上的正义，即社会正义。

二、多主体多层次控制系统

1. 将控制器改进为多主体控制系统

如前文所述，网络的特殊技术环境和新权利要求较多的特性，决定了单纯依靠法院作为唯一控制中心来解决所有网络权利冲突是不现实的，同时也不符合效率性要求。因此，笔者认为应当将控制器改进为以用户、ISP 和法院三种不同主体分别实现控制的多主体控制结构。

（1）终端用户为中心的自主权利冲突解决。网络环境的迅捷性和匿名性，决定了产生权利冲突的双方很可能在地域上相隔万里同时并不知道对方的真实身份。如果一旦产生权利冲突必定要经过法院来进行解决的话，则会产生巨大的纠纷解决成本：首先，明确对方当事人的身份就需要相当多的技术条件和时间成本；其次，即便明确了冲突各方的身份，按照现有的管辖原则，双方到法庭解决纠纷所需付出的时间、精力和费用，可能要远远超出争议本身所涉及的价值。因此，网络环境下产生了权利冲突，最为直接的方式是同样在网络环境下由双方当事人自主进行协商解决。这一控制方式的优势在于：①三种不同原因导致的两大类权利冲突均可处理。由于权利主体对权利本身有支配权，无论是由于法律规范不清晰导致的网络权利冲突，还是因对新出现的行为可能性空间进行争夺而产生的网络权利冲突，双方当事人均可在自愿的情形下协商解决，自行处分权利。②此种控制方式较其他两种而言最为直接、及时，为双方当事人节约时间和经济成本的同时，也能为社会节约大量司法资源。③现有的网络技术手段完全可以实现双方在线的匿名即时沟通。Web2.0之下，p2p（person to person）即时通讯工具已经非常普遍，基于一次性认证密码等方式的虚拟身份认证，可以帮助实现沟通双方的身份确认。只要通过一定的方式确认该协议的有效性即可。

（2）以网络ISP为中心的非强制权利冲突控制。ISP是各项网络技术和内容服务的提供者，在网络权利冲突中扮演着非常特殊的角色：网络权利冲突就发生在他们提供服务的网络平台上；他们对特定网络空间的技术性能和可能产生的冲突方式最为了解；基于网络服务关系，他们很有可能同时与冲突双方当事人之间都能建立联系。因此，对于部分网络环境下的权利冲突，提供相关服务的ISP完全可以借助自身的上述优势，依托网络平台实现自身主持之下的网络权利冲突纠纷解决。这一控制主体的优势在于：①有技术优势可以与争议双方建立联系，并对争议内容的技术属性或技术背景非常熟悉；②地位中立于双方当事人，同时可以直接或间接的从权利冲突的解决中获益，因此有解决纠纷的动力；③有在网络空间搭建自主性三方交互平台的技术能力，可以实现网络环境下的纠纷调处；④有网页注册说明或相关用户章程可以作为网络环境下调处的规范性依据。⑤与终端用户自主协商解决方式相比，ISP的居中协调解决权利冲突具备相对强的客观性和基于当事人认同的非强制性权威。

（3）以法院为中心的强制权利冲突控制。与传统权利冲突控制装置相同，法院必然要被作为网络权利冲突的控制中心之一。法院作为控制中心的优势在于：①基于国家司法权而形成的权威性，处理结果直接成为有法律效力的裁决；②具备对规范体系全面性把握和法律技术的专业优势；③可以对不同地域不同类型的网络权利冲突进行全面管辖。因此，法院仍然是网络权利冲突控制装置中不可取代的重要控制主体，其他的控制中心设计，根本上而言，都是为了分担法院的纠纷处理压力，或者为法院的权利冲突解决做出前期准备。

2. 每一层次的控制都是闭环反馈控制

与传统权利冲突的控制装置不同，在网络权利冲突的控制器中，上述三个层次的控制都将设计为闭环反馈控制。考虑到网络权利冲突较传统权利冲突中有更多新的权利诉求产生，因此，需要控制装置有更强的自我调整和自我适应能力。反馈机制的加入，可以使上述每一个控制层次都能一定程度上实现信息的自我积累，并为本层控制和其他控制层次增加有效的参考性信息，以不断地调整权利冲突处理方案。

在优先控制层中，当事人之间在网络环境下自行解决权利冲突的处理方案将一方面作为反馈信息传递给其他网络终端用户，在今后发生类似争议时作为参考性的处理方案；另一方面也可以通过一个信息收集器将处理方案收集汇总，反馈给其他层次的网络权利冲突控制中心，作为有参考价值的处理方案，同时为最终的相关网络权利立法积累信息。由于优先控制层采取的是绝对依靠意思自治来寻求解决方案，因而该控制层取得的解决方案往往最真实和直接的反映了当事人自身的利益和成本考量，对其他层次的权利冲突处理和最终的网络权利立法都具有原始信息的意义和价值。

在中间层次的网络权利冲突控制过程中，依托ISP的网络调处平台而产生的权利冲突解决方案将向三个不同的路径实现信息反馈：其一，将处理方案输出到ISP的网络平台和其他网络社区，接受各种类型的网络用户的评价，将信息反馈回ISP的调处平台，作为参考信息用以修正未来的类似权利冲突的处理方案；其二，将本层次的处理方案反馈给优先层的控制中心，作为当事人自主协商解决权利冲突过程中的参考方案；其三，将本层次处理方案和网络世界的评价信息反馈给外围控制层的控制中心和信息收集装置，作为最终处理网络权利冲突的参考方案，同时为立法积累信息。

在以人民法院为中心的外围控制层中，同样存在信息的反馈过程。一方面，人民法院将自身做出的权利冲突处理方案输出到社会环境中，获得的评价反馈回法院，对比控制目标，对下一次的权利冲突处理方式进行调整。另一方面，人民法院将自身做出的处理方案反馈回其他两个层次的控制中心，为另外两个层次的权利冲突处理提供权威性的参考方案。最后，人民法院处理权利冲突的方案，输出到信息收集装置，为网络权利立法做准备。

三、控制器改进实现的制度途径

以上我们根据系统论和控制理论的基本原理，将网络权利冲突的控制方式以抽象的控制器结构表达出来，以便更好地理解各层次的控制方式以及各层次内部、各层次之间的信息流动情况。但在现实控制过程中，上述控制器的各项机能必须依托可操作性的制度予以实现。这些制度包括：

1. 网络环境下的权利冲突自主协商平台

网络权利冲突的在网络环境下的自主协商解决，并不是指网络终端用户随意的、松散的协商解决，而是在经网络监管主体授权设立的专门性协商平台上，通过身份验证之后，进行自主协商形成解决方案，并将解决方案提交该平台备案的方式。这一存在的必要性在于：无组织无监督的网络自行协商有可能出现当事人现实身份的不确定的情形；一方当事人可能凭借自身的网络技术优势迫使另一方当事人接受不平等处理方案；协商缺乏规范性基础和效力监督。因此，需要在网络环境下创设专门的协商平台实现自主性权利冲突的解决。

2. ISP 参与纠纷解决的调处平台

ISP 参与的纠纷调处平台应当包括两种类型：一种是在并不涉及 ISP 的实质性利益的网络权利冲突中，权利冲突双方又均为特定 ISP 的注册用户，则可以凭借该 ISP 的特殊地位，建立网络 ISP 参与的网络权利冲突调处平台；也可以由专门的 ISP 开发专门性的网络权利冲突调处平台，提供免费或收费的纠纷调处服务。

3. 网络身份认证制度

不论是网络环境下的自主性权利冲突协商平台，还是网络 ISP 参与的网络权利纠纷调处，都必须解决网络终端用户的身份认证问题。在网络环境下的调处机制中，并不一定需要确定网络用户的现实身份，但仍然需要确定参与网络权利争议解决的双方确实是产生权利争议的终端用户。在目前的网络环境下，可以借助一次性认证码等方式确认双方虚拟身份。例如，要求权利冲突的双方，在产生争议的网络平台获得唯一随机的序列编码，在登录权利争议调处平台时，使用该系列码验证自身的当事人身份等。使用此类方式虽不能确定当事人的现实身份，但可以准确锁定其虚拟身份，足以在网络环境下确定参与权利冲突解决的当事人资格。

4. 网络权利冲突处理方案的信息收集制度

要实现网络权利冲突的各种解决方案在充分积累的前提下实现向网络权利立法的转化，就必须专门设计一个网络权利冲突解决方案的信息收集和分析平台。在网络存储技术高度发达的技术环境下，可以借助云技术等技术模式设计该平台，广泛收集上述三个不同层次的网络权利冲突解决方案，并加以综合分析，提出相对稳定的解决路径，为相关网络权利冲突立法提供信息准备。

5. 外围控制器的权威纠错机制

即对错误的处理结论进行直接的修改或改变。在现实中即表现为重审、提审或二审之后的改判。它实质上是把网络权利冲突的处理结果提交到更高职权的裁判者那里，由他来把该结果与社会预期的解决目标进行比较，如果存在较大的目标差，则由他直接对该结果做出修正。这一修正将作为审判先例，在今后的相类似的权利冲突问题中影响相关各方的行为选择。也就是说，纠错机制是在直接改变当前处理结果的同时，通过影响环境中的行为因素而对后来的权利冲突解决施加影响。

6.舆论导向机制

网络权利冲突的解决方案以判决的方式公布之后，将会引起社会各界对其进行评价和反应。这实质上就是将处理结果反向输入回社会，由各个社会主体将该结果与其预期的目标进行比较，形成各自不同的目标差。这些目标差通过相互博弈，最终形成一个相对一致的目标差值，这就是我们所说的舆论，即社会整体对该权利冲突解决方案的评价。这一评价将对主体、行为、社会三项环境因素都产生影响，从而作用于此后相类似的权利冲突的解决过程，修正原有结果与目标之间的偏差。同时，舆论的导向作用会影响价值的整合过程，有可能使各项权利的排列位阶发生变动，从而为权利比较过程提供新的标准。

第三节　反馈机制的方式选择及其功能

一、回应型法与反馈机制

本研究试图从权利冲突的网络化特征出发重新认识网络侵权，并构建以立法为框架、司法为生长点，同时充分发挥网络自身技术优势的回应型权利保护机制，寻求实现网络权利冲突的高效合理解决。在不扼杀网络独特社会功能的前提下，将延伸性的矛盾冲突控制在不危害社会和谐的范围之内。国内对于网络权利问题的研究数量较多，主要集中于以下几种视角：其一，传统民事侵权理论框架下网络侵权的主体、客体、责任原则、责任构成、司法管辖等方面的研究；其二，特定群体网络权利的保护，如青少年网络权利之保护、欠发达国家或地区网络权利之保护；其三，特定网络权利或特定网络事件中相关权利的保护和规制。国外对网络权利的研究主要集中于几种特定的网络活动及相关权利：其一，网络著作权及其他知识产权侵权行为研究；其二，网络服务器租赁及相关网络服务活动的法律规制；其三，网络色情活动的规制；其四，跨国网络侵权行为研究等。上述研究的缺陷在于（1）集中于具体权利或特定案件的研究，缺乏整体性和系统性；（2）对网络侵权的本质存在争议，因而对规制方法也有不同的观点，短时间内难以达成一致；（3）罕见从权利冲突的角度切入展开的研究。

网络虚拟社会是一个在网络空间产生并由各种网络实体构成的新的社会形态，是现实社会在虚拟空间的"表象存在"。虚拟社会正义的实质是权利与义务的合理平衡，它包括制度的正义与制度实践的正义两方面内容。制度的正义即是制度的合理性，是制度的正义性的考量，它指制度在建立时是否依据了正义原则，是否被赋予了公平、自由的正义属性；制度实践的正义即是制度运行的正义，它是指制度所确立的正义原则是否得到了广大社会成员的赞同与支持，制度在实践中是否坚持了正义原则，是否实现了制度得以建立的正义伦理基础。在当前纷繁复杂的虚拟空间，探讨虚拟社会的正义问题，为虚拟社会树立正义的航标，无疑具有重要的理论意义和现实意义。

国际上，"回应型法"最早的提出者是美国学者诺内特和塞尔兹尼克，他们的研究较为系统的对回应型法的目的、特征和产生条件进行分析，指出回应型法是对现代以规则为中心的"自治型法"的发展和修正。该理论以强化法律的目的性为核心，为整合法律秩序的统一性和规则的多元化需求指出了一个值得深入探索的方向。国内对回应型法的研究数量不多，主要集中于对上述理论的介绍或批判性评述，缺乏实质上的建构性研究，而具体针对权利保护机制性建构则基本处于空白状态。

诺内特和塞尔兹尼克将法律分为压制型法、自治型法和回应型法三种类型。现代社会普遍存在的规则体系被界定为自治型法，自治型法的主要属性包括：（1）法律与政治的分离。具有特色的是，现行体制宣布司法独立，并且在立法职能和司法职能之间划出严格的界限。（2）法律秩序采纳"规则模型"。以规则为焦点有助于实施某种衡量官员所负责人的尺度；同时，它及限制法律机构的创造性，也减少他们侵入政治领域的危险。（3）程序是法律的中心，法律秩序的首要目的和主要效能是规则性和公平，而非实质正义。（4）终于法律被理解为严格服从实在法的规则。对现行法律的批判必须通过政治程序的渠道而进行。[①]

社会的发展为法律从自治型法向压制型法转化提供了根本性动力，主要表现在：法律发展的动力加大了目的在法律推理中的权威；目的是法律义务更加成问题，从而放松了法律对服从的要求，使一种较少僵硬而更多文明的公共秩序概念有了形成的可能；由于法律取得开放性和灵活性，使我们更有可能修正和改变法律机构的行为，但是也有损害机构完整性的危险；最后，在一种压力环境中，法律目的的知悉权威和法律秩序的完整性取决于设计更有能力的法律机构。[②]

相对于自治型法而言，回应型法有以下四个特征：（1）在法律推理中，目的的权威性得以加强；（2）目的可以缓和服从法律的义务，为民间性公共秩序的概念网开一面；（3）使法制具有开放性和弹性，从而促进法制的改革和变化；（4）法律不在拘泥于形式主义和仪式性，法律目的的权威性和法律秩序的整合性来自更有效率的法律制度的设计。[③]

可见，回应型法要求法律更多地关注以目的为最总归宿的法律推理方式，同时更加重视民间秩序在法律问题解决中的作用，网络世界的权利体系不完善，为回应型法的生长提供了天然的环境。而要实现法律世界对网络权利冲突的有效回应，必须寻找到相应的控制机制，这就是反馈机制。而反馈机制的不同运作方式也会对制度的回应功能产生不同的影响。

二、稳态结构与正负反馈

由上述分析可知，反馈机制与简单的个案平衡具有本质上的区别，同时，我们也不难看出，反馈机制对于维护整个控制系统的稳定和实现自我调节、自我完善有着不可替代的作用。那么，一个权利冲突的

---

① ［美］诺内特,塞尔兹尼克.转变中的法律与社会：迈向回应型法[M].张志铭译.北京：中国政法大学出版社,2004：60.

② ［美］诺内特,塞尔兹尼克.转变中的法律与社会：迈向回应型法[M].张志铭译.北京：中国政法大学出版社,2004：87.

③ ［美］诺内特,塞尔兹尼克.转变中的法律与社会：迈向回应型法[M].张志铭译.北京：中国政法大学出版社,2004：序言.

解决方案反馈回社会之后，到底是如何形成目标差，而该目标差又是如何形成新的环境参数，进而调整下一次的权利比较的呢？下面我们就以案例 2 为例，运用稳态结构理论和正、负反馈作用来分析反馈机制的具体运作过程。

1. 稳态结构

所谓稳态结构，就是指某一系统处在相对稳定的状态，在稳定平衡的状态之下，即使有外来因素的力量对该系统进行扰动，它通常也能够消化这种扰动，恢复稳定平衡的状态。如下图中（图 6-2）处于谷底的小球，它的状态是稳定的，即始终处于该曲面的最低点。这时，即使我们给这个小球施加一个外力 p，使它沿着曲面晃动起来。只要这个力量不足以是球晃出曲面的边缘，那么过一定的时间，小球就会慢慢停止晃动，回到最低点。小球和曲面组成的就是一个稳态结构，而球所处的状态我们就将其称为稳定平衡状态。

在法律制度的运行过程，也是由一个稳态到另一个稳态，不断运动和关联的过程。当一项法律的制度的实际执行效果越来越接近社会对其的效果期待，则该项法律制度会越来越趋近于稳定状态；相反的，如果某项法律制度的实际执行效果与社会期待之间的差距不断扩大，则说明该项法律制度的设计存在较大的问题，将处于一种不断被修正的不稳定状态，知道其调整到比较接近社会期待的情况，才有可能逐渐进入一个新的稳定状态。在网络权利冲突的解决过程中，如果某一解决方案与社会期待之间的差异逐渐缩小，最终就能够达到相对稳定的一种处理状态，这种稳定状态若能持续相对长的时间，则可以考虑将其以立法的方式予以明确，从而形成新的权利。

2. 正反馈与负反馈

前文已述，反馈就是把系统的输出量的全部或一部分，从输出端通过某些线路反向送回输入端，去正确地影响原来的输入量。反馈分为正反馈和负反馈两种。如果反馈量起到削弱原输入量的作用，这样的反馈叫做"负反馈"，负反馈能起到稳定输入量的作用；反之，如果反馈回去的量"加强"了原输入量的作用，就叫"正反馈"，正反馈能够放大干扰因素，使系统远离稳定状态。[①]从网络权利冲突的解决方式来看，无论是哪一层次的控制中心产生的处理方案，如果经输出至系统环境，反馈回的信息与控制目标之间的差距不断缩小，则形成了负反馈，这种反馈状态不断持续下去，就可能形成对该种网络权利冲突相对稳定的处理方案；如果反馈信息与控制目标之间的差距不断扩大，则形成了正反馈；目标差不断扩大到一定程度，则控制中心必须放弃该种处理方式，寻求新的解决途径，这便跳出了一个稳定状态的范围，进入新的稳态寻求过程。

三、反馈机制的运行机理

我们首先假设在案例 2（钢琴噪音案）中，最后的裁决结果是休息权和工作权均衡实现，即分别占有行为可能性空间的 1/2。这是一个确定的判决，具有法律上的效力，我们可以把这个判决所包含的内容视为一个处于稳定状态的小球。

这一判决向社会公布时，即是将控制系统的处理结果反馈回信息的输入端。这种反馈信息有可能是正反馈，也有可能是负反馈，它们会对以后类似的权利冲突的处理产生不同的影响：

如果社会其它主体的看法是同意该判决的处理方法，那么无疑返回控制系统输入端的环境信息就是社会观念层面上的"休息权和工作权效力均分"。那么此后类似的案件的处理就是在这种社会观念环境下做出的，得出的仍然是效力均分的结果，依次类推，对该类问题很有可能一直维持对半分的处理模式。那么这个控制系统就越来越趋于稳定。

相反，如果其它社会主体的看法是不应当两权均等，而是其中一种权利应当占较大比例，假设是认为休息权应当占据更大比例。这一结论反馈回决策的环境系统，就可能导致下一次对相关问题做出的处理结果是休息权占有可能性空间的 3/5；这一结果如果再次形成"休息

---

① 王元(主编). 模拟电子技术[M]. 北京：机械工业出版社,1996：244-250.

权比例应当加强"的反馈信息，那么再下次的处理结果就可能是休息权占有 2/3 的行为可能性空间。依次类推，最后有可能在某一次得到的结果是"休息权绝对优先"的结果。与第一次结果相比，这个结论有了本质性的变化。这种反馈机制就是正反馈机制。这就像图 6-2 中的小球，对第一次的处理结果的置疑相当于给小球一个向右的扰动，使它运动起来，这个扰动在以后每一个周期里都被强化一次，也就是说向右的推力一次次增强，最后，终有一次小球会越过曲面的边缘，滑向另一个稳定状态。如下图 6-3 所示：

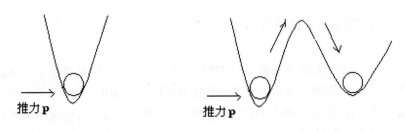

图 6-2　稳态结构　　　　　　　　图 6-3　新稳态结构

当然在大多数情况下，正负反馈机制是同时在起作用的。正反馈达到一定程度，形成的处理结果被绝大多数的社会成员所接受，就会自然的形成负反馈，将这一处理结果稳定下来。如果某些因素导致原有的价值观念被打破，系统就会形成正反馈效应，逐渐的将原有的处理方案改变直至颠覆。

但是，我们可以看到，正反馈的作用方式是渐进式的，而不是直接的、一次性的改变。这也是反馈模式区别于平衡措施的重要特点之一。正是这种模式造成了法律手段和法律变革在一定程度上具有滞后性。但也正是由于这种特性，使得这种变革和演进是比较温和的，而不是天翻地覆的激变。在和平与发展的主旋律之下，在法治国家的建设和发展历程中，各种权利的演进和变化，多数是在也是应该在这种模式之下进行的。这种运作模式有利于社会的整体稳定。渐进的、博弈的过程也有利于多元化的社会背景之下各种价值观念的相互妥协和整合。

第六章　网络环境下权利冲突的控制方式改进

对结构和运作模式的研究不仅仅是为了解释我们所设计的控制系统的肌理，更重要的是为了使控制主体，即控制者能够更好地利用这些特性来实现它的控制目标。对与控制者而言，如果在某些阶段，他需要强化甚至催生出某些权利，那么就可以通过宣传、讨论、借鉴国外等方式对原有的权利稳态施加人为的扰动，逐渐地使它称为一种社会接受，继而称为法律承认的权利状态。改革开放以来，生产资料的私人所有权、环境权、隐私权等等，都是经过这样的过程产生、确认并固定下来的。在当前的改革进程中，还有许多权利，例如，国有资产的权利归属、同性婚姻的法律权利等，也都处在酝酿和逐渐的形成阶段。作为这些进程的控制者，可以有意识的利用正负反馈的运动机制。在暂时需要稳定某些权利的情况下，利用手中的宣传、经济等杠杆，促进负反馈的形成，达到并维护稳定。在需要进行某些权利领域的变革时，则有意识地促成并强化正反馈机制，使新生的权利不断成长，并在适当的时候利用负反馈机制使其稳定下来，巩固已有的成果。

基于上述理解和认识，我们采用系统论、控制论的视角将冲突着的网络权利视为一个部分行为可能性空间有待重新确定归属的系统，对该系统进行了环境分析和结构特点的分析。在此基础上，以该目标系统为控制对象，设计了解决权利冲突问题的控制装置。之后又添加了反馈机制和控制层次对原有的控制装置进行了改进，试图使该控制系统不仅能够解决各种传统类型的权利冲突，而且能够通过自身的自我适应和自我调控，适用于解决网络环境下的具有独特技术特征的网络权利冲突，并促使网络权利体系稳定的、渐进的演化并向前发展，和谐平衡的拓展人们的行为可能性空间。

第七章

解决网络权利冲突的总体制度设计

第一节　新型权利义务体系的设计[①]

一、社会冲突与权力多元

回应型法把社会压力理解为认识的来源和自我矫正的机会,从这一角度出发,我们可以将网络权利冲突视为网络权利体系创新的基点与重构的基础,这与社会学界冲突论者们的观点不谋而合。

[①] 本节内容综合采用了作者发表的多篇论文的内容与成果。邹晓玫.网络权利冲突的法律功能研究[J].法制博览,2013(9);邹晓玫."监狱行刑悖论"的法律社会学分析——以福柯的"微观权力"理论为视角[J].法制与社会,2012(12);邹晓玫.法学教师职业共同体之规范体系研究[J].未来与发展,2013(11).

1.社会冲突

马克思（Karl Marx）和达伦多夫（Ralf Dahrendorf）先后阐释了社会冲突的不可避免。马克思以生产资料所有权的争夺为基点，论证了阶级与阶级斗争的不可避免；达伦多夫则强调冲突向来就是社会系统中必不可少的要素，单纯强调社会均衡所带来的和谐与一致是一种片面性的研究模式①。达伦多夫是在对帕森斯为代表的结构功能主义进行批判的过程中确立自己的理论的。他建立起了独特的辩证冲突理论，这对强调一致、稳定、整合的结构功能主义理论是一种反思。实际上，达伦多夫的理论是最早因其主义的冲突理论。在达伦多夫看来，社会冲突实际上是一个循环往复的辩证过程：（1）冲突是一个在社会性与结构性安排中相反力量之间产生的不可抗拒的过程；（2）冲突会被一些干扰性的结构条件所存进或阻滞；（3）在某一时间点冲突的消除，依赖于一种性的强制性结构，这一结构不可避免地会在特定条件下使得相反的力量之间发生进一步的冲突。②

马克思与达伦多夫的理论共同为网络权利冲突的存在提供了社会学意义上的阐释：网络社会行为作为社会行为的一种，必然会产生社会冲突，而网络权利冲突只是这种网络环境下的社会冲突的一种表现形式。与所有社会冲突一样，网络权利冲突的产生取决于网络社会的结构性特征，同时这些网络权利冲突也可以通过结构和环境性因素的调整和变化而变化或消弭。

冲突理论大师科塞（Lewis Coser）认为"冲突是在价值观、信仰以及稀缺的地位、权利和资源分配上的斗争"。③相对剥夺——即人们对未来的期望超过了实现这些期望的条件——是导致冲突的根源。同时又精辟地指出，社会中的冲突不应简单地被视为社会的反常与病态，无论群体间的冲突还是群体内部冲突都实际上有促进群体的凝聚与整合的作用，具备促进社会的"统一和稳定、平衡和整合"的"正功能"。因此，不能仅因为网络权利冲突给现实秩序带来了一定的冲击，就简

---

① 文军.西方社会学理论：经典传统与当代转向[M].上海：上海人民出版社,2006：139.

② 文军.西方社会学理论：经典传统与当代转向[M].上海：上海人民出版社,2006：141.

③ [美]刘易斯·克塞.社会冲突的功能[M].北京：华夏出版,1989：前言.

单的对相关网络活动进行压制甚至封杀，而应该将网络权利冲突视为法律权利向虚拟社会推进的契机。如果引导和规制得当，上述两类网络权利冲突均可成为法制发展和权利演进的新起点。

2. 社会权力多元

法国思想家米歇尔·福柯（Michel Foucault）在其《规训与惩罚》一书中提出的微观权力（规训权力）理论为我们跳出现有的理论惯习，重新审视和解读社会权力的本质，以及寻求主体自由的根本性解决之道提供了全新的思维进路。福柯认为，权力并不源于某个中心，权力是多元的，来自于各个地方。虽然他因完全无视现实意义上国家权力在多元权力中的特殊的地位和主导作用而走上了另一个极端，但他也确实敏锐地发现了国家权力理论之外，广泛存在于社会各个领域、各个层面的微观权力。[①]

福柯指出，传统的权力理论常常把权力问题简化为统治权的问题（什么是统治？统治是怎样构成的？什么样的服从的契约把个人绑在统治上面？），即把权力的本质看成是一种司法机制。在福柯看来，传统的权力观没有很好地把握权力的核心问题，没有真正说明权力的本质是什么。权力的本质不在于谁掌握了权力，而在于权力是如何运作的。以往宏观视角的权力分析过于狭窄，现实的权力是具体的、微观的。"司法——论述性的权力"模式，是以通过界定权力的范围与产生的基础的方式，为权力的产生提供了合法性基础。这样的分析模式是以一种二分的划分为基础的，即合法与非法的模式。而福柯所认为的微观权力并不要提供一个"权力如何获得合法性"的"司法——论述性的权力"模式，而是要问"权力是如何运作的"。

福柯的权力多元理论为我们网络权利冲突的制度框架设计提供了以下理论基础：（1）网络社会的权力中心并不一定集中于传统意义上公共权力拥有者手中，很多网络行为主体都有可能凭借自身的独特优势掌握网络世界的"微观权力"，应当重视他们的角色和作用；（2）如果网络权力是多元的，那么可供用以解决网络权利冲突的规范体系也

---

① 邹晓玫. "监狱行刑悖论"的法律社会学分析——以福柯的"微观权力"理论为视角[J]. 法制与社会, 2012(12).

可能是多元的。

二、三位一体的新型"权利——义务"规范体系

网络虚拟社会是一个在网络空间产生并由各种网络实体构成的新的社会形态，是现实社会在虚拟空间的"表象存在"。虚拟社会正义的实质是权利与义务的合理平衡，它包括制度的正义与制度实践的正义两方面内容。制度的正义即是制度的合理性，是制度的正义性的考量，它指制度在建立时是否依据了正义原则，是否被赋予了公平、自由的正义属性；制度实践的正义即是制度运行的正义，它是指制度所确立的正义原则是否得到了广大社会成员的赞同与支持，制度在实践中，是否坚持了正义原则，是否实现了制度得以建立的正义伦理基础。在当前纷繁复杂的虚拟空间，探讨虚拟社会的正义问题，为虚拟社会树立正义的航标，无疑具有重要的理论意义和现实意义。依据网络权力多元的理论立场和第六章中网络权利冲突控制装置的三个不同层次，我们将调整网络权利冲突的制度体系设计为"终端用户——网络运营商——公共权力部门"三位一体的新型"权利——义务"规范体系。

1. 规范体系及其社会功能

在西方语言的词源上来说，norm（英语）、norme（法语）都源自norma（拉丁语），而后者则是来自于古希腊语的 nomos，基本含义有式样、模型、准则、行为标准等。[1]nomos 本义指木匠手中的"规尺"。而后，社会学家们则借用它来研究人的行为，用它来作为人的行为准则和评价标准。[2]作为社会科学研究的一个重要范畴，哲学家、社会学家、心理学家、法学家均对"规范"给予了关注，并给出了体现学科视角的界定。[3]在社会学研究中，社会规范通常是指特定群体在共同的生产活动和社会生活中共同创造出来的，用来约束和指导人们行为、

---

① 向宁乐.论埃尔斯特的社会规范理论[D].华中科技大学硕士学位论文,2011：4.

② 夏玉珍.中国社会规范转型及其重建研究[D].华中师范大学博士学位论文,2004：15.

③ 凌文栓,郑晓明,方俐洛.社会规范的跨文化比较[J].心理学报,2003（2）：246.

调整人们相互关系，要求群体成员共同遵守的价值标准和行为准则。[①]
我们可以将不同界定的共通之处理解为对社会规范的共识性认识，主
要包括：

（1）社会规范根本上由特定社会关系决定，并集中反映社会关系
的内容和特质。规范是社会主体之间利益关系的一种稳定化、常态化、
制度化反映，从根本上来说是由社会群体中长期、稳定存在的事实关
系不断加以形塑而形成的。因而，特定群体的规范体系实际上是群体
内社会关系的固化形态。（2）社会规范包含价值与行为两个层面的内
容。社会关系一方面具有客观物质性，一方面又体现了社会主体的主
观价值选择。因而社会规范包含价值规范和行为规范两个层面。价值
规范体现职业群体在主观层面的一致性，即对特定行为或事物的是非、
优劣、善恶的认知取向；而行为规范则体现为职业共同体共同遵守的
行为尺度，既包括法律、职业伦理等刚性规范，也包括惯例、不成文
规则等软性规范。行为规范总体上体现着职业共同体的根本价值选择，
但不一定与每一个职业共同体成员的价值观念完全一致。某种意义上，
行为规范的存在是为了确保，即使某一个体的主观价值偏离了职业群
体的主流价值观念，其行为亦不致偏离职业行为方式，从而维系职业
共同体内部的基本秩序和行为范式。（3）社会规范是维系一个特定群
体内部团结的重要纽带，对维持群体的独立和内在有序性有着重要的
作用。（A）规范是联系个体与群体的纽带。规范是共同体内在同质性
的制度化表达，同时也对每一个个体行为方式和价值选择做出指引。
（B）规范是共同体内结构和行动相互型塑的桥梁。行动者在跨越时间
和空间的互动中"利用的规则和资源"即构成了社会结构。[②]个体行为
选择的积累形成了共同体的结构性特点；共同体的核心结构塑造了共
同体的规范体系；而规范体系又反过来对个体的行为形成调整和制约，
成为个体行为选择可以"利用的规则和资源"。（C）规范是共同体内主
观和客观性因素的双重体现。与其他社会主体一样，共同体的每一个
成员在进行价值判断和行为选择时，均受到个人经验和价值偏好的影

---

① 夏玉珍.中国社会规范转型及其重建研究[D].华中师范大学博士学位论文，2004：15.

② 文军.西方社会学理论：经典传统与当代转向[M].上海：上海人民出版社，2006：24.

响，表现出差异性和主观性。但每一个体的主观价值和行为选择，却表现为群体意义上的一致性，而这种一致性是客观存在的，甚至具有跨越历史阶段和文化传统的客观性一致。不同时代、不同地域、不同文化的共同体成员可能共享高度相似的规范体系。[①]

2. 应对网络权利冲突的"三位一体"规范体系

传统社会中存在，但在网络世界中由于技术化限制不能得以充分实现或是产生边界模糊的权利冲突（即 A 类网络权利冲突），对现有的法律责任体系、管辖体制和证据规则都提出了挑战，要求虚拟空间各利益主体都在享有特定权利的同时承担新的义务，在应对网络权利冲突的过程中担负特定的革新使命，详见下表：

表 7-1　应对 A 类冲突的新型"权利（权力）—义务"体系

主体	现有权利（权力）	现有义务	新增义务	革新使命
终端用户	网络使用权	缴纳网络服务费	谨慎信任；言论责任自负	虚拟与现实身份的"软性"统一
网络运营商	经营权、收益权	保障用户信息安全	风险预警、告知；服务器信息证据保全	独立于权力部门第三方监管制度
权力部门	域名审批、网络监管	以传统执法、司法方式解决纠纷	虚拟环境下解决纠纷	以服务器为核心确立管辖；网络取证；网络调解

（1）网络终端用户是网络环境中的重要权利义务主体。在 web2.0 的环境下，终端用户既是互联网信息的消费者，也可能是信息的创造者或提供者。在现有法律规范之下，网络终端用户一般仅需要支付网络服务使用费，即可在互联网上进行信息的浏览、上传、下载等活动。要实现对 A 类网络权利冲突的有效解决，就必须在现实的法律主体和网络虚拟主体之间建立唯一确定性的对应关系，借以明确任何一个网络环境下的行为应有哪一现实的人格主体承担相应的权利义务。网络实名制无疑是实现此种统一的有效制度手段，但学界普遍担忧刚性的网络实名将会严重伤害网络的匿名性和言论自由，从而使互联网有别于传统媒体的独特性优势遭受根本性的冲击。但笔者认为这种负面影响可以通过软性的网络实名方式，即借助"前台匿名，后台实名"的

[①] 邹晓玫.法学教师职业共同体之规范体系研究[J].未来与发展,2013(11).

方式予以克服。在实现网络实名的基础上，可以进一步要求网络终端用户对网络服务商提供的网络服务和其他人的网络行为保持谨慎的信任，并要求其对自己的网络言论负责。上述身份识别方式与基础性义务，可以为 A 型网络权利冲突的解决提供制度性依托。

（2）网络服务提供商（Internet Service Provider，以下简称为 ISP）是指，在因特网上为信息的发布、传输、搜索、获取等提供服务的商业主体。它们既是网络得以正常运转、网络经济得以蓬勃兴旺的中坚力量，同时也是众多网络权利冲突案件中的被告方。如何科学合理地确定 ISP 应有的法律角色与法律责任，是平衡互联网世界各方当事人利益与公共福利、有效解决网络权利冲突、实现互联网健康发展的重要课题。不同类型的 ISP 因其提供网络服务的技术方式不同，在法律责任体系设计上既有共性，又有需要区别对待之处。共同性法律责任体系构建包括：ISP 网络准入条件；ISP 风险预警机及风险告知责任体系设计；ISP 网络服务器证据保全责任及程序；对 ISP 司法纠纷之约定管辖的限制。此外，提供广泛交互性网络服务的 ISP 还可能兼具承担自主性网络纠纷解决机制、专业化网络纠纷解决平台建设等社会责任的潜力。

（3）网络为人类的自由向往构筑了一个全新的、几乎不受任何干扰和限制的归宿，但同时也对法律制度和社会控制的基本架构提出了前所未有的挑战。如果公共权力无法针对网络世界做出与维护自由所需的技术条件相一致的改革，则网络自由与权利无疑将成为美丽的梦呓。在网络空间中，代码及其运行机制决定了软件和硬件设施的运行逻辑，代码就是网络空间中的"法律"。[①]如何配置网络空间中的代码控制权，决定了公共权力对网络监督管理和控制的基本结构，也从根本上划定了网络权利与权力、权利与权利的总体性边界。笔者认为，公共权力机构在对网络空间中的行为进行监督规制过程中，应当充分尊重网络的代码化、平面化等特征，改变传统的以国家强制力为唯一权威性来源的纠纷解决机制，充分发挥网络自身的沟通和调处能力，

---

① 时飞. 网络空间的政治架构—评劳伦斯. 莱斯格《代码及网络空间的其他法律》[J]. 北大法学评论, 2008(1)：249.

建立国家主导与网络自治相结合的虚拟环境下多元纠纷解决机制，并辅之以符合网络技术性特征的管辖制度和证据制度，全面灵活地应对网络权利冲突。

第二节 新型的网络权利演化机制构建

网络权利冲突的解决机制同时应当是一个以司法为核心、网络自治为补充的网络权利演化机制。鉴于网络活动的多样性和不稳定性，笔者认为对于网络权利冲突中的 B 类冲突，不宜按照传统的"规则先行—司法跟进"模式对新生的网络权利或相关权利冲突草率立法，而应当发挥司法的能动性和相对灵活性，通过判例积累的方式实现司法与社会舆论的互动。在司法判例的社会响应稳定之后，再进行相关立法活动，从而实现法律权利向网络世界的渐进式延伸。

由于网络空间中出现新的行为可能性空间而产生的网络权利冲突（即 B 类网络权利冲突）的特征及发展状态决定"立法先行"的解决模式难以实现。网络的发展还远未进入成熟与稳定阶段，随着网络技术的日新月异，网络服务模式也在推陈出新。以稳定性、规范性见长的刚性立法来应对尚处于急剧变化之中的网络权利冲突无疑不是明智的选择，其结果无外乎两种：其一，规范性立法颁布不久即被网络技术革新的浪潮推入故纸堆，成为待清理规范；其二，对多样化的网络行为进行单一调整，导致新的权利冲突产生。无论哪种情形发生，都是对立法资源的极大浪费。

一、以司法为核心的网络权利演化机制

相对于立法的严格程序性特征，司法的灵活性较强，因而在网络权利冲突的平衡和消解过程中，可以赋予司法不同于一般司法裁判的角色，使其发挥一定程度的主导功能。主要可表现在（a）对准权利冲突做出预处理：裁决特定网络言论是否有侵权的可能，是否应当由网

络服务提供者进行删除或屏蔽。(b)在网络权利诉讼案件中，对规范未尽事宜，根据权利称量原则进行裁判，不必严格拘泥于成文法。(c)以局部判例体系形式为立法积累经验和素材。

　　网络信息技术在消解和预防网络权利冲突过程中也可以发挥独特作用。(a)依托网络监管部门和网络服务提供者的技术手段，进一步实现网络实时证据的保全和争端预警；(b)以法院为主导，借助网络技术平台，建立网络权利争议的网络调解平台，在进入司法程序之前，组织网络形态的调解和协商以图化解非恶意或不良后果相对小的权利冲突。

　　1.司法的传统公信力是实现网络权利演化的重要基础[①]

　　司法公信力本质上是司法机关以其公正、有效的司法行为在普通民众中引发的对司法权、司法机关信任、尊重和认同等积极的心理反应。民意作为一种群体心理现象，往往以民间价值规范和非正式心理契约为形成基础，但其中包含了民众对社会政治、经济、文化等多重因素的感受和认知，并具备意志、情感、想象等全部社会心理结构性要素。在这个意义上，民众在参与和评价司法活动中形成的"司法民意"是司法公信力的外化形式和重要载体。如何实现司法与民意的有效互动，达成司法权威性、规范性与民众社会认同之间的高度契合，既是现代民主法治的本质要求，也是有效解决社会纠纷、提升司法公信力的重要课题。人大代表是法律设定的民意代表，他们对司法活动及司法制度的意见和建议往往集中反映了社会各界民众的诉求和呼声。

　　以信息公开促进信息对称，引导民意发挥对司法公信力的正向塑造作用。现代法律本身是一个自主的知识体系，有其自身相对独立的价值追求和逻辑严谨的规则体系。司法活动严格忠诚于法律，并表现出有别于日常生活的高度程序理性。法律与司法的这些特性使得一般民众在理解司法活动和司法裁决的过程中，容易遭遇认知和认同的困境。如果缺乏有效途径了解司法的工作过程及其价值立场，民众将不得不基于自身经验以主观推断来取代客观的描述和评价，很可能导致

---

　　① 本部分内容参见侯欣一，邹晓玫. 在与民意的良性互动中提升司法公信力[N]. 人民法院报，2012.

对正当司法行为的不正确理解。通过设立法制民意咨询员、网络披露司法信息、详释法律法规等方式，主动将各项司法活动及相关信息呈现在民众面前。这种充分公开的"阳光司法"，能有效促进民众与法院之间的信息对称；而司法本身的公平正义和信息的充分共享大大提升了公众对法院的理解和信赖度。司法公信力在民众与法院的信息互动中不断确立和巩固。

借助现代信息技术，以广泛参与实现与民意的互动。司法公信力的有效生成有赖于社会公众广泛认同司法运作的过程及其结果，而司法运作的过程及其结果产生的公正性必须以社会公众可感知、可参与的方式来实现。以互联网为代表的现代技术深刻地改变了社会沟通方式，论坛、跟帖、时评、微博等新兴媒体以其独特的传播方式形成强大的舆论力量，成为了公民参与司法活动、表达意见和看法的重要阵地。借助网络"晒"出庭审的过程、法律的立场以及案件的进展，并坦然接受民众的监督与评价，在与民意的交互响应过程中了解民意、回应民意、引导民意。而广大民众也会在这种广泛、深入的参与过程中形成对司法机关及司法活动的全新认识，为司法公信力的强化提供坚实的心理基础。

重视司法的独立和民意监督之间的理性界限。民意是一把双刃剑。如果引导得当，它可以使司法活动更好地为民众所接受，有效提升司法公信力，并借此成为推动法治进程的力量；如果过度依赖或无原则地迎合民意，也可能构成对司法独立性和公正性的挑战。司法的权威来源于中立地位、理性的思维和超然的态度。而民意的形成则在很大程度是一个身份、情景的自我识别与认同的过程，有相当强烈的主观性和个体情感因素参与其中。无原则的遵从民意可能会使司法活动偏离法律规范设定的理性目标，使个案的审理与纠纷的解决限于"舆论审判"的不确定性之中。在与民众的深入互动中重视申明和解释司法的价值立场，以公正和公平的司法行为本身寻求民意的理解和认同，而不是简单地迎合甚至屈从于民意。这种有节制、有原则的民意沟通，有助于民众在了解和认同司法活动的同时，形成对法律权威的尊重和推崇，在更深层次上维护和提升司法的公信力。

2. 以司法为核心的判例积累有独特优势

B类网络权利冲突的本质是对归属不明的行为可能性空间的争夺。网络技术环境的急剧变化和网络行为的多样性、复杂性决定了这些新的行为可能性空间将会在相当长的时间内以多种样态层出不穷。因此，应对此类权利冲突应当以法律原则而非法律规范为主要调整依据；应当以权利平衡和权利通约①而非简单保护一方、禁止另一方为主要方式；应当以更具灵活性和个案针对性的司法活动而非规范性、稳定性的立法为控制核心来实现权利冲突的解决。法官按照一组特定的法律原则对具体权利冲突案件作出裁决，即给出一个指导性的解决方案；该方案经社会各方评价，反馈回司法机构；依据社会反馈对原有解决方案中隐含的法律原则及其适用方式进行修正；经过多个类似案件的"方案输出——反馈——调整"过程之后，某一类权利冲突的处理方案将会逐渐趋于稳定。这种稳定状态的出现，可能预示着对该类权利冲突进行立法规制的时机趋于成熟。

二、以网络调解机制实现网络权利冲突的自主性解决

1. 调解的特点及制度优势②

调解是当代多元化纠纷解决机制中的重要一环，相对于法院判决的"规范性解决"而言，调解在灵活性、效率性、经济性等方面具有独特的优势。在有效化解纠纷的前提下，将当事人之间因诉讼造成的人际疏离减缓到最低限度，有助于实现和谐社会之目标。这些制度尝试与司法实践，为建构符合社会需要的自主性网络权利冲突解决体制提供了有益的探索。法官不能仅仅在法院里消极被动地接办案件、机械刻板地适用法律，而应该在法治理性和司法制度允许的限度之内，积极采用司法权主导下的多元化途径解决不同特点的法律纠纷，在进行及时有效的法律裁决的同时，将纠纷解决的效力视野延伸至社会生活的终端，做到"案结事了"。调解制度无疑是实现能动性司法的重要

① 王蓉. 从杨某噪声案看权利冲突的衡平和通约[J]. 法学杂志, 2002（2）：36.

② 侯欣一, 邹晓玫. 提升司法能力的有益探索[N]. 人民法院报, 2011-11-8.

制度依托。

（1）调解机制创新以合理有效的解决纠纷为目的和限度。调解机制创新是为了更有效地解决社会纠纷，不是为创新而创新，为能动而能动。调解在追求司法民主化、民众参与性的同时，要确保并强化司法的权威性，而绝不是削弱甚至动摇司法的权威。民众基于自主意愿充分参与到法律纠纷的调解解决过程中来，但是这种参与要严格遵循法定的程序性规则，且实体性权利义务的最终处置并不与法律的实体性规定发生抵触。在此基础上的纠纷化解，不但没有削弱司法的权威性，反而强化调解人员及司法机构在人民群众中的权威和公信力；在调解与其他方式实现联动的过程中，机制联动但不混同，多方参与调处但由司法人员独立作出裁决。正是在确保司法独立性与公正性的前提下，能动性的制度创新才发挥出了其应有的作用。

（2）根据案件的性质和特点来决定纠纷解决机制的取舍。对于一般的网络权利冲突案件，采用与其他调解机构、调解组织联动的方式，尽可能地将纠纷化解在初始状态。调解机制的"柔性"特点，使其在案件争议初期能够更好地化解纠纷，防止其扩大化、复杂化；对于上诉案件的调解，法官和调解组织同时第一时间介入案件，而不是等待调解失败后再让法官接手审判。法官可以在立案调解过程中深入了解案件的性质、特点、争议焦点等关键要素，以此为基点确定纠纷解决的最终方式：适合调解的调解结案，不能调解的迅速及时地转入司法审判程序。这种制度设计一方面可以避免过度调解造成的人力、物力和时间损耗，另一方面也可以免去法官接手案件之后对事实和证据的再熟悉过程。

2. 网络自主性的纠纷解决机制有不可忽视的辅助作用

笔者认为网络结构的去中心化特点决定了互联网纠纷解决不一定要单纯依赖国家强制性权威。其实 ISP 在搭建网络环境下的纠纷解决平台、实现案例和纠纷解决方案的积累方面具有得天独厚的技术优势和独特利益需求。对于部分网络环境下的权利冲突，提供相关服务的 ISP 完全可以借助自身的上述优势，依托网络平台实现自身主持之下的网络权利冲突纠纷解决。这一控制主体的优势在于：（a）有技术优势可以与争议双方建立联系，并对争议内容的技术属性或技术背景非常熟悉；（b）地位中立于双方当事人，同时可以直接或间接地从权利冲突的解决中获益，因此有解决纠纷的动力；（c）有在网络空间搭建自主性三方交互平台的技术能力，可以实现网络环境下的纠纷调处；（d）有网页注册说明或相关用户章程可以作为网络环境下调处的规范性依据。（e）与终端用户自主协商解决方式相比，ISP 的居中协调解决权利冲突具备相对强的客观性和基于当事人认同的非强制权威性。

法律实践中一些较成熟的从事网络交易的 ISP 已经开始尝试建立自主的纠纷解决平台。ISP 在此过程中能够发挥一些独特的作用：帮助权利冲突双方确定纠纷产生的原因本质上是网络技术性的还是权利归属性的；依据自身的注册声明在当事人之间进行权利义务的基本确认和协调；根据以往调处成功的案例，为当事人提供参考性权利冲突解决方案。本层次的权利冲突控制适用范围：当事人自主协调层次不能解决的权利冲突；双方的权利冲突产生于同一 ISP 的网络服务平台；双方当事人自愿接受 ISP 调处平台的参与和协调。ISP 调处机制在处理网络权利冲突时，同样可以以已有的传统法律规范、相关网络社区中的自律性规范和当事人对相冲突权利的价值理解及利益权衡等作为规范依据，但最为重要的规范依据是该 ISP 注册用户的协议中相关权利义务的约定。通过 ISP 责任体系的强行性规定，强化 ISP 在网络纠纷解决过程中的作用，这不仅可以在一定程度上缓解大量网络纠纷涌向法院的压力，还可以在另一个独立于司法程序的机制内实现纠纷解决方案的积累，其解决方案与司法判例形成的解决方案相互映照，共同实现法律权利向网络世界的渐进式延伸。

第八章

解决网络权利冲突的实体性制度重构

网络权利冲突是法律对网络权利边界界定不清而导致的必然结果。以系统的视角来看，网络权利冲突问题实际上是两项网络权利就分配不清晰的部分行为可能性空间的最终归属产生争夺。要解决网络权利冲突问题需要一个多层次、多阶段的、多方式的综合控制装置，针对网络权利冲突系统自身以及相关环境因素的构成特征，采取不同的控制模式和控制手段。

通过三个控制中心组成的多层次控制装置，通过选优、均衡、隔离、平衡等权利比较模式以及对环境影响因素的系统控制，各类网络权利冲突可以获得较合理的解决。同时，通过反馈机制的应用，我们还可以使权利冲突的解决装置成为一个能够自我调整、自我发展的自适应系统；可以通过有效的控制，使网络权利冲突转化为网络权利体系发展的动力源泉。网络环境的独特技术性特征要求我们必须针对性地改进规则和制度体系来实现对不同类型、不同领域网络权利冲突的有效解决。

第一节　基于网络流量预测的网络权利冲突防范[①]

网络世界的一个重要特点是变化迅速，在很短的时间内很多用户同时在线活动，每一秒钟都在产生规模巨大的新数据。时时刻刻对这些数据的实际内容进行 100%的审查或审核去发现和解决网络权利冲突是不可能也无必要的。但通过特定的网络数据分析和处理方式，我们可以在网络世界中发现某些异常的"征兆"，从而对这些异常变化的数据内容予以特别关注，这样就大大提高了我们及时发现和处理网络权利冲突的效率和能力。网络流量预测和实时比较分析，就为我们提供了这样一种技术上的可能。

随着计算机技术以及网络技术的迅速发展，互联网的规模日益庞大，应用领域遍及各个领域。目前的"云计算"、"物联网"等热点研究领域都以互联网技术的迅速发展作为其基本的技术支持。而在各种网络技术中，网络的流量预测成为流量工程中的关键技术问题之一[②]，准确的网络流量预测对于网络容量规划、设备计算、资源管理以及用户行为调控都具有积极的意义。另外，网络流量预测还可以监控网站的异常访问（可以被视为是一种出现网络权利冲突的重要前期行为），识别数据的恶意下载以及监控网络犯罪等。

网络流量通常在数学上表现为一个随机过程，但现在的研究结果表明网络的流量数据蕴含着某些内在的规律性，如自相似性、长相关性、多重分形性等特点[③]。也就是说，网络流量并非是杂乱无章的，如

---

① 邹晓玫,张欣.基于混沌算子网络模型的网络流量预测研究[J].天津工业大学学报,2012(2).

② Jun Jiang, Symeon Papavassiliou. Enhancing network traffic prediction and anomaly detection via statistical network traffic separation and combination strategies [J]. Computer Communications, 2006, 29(10):1627-1638;Yuehui Chen, Bin Yang, Qingfang Meng. Small-time scale network traffic prediction based on flexible neural tree [J]. Applied Soft Computing, 2012,12(1)： 274-279.

③ P.Akritas,P.G. Akishin, I. Antoniou,et al. Nonlinear analysis of network traffic [J].Chaos, Solitons & Fractals, 2002,14(4)： 595-606；李世银,徐冬,刘琼,钱建生,王秀娟.网络自相似流量预测及拥塞控制研究[J].系统仿真学报,2009,21(21):6935-6939;陆锦军,王执铨.一种基于混沌特性的网络流量改进预测算法[J].兵工学报,2007,28(11)： 1346-1350.

果能够建立一个具有与网络流量数据的规律信息相一致的预测模型，则可对网络流量进行有效的预测，这在理论上保证了网络流量预测的可能性和可行性。

网络流量数据从本质上说也是一种时间序列数据，传统的自回归模型、Poisson 模型、Markov 模型、自回归滑动模型等方法都曾应用于网络流量数据的预测中[1]。但这些方法都属于线性模型方法，而网络流量数据显然是非线性时间序列，利用线性模型很难实现对非线性时间序列的有效预测。随着人工智能技术的发展，在黑箱建模方面具有优势的神经网络技术开始应用于网络流量的预测中，常用的神经网络种类有 BP 网络、RBF 网络、Elman 网络等[2]。但这类网络在时间序列建模和预测中所运用的机理是通过训练网络权值使得网络能够逼近训练样本，并试图使网络具有与被预测时间序列蕴含的内在规律相一致的信息，凭借网络的泛化能力实现时间序列的预测。这就要求网络流量数据中所蕴含的规律信息是一成不变的。而实际的网络流量数据中所蕴含的规律信息随着时间的推移是不断变化的，因此神经网络在对这类时间序列进行预测时，往往训练样本误差很小，而实际预测误差却较大。

为此，我们采用混沌算子模型[3]对网络流量进行预测研究，该预测网络不以拟合训练样本为目的，而是试图逼近网络流量数据中所蕴含的动力学特性，从而实现对网络流量数据的有效预测。

---

① 张冉，赵成龙.ARIMA 模型在网络流量预测中的应用研究[J].计算机仿真,2011,28(2)：171-174；Bao Rong Chang, Hsiu Fen Tsai. Improving network traffic analysis by foreseeing data-packet-flow with hybrid fuzzy-based model prediction [J],.Expert Systems with Applications, 2009, 36(3)： 6960-6965；Bao Rong Chang, Hsiu Fen Tsai, Novel hybrid approach to data-packet-flow prediction for improving network traffic analysis[J].Applied Soft Computing, 2009, 9(3)： 1177-1183.

② 侯永利. Elman 神经网络的网络流量预测[J].计算机仿真,2011,28(7)：154-157；姜明，吴春明，张旻，胡大民.网络流量预测中的时间序列模型比较研究[J].电子学报,2009,37(11)：2353-2358.

③ 修春波，徐勐.基于混沌算子网络的时间序列多步预测研[J].物理学报,2010,59(11)：7650-7656.

一、混沌算子网络模型

混沌具有复杂的动力学特性，简单的混沌算子单元也会表现出复杂的动力学行为。混沌算子网络模型采用多个简单的混沌算子单元耦合成预测网络，通过调节各混沌算子的参数来调节混沌算子单元的动力学行为，从而改变预测网络的动力学特性，使其逐渐逼近被预测系统的动力学特性，以此实现对时间序列的预测分析。式(1)为组成预测网络的基本混沌算子单元。

$$x_{n+1} = \sin \alpha x_n \tag{1}$$

式(1)的混沌算子单元的混沌特性控制参数为 α，随着控制参数 α 的变化，该映射的 Lyapunov 指数图也发生变化，如图 8-1 所示。

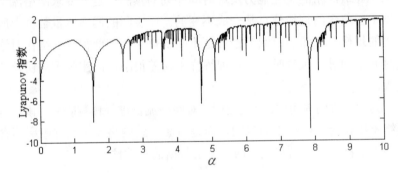

图 8-1　Lyapunov 指数图

当控制参数 α 增加到一定值时，该映射的 Lyapunov 指数将大于 0，这意味着混沌现象的发生。在混沌区中又存在无数个周期窗口，因此控制参数 α 的微小变化将对该映射的动力学特性产生较大的影响。通过调节该控制参数可对混沌算子单元的动力学特性进行调节。

借助于前向神经网络结构，利用该混沌算子单元可构造出全耦合的预测网络模型。

设预测网络由输入层、隐层和输出层三层构成。输入层由 m 个单元组成，隐层由 M 个混沌算子单元组成，输出层有 1 个单元，即为网络的预测输出。输入层的第 i 个单元与隐层第 j 个单元之间的连接权值用 w^1_{ij} 表示，隐层第 i 个单元与输出层单元之间的连接权值用 w^2_i 表示。网络模型可描述如下：

$$y = \sum_{j=1}^{M} w_j^2 \sin(\alpha_j \cdot \sum_{i=1}^{m} w_{ij}^1 x_i) \tag{2}$$

其中 x_i 为网络的第 i 个输入，y 为网络的预测输出。为简化网络，$w^1_{ij}=1$，$w^2_i=1/M$。这样，M 个混沌算子单元在网络中具有平等的地位和作用，网络的动力学特性由 M 个混沌算子单元共同决定。利用已知数据构成训练样本，根据训练样本调节混沌算子单元的控制参数，这样就可以对网络的动力学特性进行有效调节。

二、网络的训练和预测方法

相空间重构理论是研究非线性时间序列预测分析的基本理论之一。根据相空间重构理论，对于决定系统长期演化的任一变量的时间演化，均包含了系统所有变量长期演化的信息。因此可以通过决定系统长期演化的任一单变量时间序列来研究系统的动力学行为。

设时间序列 $x(t_1)$，$x(t_2)$，…，$x(t_k)$，…，嵌入维数 m，延迟时间 τ，则重构相空间为：

$$Y(t_i) = (x(t_i)，x(t_i+\tau)，…，x(t_i+(m-1)\tau))，i=1，2，… \tag{3}$$

根据这一理论，可以构造出如下的 1 步预测训练样本对：

$$\{(x(t_i)，x(t_i+\tau)，…，x(t_i+(m-1)\tau))，x(t_i+(m-1)\tau+1)\}，i=1,2,… \tag{4}$$

这样，网络输入层单元数量对应着相空间重构的嵌入维数参数，输入层相邻单元之间的时间间隔对应相空间重构的延迟时间参数。

由于预测网络的中间层由混沌算子单元构成，网络的动力学特性十分复杂，通常的梯度学习算法不适合网络的训练和学习。在优化计算领域中，遗传算法是一种高效的全局优化方法。本节利用遗传算法对预测网络的混沌算子参数进行优化计算，完成网络的参数训练。网络训练和预测过程如图 8-2 所示。

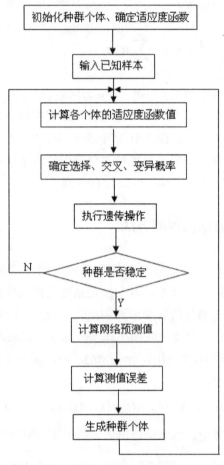

图 8-2 网络训练和预测流程图

遗传算法的种群个体由混沌算子参数按照浮点数编码方式构成，为提高种群个体的多样性，个体的初始值随机设定为差异较大的值。个体适应度函数选择为网络输出值与期望值之间的误差平方的倒数。

个体的选择概率按照个体适应度占种群中所有个体适应度和的比例来确定，适应度大的个体，选择概率也大。另外，为了增加适应度高的个体进入下一代的机率，采用自适应交叉和变异算子对群体进行进化，即对适应度大的个体选取较小的交叉和变异概率，对适应度小的个体选取较大的交叉和变异概率。

当网络对当前样本完成混沌算子参数优化后，即可实现网络对下一时刻的预测计算，根据预测误差继续优化混沌算子参数，从而使得网络的动力学特性随着预测过程的推移逐渐变化，不断趋近于被预测系统。由于遗传算法具有良好的全局寻优性能，采用遗传算法训练预测网络参数可使网络的动力学特性较快逼近被预测的系统并与之保持一致变化，从而可以有效实现网络的动态预测分析。

另外，由于网络流量数据的内在规律中往往蕴含着周期性信息，因此可对预测结果进行周期性误差补偿，以提高网络的预测精度。

三、仿真实验

采用本节所述方法对网络流量数据进行预测，数据源于流量文库：http://netnews.nctu.edu.tw/~news/innreport/，对每小时网络的访问流量数据预测结果，如图 8-3 所示。

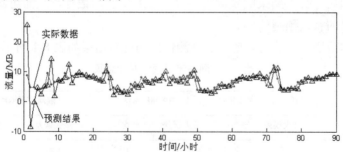

图 8-3　每小时的网络流量预测结果

图 8-3 中，"Δ"表示预测结果，"."表示实际流量数据。由预测结果可见，本节所述网络的初期预测误差较大，随着预测过程的推移，预测误差逐渐减小，预测结果的整体趋势逐渐逼近被预测数据的走势。这是由于网络中混沌算子的初始参数为随机选取，预测初期网络的参

数训练不够充分，网络的动力学特性与被预测系统相差较多，因此预测误差很大，随着预测过程的推移，预测网络中混沌算子的参数不断被训练调整，网络的动力学特性也逐渐逼近被预测系统的动力学特性，并逐渐随之一致变化，因此预测误差逐渐减小，预测趋势逐渐一致。

采用本节所述方法对每天的访问流量数据进行预测的结果如图8-4所示。

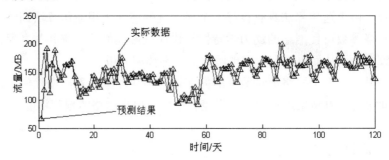

图 8-4 每天的网络流量预测结果

从图 8-4 可见，该预测结果与图 8-3 具有相同的预测规律，即初期的预测误差较大，随着预测过程的推移，预测误差逐渐减小。经过一段时间后，预测结果的预测趋势逐渐趋近于实际数据，从而可实现网络流量的有效预测。

本节所用方法与其他方法预测性能的比较结果如表 8-1 所示。

表 8-1 网络流量预测对比结果

	自回归滑动平均模型		BP 神经网络		混沌算子网络	
	最大误差	平均误差	最大误差	平均误差	最大误差	平均误差
每小时流量预测(MB)	6.03	2.11	5.76	1.82	4.29	1.12
每天流量预测(MB)	62.28	29.32	59.35	25.42	47.10	18.16

图 8-5 中所述的预测最大误差和平均误差均指网络稳定运行后的预测误差。由表中结果可见，由于本节所述混沌算子网络不是以拟合现有数据为目的，而是通过优化混沌算子参数来不断调节网络的动力学特性，使之逐渐逼近被预测系统，因此在进行网络流量预测过程中，

最大预测误差和平均误差均小于传统方法，具有更好的预测性能。

通过采用混沌算子模型对网络流量数据进行预测分析。利用相空间重构理论构造训练样本，并采用遗传算法优化混沌算子的控制参数，使得预测网络的动力学特性在预测过程中逐渐逼近被预测系统，从而实现网络流量的有效预测，根据实验结果可见，预测网络具有很好的预测性能，能够实现网络流量数据的有效预测。而有效地预测特定网络端口的网络流量，可以为发现网络行为异常提供有效的技术基础。一旦某一网络环境下实时的网络流量与我们通过基础数据预测的流量产生明显巨大的差别，则可以判定该网络环境下出现了异常的网络活动，可以视异常程度不同采取对网络活动实际内容进行审查或者对特定网站进行重点监控等方式，及时防范出现网络权利冲突。上述网络流量预测方式，对网络流量异常监控、预警网络犯罪等也具有一定的参考和应用价值。

第二节　网络团购中的权利冲突及其制度对策[①]

现代生活节奏的不断加快和社会分工的不断细化使网络交易日益受到民众青睐。在众多的网络交易形式中，网络团购因其赋予了交易主体更强的议价能力、更大的优惠空间，因而获得了迅猛的发展。网络团购规模的不断增长，伴生了相关法律纠纷的大幅增加。根据中国电子商务研究中心发布的研究报告，仅 2012 年上半年该机构相关投诉平台就接到全国电子商务投诉 58613 起，其中涉及网络团购的投诉占全部投诉总数的 20.1%。[②]从基层人民法院的实际受案情况来看，网络团购引发的法律纠纷呈现出迅猛增长的势头，仅一个基层法院的受案量就从 2011 年的十余起猛增至 2012 年的 58 起。[③]将网络团购这样一

---

① 邹晓玫. 网络团购纠纷的司法管辖权构建[J]. 商业研究, 2013(7).

② 中国电子商务研究中心. 2012（上）中国电子商务市场数据监测报告[R]. 中国电子商务研究中心官方网站. [2013-1-28]. http://www.100ec.cn/.

③ 赵丽, 顾建兵, 徐振宇. 今年网络团购纠纷明显多于去年纠纷集中于"商家卷款逃跑""团购网蒸发""产品服务不佳"[N]. 法制日报, 2011-12-2(8).

种依托网络技术而成长起来的新型交易方式纳入到国家司法的有效调整范畴势在必行，而实现有效纳入的前提是建构科学合理的司法管辖体系以实现对所有网络团购法律纠纷的全面管辖。

学术界对于网络团购的研究自 2010 年以来迅速升温，已有的研究主要集中于对网络团购的类型及其法律性质的探讨，部分研究涉及网络团购中各主体法律责任的设计。只有极少数文献讨论了网络团购纠纷的司法管辖问题，较有代表性的观点主张涉及两个方面：其一，在涉及消费者权益的网络团购纠纷中，研究者多主张按照原告住所地管辖的原则建立专属管辖权。[①]其二，在涉及网络团购合同纠纷和其他侵权的案件中，遵循《民事诉讼法》和电子商务规则中确立的管辖规则，即对现有法规规定的管辖联结点进行进一步的明确和细化。[②]上述两种观点在各自讨论的范围之内都有一定的合理性成分，但都是基于对部分网络团购——主要是由团购网站作为第三方参与组织的团购——为基础进行的探讨，因而所得出的管辖权设计方案很难全面地适用于所有网络团购引发的纠纷。

笔者认为，网络团购纠纷在法律性质上存在多样性和复杂性，不适合以笼而统之的方式确立一个概括性管辖方案，而应当深入分析造成其纠纷复杂性的各项因素，进而对网络团购纠纷进行类型化梳理，并在与现行法规协调统一的基础上，构建分层次、类型化的司法管辖体系。

一、网络团购纠纷的法律特征

团购是指消费者通过组织形成批量购买，从而从销售者处获得更优惠价格的商品或服务交易活动。网络团购是指借助互联网和相关网络技术开展的团购交易。从概念来看，网络团购似乎仅仅是将团购活动搬到了互联网上，然而互联网技术特别是网络交易平台和网络支付方式的介入，使得网络团购实际上已经将一般团购的各个交易环节深

① 杜鹃.我国网络团购纠纷的法律规制[D].西北大学硕士学位论文,2012：9-21.
② 潘晓玲.网络团购法律问题研究[D].华中师范大学硕士学位论文,2011：43.

度分解，整个交易过程中涉及了更为多样性的经营主体，不同主体之间的法律关系也更为复杂。因而网络团购引发的法律纠纷也并不仅限于买卖合同纠纷，而是表现出类型化、技术化的特点，必须在对这些特征进行深入分析的基础上才能展开相关纠纷的司法管辖讨论。

1. 争议法律关系的多样性

团购从本质上讲是一种特殊形态的买卖合同。网络团购又进一步将上述买卖合同的缔约和履行过程细度分解，在买家与卖家之间的主买卖合同基础上形成了一系列从属性法律关系，主要包括：

（1）合同争议：涉及卖家与网络团购平台或其他专业团购组织者之间形成的委托代理合同；买家与网络团购平台或组织者之间达成的服务合同。在网络组织型团购中，货物一般通过物流公司交到买家手中，因此还存在买家（或卖家）与物流企业之间的运输合同关系；在采用网络支付的团购交易中，还涉及买家、网络支付平台、网络团购平台之间的金融服务合同关系。所有这些合同关系中的任何一个缔约或履约过程出现问题，都可能导致团购不能达成或者交易目的不能完全达成，从而引发纠纷。

（2）侵权纠纷：（a）侵犯人格性权益的纠纷。在网络团购的过程中，卖家、团购网站、网络支付平台、物流公司都需要买家提供详尽的个人信息以供确认身份、支付货款或交付货物，上述各方对这些信息的非法利用将给买家造成直接和潜在的损害，引发侵权纠纷。[1]在有网络团购平台参与的团购中，由于现行法律规范尚未明确网络团购平台是否对注册卖家资质及其商品负有审查义务，因此可能出现因团购商品涉嫌侵犯第三方知识产权、商标权而引发侵权纠纷。[2]（b）侵犯消费者权益的纠纷。以商品或服务为标的的网络团购中，买方即是买卖合同的当事人，同时也是《消费者权益保护法》所保护的消费者。由于网络团购的价格低廉、主体匿名、交易环节分割等特点，侵犯消费者权益成为团购交易过程中的突出问题，广受论者关注的主要涉及

---

[1] 赵秋雁.电子商务中消费者权益的法律保护：国际比较研究[M].北京：人民出版社，2010：221.

[2] 筱旭.网络团购第一案落槌—乐卡克完胜商标侵权案[J].中国发明与专利，2012（6）：87.

商家不实宣传①、售后服务无保障、退货退款困难、绑定消费等②。

2. 纠纷主体多元且数量庞大

一方面，网络团购法律纠纷的复杂性必然导致其涉及主体的多元性。在网络团购纠纷中可能涉及的主体包括：团购商品（或服务）的买家、卖家；网络团购平台（或其他网络团购组织者）、网络支付平台运营商、物流公司；非法获取或使用买家个人信息的第三方、知识产权或商标权等被侵犯的第三方等。另一方面，网络团购的团购属性使得一旦纠纷形成诉讼，一方当事人很可能涉及数量庞大的消费者群体，极易产生集团性诉讼，这是一般的买卖合同关系所不具备的特点。

3. 网络技术性因素对纠纷解决方式选择及司法管辖有重大影响

网络环境下的技术性因素也对网络团购的纠纷解决方式及管辖权设计有重要影响。首先，在网络环境下，交易各参与方具有匿名性，给确定当事人的真实身份带来了很大的困难。民事诉讼的基本管辖原则是"原告就被告"，如果被告方身份难以确定，则确定司法管辖法院就缺乏现实基础。其次，网络技术大大地压缩了空间距离，网络的交流和信息传输具有实时性特点。在网络技术的参与下，合同的成立地、履行地、侵权行为的实施地等传统的管辖联结点的确定都存在很大困难。最后，网络在使来自四面八方的主体能够便利地获得优惠的购买价格的同时，也造成了买方群体的分散性，在侵犯消费者权益的纠纷中，被告住所地管辖原则会使散落各地的原告方支付过高的诉讼成本。

二、确立网络团购权利冲突司法管辖之基本价值维度

网络团购纠纷的多样性和技术性特征决定了其司法管辖权的设计不能一味追求简单划一。在立法意义上，网络团购纠纷的司法管辖设计面临着一个特殊的困境：一方面，传统的合同纠纷、侵权纠纷的司法管辖设计不能完全满足网络团购纠纷的司法管辖需要；另一方面，

---

① 吴昛. 网络团购广告的法律规制探析[J]. 海峡法学, 2012（6）：52-56.

② 孙宁，王珈璇. 网络团购中消费者权益保护的研究[J]. 中国管理科学, 2011（12）：196.

我国针对网络环境下的权利纠纷的立法刚刚起步，基本上采取的是针对现实中高发性权利争议分别确立规则的方式，尚未形成对网络权利争议系统性的法律规则体系。除《民事诉讼法》及其相关司法解释之外，在司法管辖意义上可资借鉴的相关立法资源仅限于：信息网络传播权侵权案件的管辖规定[①]、网络计算机域名纠纷的管辖规定[②]和计算机网络著作权侵权案件的管辖规定[③]。可见，对网络团购纠纷而言，传统管辖规则未及时跟进，已有网络权利争议管辖规则尚未覆盖，从而形成了管辖意义上的规则空白，亟需填补。笔者认为，网络团购纠纷司法管辖权的构建，应当充分考虑以下几个价值原则：

1.与现有相关纠纷管辖规范的内在协调

一国的法律体系应当具有内在的一致性和协调性。作为民事诉讼组成部分，网络团购纠纷管辖权设计，应当与现有的民事案件管辖规则以及已有的网络权利争议管辖规则保持内在的统一。首先，讨论任何一种新型权利纠纷的司法管辖问题，都不能为了创新而创新，而应当争取在追加最少成本的前提下，实现该类纠纷的全面有效管辖。充分利用现有规范资源就是避免过度成本追加的有效途径。对现有规则可以确立管辖的那部分网络团购纠纷，大可不必重新设计管辖权。其次，我国对于各种网络纠纷的管辖立法，均处于起步阶段，在可预见的未来，很可能会对网络权利争议的案件管辖进行统一规制。网络团购纠纷的管辖权设计在一定程度上参考已有的网络权利冲突管辖规则并尽可能地与其保持一致，有助于未来更顺畅地纳入到统一的管辖规范中去，也有利于司法实践中管辖的前后统一和衔接。

2.案件的全面覆盖与法院间的均衡分布

网络团购纠纷司法管辖权的设计应当能够覆盖上述全部网络团购案件，即任何一个应有我国行使管辖权的网络团购案件都能够被划归

---

① 2013 年 1 月 1 日起实施的《最高人民法院关于审理侵害信息网络传播权民事纠纷案件适用法律若干问题的规定》第十五条。

② 2011 年最高人民法院《关于审理涉及计算机网络域名民事纠纷案件适用法律若干问题的解释》第二条。

③ 2011 年最高人民法院《关于审理涉及计算机网络著作权纠纷案件适用法律若干问题的解释》第一条。

到某一个或尽可能少的若干个法院的管辖范围内，不应当有所遗漏。在案件全面覆盖的基础上，还应当考虑案件在各法院分布的相对均衡性。虽然网络案件因网络普及程度不同等原因会呈现出地域上的不均衡分布，但在管辖权设计上应当力求正常的反映、甚至在一定程度上纠正这种不均衡，而不能人为制造或加剧这种不均衡。例如，如果不加区分地坚持网络团购中的合同纠纷均采用被告住所地管辖，则很可能造成知名团购网站所在地人民法院集中受理大量网络团购案件，而其他与案件有实质性关联的法院——比如大部分团购买家住所地集中的地区法院——却没有对案件的管辖权。

3. 便利性

网络团购案件管辖权的设计还应当遵循"便利群众进行诉讼，便利人民法院办案"的"两便"原则。从"便于法院审理"的角度来言，应主要考虑两个方面：其一，人民法院辖区与案件的实质关联性，即辖区内的社会秩序、民众生活、辖区内法律主体的现实利益是否与案件具有较高的相关性；其二，调查取证的便利性。调查取证的便利与否直接影响着司法资源的节约或浪费。因此，人民法院的"便利审理"应当考虑这两方面的因素来确定管辖权的设计。就"便利当事人诉讼"而言，也需要考虑两个方面的影响：其一，考虑当事人应诉的便利性和对当事人诉讼权利的保护。与刑事诉讼法采取的强制管辖的方式不同，网络团购纠纷作为民事争议除法定管辖以外，可以根据当事人的自主意愿约定管辖，但由于网络团购纠纷中，往往存在双方当事人的实际地位优劣不平衡。例如，网络团购网站经常在自己的网站法律声明中要求所有法律争议由本网站营业地人民法院管辖。如果法律不加限制地承认这种方式的管辖权约定，则可能造成对数量庞大的买方群体的诉讼利益的潜在伤害。因此，法律应当对约定管辖做出一定的限制，在确保双方当事人便利性的同时，倾向性保护具有天然劣势的一方当事人诉讼利益。其二，考虑是否便利于其他诉讼参加人参与诉讼。由于网络团购纠纷具有上文所述的多样性、复杂性特征，相关纠纷往往会涉及第三方的利益，如在买方起诉团购网站侵犯消费者权益的案件中，往往会追加商品卖家为第三人①。如果管辖权设计不合理，会给其他诉讼参加人参加诉讼带来困难。

三、基于权利冲突司法管辖权设计网络团购类型化

在已有的网络团购研究文献中，不同学者对网络团购的类型做出了众多不同的分类，采用较多的分类是按照团购的组织方式将其分为消费者自组织型团购、商家发起型团购、第三方组织型团购和"特许加盟"式组团。②上述分类通常侧重于对不同类型的网络团购中各法律主体之间实体性法律关系的研究。笔者认为，在研究网络团购活动的实体权利义务规制的过程中，上述分类是比较合理的；但在进行网络团购纠纷司法管辖权设计的过程中，上述分类拘泥于团购主合同性质的确定，而该性质本身不足以影响案件的管辖法院。在管辖权的确立问题上，网络团购的网络技术性因素更加强烈地影响着其管辖权的科学性与合理性。因此，笔者认为根据"网络"这一技术性因素在团购活动中参与深度和实质功能的不同，可以将其分为三种基本法律类型。

1. 网络交流型团购（Offline to offline）

在此种类型的网络团购中，互联网仅仅是消费者互相联络、形成一致消费意愿的一种技术手段，其法律性质与非网络的一般团购没有本质性区别，仅仅是一种借助了现代通讯手段的大宗购买行为。其法律特征是：此类团购活动中，网络仅仅充当买家之间合同签订之前的沟通平台，合同的要约与承诺均不在网络环境下达成，网络的技术性参与并未改变该类团购活动的一般合同行为特征，因此，在管辖权的设计上，此类团购活动引发的纠纷，与传统管辖规则完全一致，不必特殊对待。

2. 网络组织型团购（Online to offline）

在此种类型的网络团购中，互联网不仅仅是一个通讯平台，而是团购发起人组织并部分实现团购活动的技术平台。法律实践中，网络

---

① 顾建兵，徐振宇．网络团购："馅饼"里面有陷阱[N].人民法院报，2011-12-11(3).

② 邹龙妹．网络团购纠纷解决机制研究[J].中州学刊，2012（4）：71.

组织型团购一般有两种发起类型：一种是由卖家在网络平台上发布接受团购的意愿和基本的成交条件，由买家在网络环境下自愿参与团购，一旦成交条件达成，则团购合同成立。另一种类型是由第三方在与卖家达成一致后，发布团购信息，发起团购。该第三方既非团购的买方也非卖方，通常是通过与买方或卖方达成的协议在团购活动实现后获得一定比例的收益。上述两种团购活动虽然涉及的主体有所不同，但表现出的共同法律特征是：团购的要约邀请、要约、承诺行为部分或全部在网络环境下完成。团购最终形成的买卖合同是在网络环境下成立的。此类团购活动的法律本质已经从传统的合同缔约过程转变为电子商务过程。但此类团购的合同履行过程仍全部或部分地以非网络环境下的传统方式进行。

3. 网络完成型团购（Online to online）

此种类型的团购中，团购的商品一般是数字化形态存在的非物质财富或虚拟财产。团购的发起或组织者可能是上述任何一方主体，但是整个网络团购缔约前的沟通联络、缔约过程、合同的达成、货款的支付，以及最终的产品交付，整个团购合同的履行过程全部在网络环境下完成。整个交易过程，买方、买方、团购组织者等各方主体的所有法律行为均处于网络的虚拟环境之下，不会建立现实意义上的直接接触，甚至可能完全不知道对方的真实身份。在这种团购活动中，网络技术手段贯穿于整个交易过程的始终，这种团购对网络技术的深度依赖，虽然并不会改变交易各方行为的法律性质，但却足以对相关纠纷的司法管辖原则的设计产生重大影响。

四、构建网络团购权利冲突多层次、类型化司法管辖体系

网络团购纠纷的复杂构成及其类型化特点，决定了其司法管辖权的设计不能简单追求整齐划一，也不能不加区分地设立专属管辖。应该对不同类型的团购纠纷予以区别对待，建立一个多层次、类型化的司法管辖体系。

1.网络交流型团购

网络交流型团购中，网络仅仅充当当事人之间的沟通工具，合同的成立与履行均在非网络环境下完成，这使得此种类型的网络团购和一般的团购活动具有高度同质性。因此，笔者认为网络交流型团购中产生的合同纠纷和侵权纠纷应一律遵循一般民事诉讼案件的管辖，即按照《民事诉讼法》第二十三条的规定"因合同纠纷提起的诉讼，由被告住所地或者合同履行地人民法院管辖"以及第二十八条的规定"因侵权行为提起的诉讼，由侵权行为地或者被告住所地人民法院管辖"。

2.网络组织性团购

（1）网络组织型团购中的合同纠纷之管辖：团购的主销售合同是在网络环境下成立的，其合同订立的过程具有显著的电子商务特点。我国的民事诉讼管辖规则并没有为电子商务设定特别的专属管辖。《最高人民法院关于适用<中华人民共和国民事诉讼法>若干问题的意见》第18条及第19条规定："因合同纠纷提起的诉讼，如果合同没有实际履行，当事人双方住所地又都不在合同约定的履行地的，应由被告住所地人民法院管辖"；"购销合同的双方当事人在合同中对交货地点有约定的，以约定的交货地点为合同履行地；没有约定的，依交货方式确定合同履行地；采用送货方式的，以货物送达地为合同履行地；采用自提方式的，以提货地为合同履行地"。按照上述规定网络团购合同若未实际履行，则相关合同纠纷应由被告所在地人民法院管辖；而实际履行的团购合同纠纷则应由履行地人民法院管辖。在实际团购交易中，如果运费由卖家支付，则履行地是卖家将货物交付运输地（通常为卖家所在地）；如果由买家支付运费，则履行地为运输方将货物交付买家的地方（通常为买家所在地）。可见，根据传统的管辖理论，网络组织型团购中的合同纠纷可能由被告住所地、买家住所地、卖家住所地或运输者营业地等多处人民法院管辖，此种管辖方式会带来管辖上的不确定和不便利。笔者认为，应根据网络组织型团购缔约过程虚拟技术性和合同履行现实性特征将其合同纠纷管辖分为两类区别对待：

（a）未实际履行的网络组织型团购，其缔约的过程和合同成立都在网络环境下完成，主要的证据和利益关联都处于网络虚拟世界，从管辖的便利性角度考虑，此类合同纠纷应由团购主合同成立的网站营业地或其网络服务器所在地人民法院管辖。

　　（b）实际履行的网络组织型团购，应侧重考虑消费者应诉的便利性和权利保护的有限性，将管辖权设计为买家所在地人民法院管辖。

　　（2）网络组织型团购中的合同纠纷之管辖：《民事诉讼法》第二十八条规定："因侵权行为提起的诉讼，由侵权行为地或者被告住所地人民法院管辖。"现行各类法律规范并没有对网络团购中的侵权行为作出特别性规定，但自 2000 年以来，国家立法对其他多种网络侵权进行了管辖权上的细化，可以为网络团购侵权纠纷的管辖提供参照。2000年 11 月《关于审理涉及计算机网络著作权纠纷案件适用法律若干问题的解释》第一条规定："互联网空间范围内的著作权侵权纠纷案件由侵权行为地或被告住所地人民法院管辖。其中侵权行为地包括被诉侵权行为地网络服务器、计算机终端等设备所在地。对很难加以确定侵权行为地和被告住所地的，如果原告发现了侵权内容的计算机终端等设备所在地也可以被认为是侵权行为地。"同年，《关于审理涉及计算机网络域名民事纠纷案件适用法律若干问题的解释》第二条明确规定："凡是与域名有关的侵权纠纷案件，应由侵权行为地或者被告住所地的中级人民法院负责管辖。对其中很难加以确定侵权行为地和被告住所地的，如果原告发现该域名的计算机终端等设备所在地可以将其作为侵权行为所在地。" 2013 年 1 月 1 日起施行的《最高人民法院关于审理侵害信息网络传播权民事纠纷案件适用法律若干问题的规定》第十五条规定："侵害信息网络传播权民事纠纷案件由侵权行为地或者被告住所地人民法院管辖。侵权行为地包括实施被诉侵权行为的网络服务器、计算机终端等设备所在地。侵权行为地和被告住所地均难以确定或者在境外的，原告发现侵权内容的计算机终端等设备所在地可以视为侵权行为地。"

　　可见，网络相关侵权案件的管辖充分考虑了网络的技术性因素，国家立法的基本思路是实施网络侵权的网络服务器和终端所在地为首要管辖地，以发现侵权结果的终端设备所在地为补充，并赋予了被侵权人一定程度上选择管辖法院的现实可能性。笔者认为，网络团购中的侵权案件可以采纳这一管辖权设计思路。

3.网络履行型团购

整个网络团购缔约前的沟通联络、缔约过程、合同的达成、货款的支付，以及最终的产品交付、团购合同的履行过程全部在网络环境下完成。这种高度虚拟化的交易过程，使得立足于现实关联性的被告所在地管辖失去了原有的意义。鉴于整个交易过程的高度技术化特征，笔者认为，网络履行型团购中涉及的合同纠纷均应由达成网络团购合同的团购网站或网络服务平台的主营业地或服务器所在地人民法院管辖。而团购中涉及的侵权纠纷应当按照便利和保护消费者的原则，由原告住所地人民法院管辖。

在上述所有类型的网络团购类型中，均应允许当事人在平等自愿的前提下自行约定管辖法院，但笔者认为，立法应当对这种约定管辖作出限制，包括：（1）团购网站或组织网络团购的其他网络服务平台不能仅在网站的法律声明或注册用户时格式化约定管辖法院，而必须在每一个特定的团购合同中明示约定管辖法院；（2）以上述电子格式条款方式约定管辖法院的必须以显著方法向对方明确提示管辖约定；（3）对管辖权约定的解释按照有利于非格式条款提供方的方式进行。

第三节　网络第三方支付平台的法律制度重构[①]

在网络飞速发展的今天，越来越多的领域开始出现在人们的视野，新事物接二连三的出现。目前在众多提供不同网络服务的 ISP 中，网络第三方支付平台以其便利、迅捷和相对安全等特点活跃在人们生活中。网络第三方支付平台在以网络技术为民众生活提供便利的同时，也引发了一些权利冲突，要有效地解决这些网络权利冲突，就必须对其法律地位做出清晰的界定。从私法的层面来说：首先，从第三方支付平台与客户的关系来看，其为一个受托人的角色；其次，从第三方

---

① 本节内容综合了作者指导的学生论文的部分内容，对论文的采用和修改均已经过被指导学生的同意和授权。邓颖. 论网络第三方支付平台的法律地位[D]. 天津商业大学学位论文，2014.

支付与商户的关系来看，其履行的是一个代理人的职责；最后，从第三方支付平台与银行的关系来看，它们是合作竞争的关系，它是一个竞争者，也是一个合作人。而从公法角度来看，它调整的是行政法律关系，属于被监管的行政相对人。而其中具体的内容，将在文中详细论述。只有明确了第三方支付平台的法律地位，才能有效解决由网络支付引发的权利冲突，具体规范它的发展，让它更好地服务于人们的生活。

在 21 世纪的今天，科技越来越发达，人们在家中足不出户也可以达成心中所想：相聚万里的亲朋之间可以通过可视电话或者 QQ 视频等相见，你所心仪但无法亲临课堂的名牌大学的课程也可以通过网络公开课的模式进行学习。除此之外还有很多例子，但其中最为人们所津津乐道的便是网络购物。为了契合时代的发展，诸多网站也应运而生，如淘宝网、1 号店以及唯品会等等。与实体购物所不同的地方除了不能直观感受物品和配送方式之外，就是付款方式的差异，网上购物自然要网上付款，购物者们通过网上银行先付款到支付宝等第三方平台，待到收到货物并验收合格之后再确认收货，这样支付宝会把这笔款项转入销售者的账户之中。从这个流程中不难看出，支付宝就是第三方支付平台的典型代表之一。2013 年底，中国网络购物用户规模达到 3.02 亿人，2013 年第四季度中国网上零售 B2C 市场交易规模达到 1946.5 亿元，全年网上零售交易额达 18851 亿元，同比增长 42.8%。第三方支付平台作为电子商务中使用人数最多的交易手段，它的发展形势一直保持高度增长的状态，并且势头极为猛烈。根据 iResearch《2013 年度中国第三方支付市场季度数据发布》的报告显示，2013 年中国第三方互联网支付市场交易额全年各季度持续迅速升高，全年交易额增长规模达到 53729.8 亿元人民币，较 2012 年同比增长 46.8%。但它们在给我们的生活提供便利的同时，也会带来一些纠纷，这是由于我们自身的疏忽以及法律规制的缺失等问题造成的。为了避免纠纷的发生，或者说为了防止由于法律的缺失导致的纠纷无法合理解决，我们应该明确第三方支付平台的法律地位，也就是说，了解其在各个法律关系中所处的位置，只有这样，我们才能更好地分析现有法律的不足，进而弥补这些漏洞，让第三方支付平台能够更好地服务于我们的生活。这也是我研究第三方支付平台法律地位的最终目的，而要达到这个目的，就要深入探析第三方支付平台的法律地位，这也就是本书所重点探讨的地方。

一、第三方支付平台的概述

随着网上交易的迅猛发展，诸多学者对第三方支付平台无论是从经济学还是从法学的角度都有了或深或浅的研究，然而在我国，2010年之前对第三方支付平台并没有具体的法律规定，因此，在实际生活中对它的管理与规制存在一定的不确定性。

1. 第三方支付平台的概念

所谓第三方支付平台，是指具备一定实力和信誉保障的独立机构，采用与各大银行签约的方式，提供与银行支付结算系统接口的交易支持平台的网络支付模式。[①]在利用第三方平台在线支付的整个流程中，购买商品的买家使用自己在第三方平台注册的账户进行在线支付，之后第三方会在买家的货款成功到账后告知卖家并对卖家提出发货要求，在买家收到货物并确认货物的质量等后，就可以点击确认收货，这时系统会及时把买家存放于第三方支付平台中的货款付给卖家，这样整个流程就结束了。当下我国最流行的第三方支付机构主要有"支付宝"、"易付通"、"银联支付"等。它们的突出特点表现在：提供成本优势，提供竞争优势，提供创新优势，提高交易安全性等方面。[②]

2. 第三方支付平台发展现状

（1）我国第三方支付平台的现实发展状况。由于人们对新兴事物的接受程度越来越快，自第三方支付平台出现以来，发展形势一片大好，近五年来更是保持连续迅猛上涨。正是因为第三方支付以如此不可思议的势头冲击着我国的金融业，所以自 2011 年 5 月起央行开始实

---

① 王秀梅. 第三方支付平台的发展及其对商业银行业务的影响[J]. 安徽农村金融, 2011, (9)：68-71.

② 李燕. 由支付宝看我国第三方支付平台[J]. 经济与管理, 2008(2).

行牌照政策，插手管理第三方支付。截至 2013 年底，由于竞争越趋明显，战略分化随之而来。许多支付企业在拿到支付牌照后，业务类型开始向航空商旅、基金、教育培训、电信通讯等领域发展，为第三方支付注入了新的活力。如图 8-5 所示，根据 iResearch《2013 年度中国第三方支付市场第三季度数据发布》的报告显示，2013 年第三季度中国第三方在线支付市场交易总额达 14205.8 亿元，相较于第二季度增速超 26.7%，与 2012 年第三季度相比上涨速率回升至 50.8%。

图 8-5　网络第三方支付交易规模

（2）我国第三方支付平台立法的发展现状。2010 年之前，我国仅有《电子签名法》、《支付清算组织管理办法》和《电子支付指引(第一号)》三部法律法规可以被作为参照，这才造成了我国学者对第三方支付平台存在不同的说法和界定，但根据《中华人民共和国银行法》等法律规定，中国人民银行自 2010 年 9 月 1 日起已施行了《非金融机构支付服务管理办法》，之后紧接着在 2010 年 12 月 1 日公布实施了《非金融机构支付服务管理办法实施细则》，以此作为实施参照，这在规范我国第三方支付平台的发展中起到了一定作用。但任何情况都不是绝对的，我国第三方支付平台仍会存在一定的问题。就像《非金融机构支付服务管理办法》，央行为了更好地规制第三方支付平台的发展，确实在《办法》的指定上下了很大一番功夫，而在实际中，《办法》和《实施细则》也确实是对第三方支付平台的发展产生了一定程度的影响。正如它所规定的禁止业务外包、客户备付金管理以及实行实名制管理等措施[①]，都大大规范了第三方支付平台的发展。但这其中不免有一些不足，比如大家都十分关心的客户备付金所产生的利息的归属问题。《非金融机构支付服务管理办法》第二十四条规定："支付机构接受的客户备付金不属于支付机构的自有财产。支付机构只能根据客户发起的支付指令转移备付金。禁止支付机构以任何形式挪用客户备付金。"虽然明确标明了客户备付金的归属和管理办法，但并没有明确其利息的归属问题。既然说了备付金不属于第三方支付机构自有，那么其产生的利息到底归属何方，《办法》并没有给出一个明确的说法，所以这仍属于立法上的不足。在接下来的讨论中，我也会更详细地说明这一点。

二、第三方支付平台发展中存在的问题

1. 第三方支付平台资金的安全问题

第三方支付平台之所以会出现，与日益发达的网络购物、网上消费是密不可分的，它的出现是为了给消费者提供便捷的同时又保障消费环境安全性的。但是作为第三方支付平台，它又如何保证自身的运行安全呢？正如我后面要提到的问题：网传支付宝内部人员的卷款潜逃所造成的网络恐慌，或是若第三方支付机构破产，那么用户存于平台中的款项要如何收回？第三方支付机构是否可以保证用户的利益呢？这都是亟待解决的问题。除此之外，第三方支付平台还涉及资金

---

① 郭俊华.第三方支付发展与网上银行关系的分析研究[D].成都：西南财经大学,2007.

的沉淀问题。毕竟，客户付给商户的款项是要存放于第三方支付平台一段时间的，那么这段时间这笔资金的去向，或是用途又是如何的呢？毕竟使用第三方支付的客户那么多，每天存放于第三方支付平台的款项又何止千万，若第三方支付机构将这笔钱做短期的投资理财，收到的利息又将如何计算呢？毕竟，现在除了支付宝等几个规模较大的第三方支付平台在银行专门开立无息账户来管理这笔资金，且把这笔资金托付给银行定期审计外，其他大部分的第三方支付机构并无此作为，这是极其危险的。

2. 消费者权益保护不充分

此前，根据《2013 年度中国电子商务用户体验与投诉监测报告》的统计数据显示，2013 年度，中国电子商务投诉与维权公共服务平台共接到近十万起从全国各地打来的有关电子商务的投诉电话，除此之外，网上消费者还利用在线反馈、邮件反馈等多种方式寻求维权。据中国电子商务研究中心的研究表明，2013 年用户投诉的新兴领域向移动电商靠拢，此数据环比增长率凸显。2013 年网络购物用户投诉最多的十大问题有：退款问题、售后服务、网络售假、退换货物、发货迟缓、网络诈骗、质量问题、订单取消、虚假促销、节能补贴。其中，投诉量最大的是"退款问题"，占总投诉量的 21.21%。其次对售后服务的投诉，占比达 13.48%，涉及网络售假、退换货物的投诉也分别达10.61%、10.15%。这也反映出了网络消费的维权应是我们关注的重点领域。①我国《消费者权益保护法》中规定，消费者在购买、使用商品和接受服务时享有选择权、知情权、公平交易权、安全权、监督权和获得赔偿权等权益。但网络购物的各个环节都是在虚拟的网络世界中完成的，消费者在收到商品或是接受到服务之前并没有和它们有直接的接触，所以，消费者的权益就更容易受到不同程度的侵害。比如商家发布的虚假信息、虚假广告等对消费者知情权的侵害；售后难、退换货难、物流慢等对消费者公平交易权的侵害；还有侵权认定这方面对于消费者获得赔偿的阻碍。但我认为其中最可怕的当属对消费者安

---

① 薛艺.网络支付中第三方支付平台的法律问题研究[D].北京：首都经济贸易大学，2011.

全权的侵害，如信息泄露，这对消费者的人身安全和财产安全带来了极大的隐患。除此之外，第三方支付平台还极容易变为一些不法分子洗黑钱和进行信用卡套现的工具。

3.越界经营问题

2013年6月13日，支付宝集团推出余额宝业务，它可以让用户在获得收益的同时在网上进行消费和转账，这简直就是升级版的银行储蓄卡。这已经完全超出了支付宝集团给自身的定义，它已经不仅仅是一个中介服务机构，它已经将手延伸到银行等金融机构的范畴中来。但它本身并不具备这样的资质，这是违反《商业银行法》的。除此之外，余额宝刚上市时，曾被证监会叫停，其中的原因就是它的部分基金销售支付结算账户并没有向证监会报备，这显然也是不合法的，它违反了《证券投资基金销售管理办法》。但由于其操作的简洁性以及承诺的高收益，自其上市以来，受到了民众的疯狂追捧。尤其是2013年12月至2014年2月这期间，余额宝更是达到了其鼎盛时期，七日年化收益率一度稳居6%之上，最高达到7%。余额宝的这种迅猛的发展势头无疑是不可靠的，正如多位网民所求助的那样，他们的账户和身份信息被盗，尽管余额宝的服务协议中保证赔偿，但由于余额宝业务界限的不明确以及监管漏洞的存在，维权仍是一条困难的道路。所以，自2014年四月份以来，人们对它的热度也渐渐降了下来，其收益也跌至5%以内。

但从宏观角度出发，我认为余额宝是很有发展潜力的，新兴事物的出现必然有其存在的价值，同样，也不可避免地会出现纰漏，而法律要做的就是在找出纰漏并抑制纰漏的同时规范它的发展。让它更好地服务于民众，这也是法律法规的价值所在。对余额宝的定性，我认为应该是区别于支付宝来看的，否则会造成一定的矛盾，因为相较于支付宝它确实拥有储蓄和理财的双重性质。所以，余额宝处于一个交叉地带。尽管它确实吸收了公众资金，但严格来讲，这些资金并不能当作存款，因为余额宝实行的是直销，用户是直接购买的金融产品。综上，我认为，余额宝业务应是非银行的金融服务。

由上述几点可见，在交易速度迅猛发展的今天，第三方支付平台的发展速度也迅速加快，这必然导致相应法律制度的滞后，央行出台的规范第三方支付平台的《办法》和《实施细则》还不能很好地规制其发展，如何更好地管理这个行业便成为了亟待解决的问题。而要解决这个问题，必须明确第三方支付平台所处的法律地位。否则，即使实现对它的法律规制，也会如昙花一现，最终了无痕迹。

三、第三方支付平台的服务范围及法律性质

在讨论第三方支付平台的法律地位之前，要先清楚第三方支付平台的服务范围和它的法律性质，只有弄清楚了这两点，才能更好地分析第三方支付平台的法律地位。

1.第三方支付平台的服务范围

首先，确定经营主体的经营资格是明确第三方支付平台的服务范围的先决条件。我们可以从支付宝的服务协议中看到："（一）支付宝服务（以下简称为本服务）：指本条（二）所列的代收或代付款项、认证、查询和购结汇等服务，及您实际使用的本公司或本公司接受您的委托为您不时提供的服务以及提供的其他服务。"浏览完整个协议可以发现，支付宝把自身定义为一个中介服务："支付宝中介服务，亦称'支付宝担保交易'，即'本公司接受您的委托向您提供的有关买卖交易的代收或代付款项的中介服务'"。除了支付宝，我在浏览其他国内第三方支付平台的服务协议时看到它们也都将自己排除在金融机构行列之外，但我们可以发现它们所履行的职能已大大超越中介服务，事实上，第三方支付平台已经越来越像网络银行的方向靠拢。特别是支付宝旗下的余额宝，用户可以直接通过支付宝把资金转入余额宝，用户不仅能够通过余额宝来获得收益，在需要资金的时候还能够随时通过支付宝账户在线消费或者提现取出，更令人津津乐道的是它的收益也比银行同期的活期利率高，这种类似于银行活期存款模式的理财方式显然要更方便一些。所以在短短十个月的时间内，就给银行业务带来了极大冲击。

2.第三方支付平台的法律性质

类似于支付宝，第三方支付平台明确把自己定位在电子商务支付

领域，并且在电子合同中处处给用户透露它与银行的不同。在交易运作过程中，它又是作为第三方存在并帮助客户与商户交易，为用户提供一定的保障。另一方面，从支付宝集团与各大银行的合作内容来看，它把自己与银行是明确区分开来的。另外，从央行出台的《非金融机构支付服务管理办法》第二条"本办法所称非金融机构支付服务，是指非金融机构在收付款人之间作为中介机构提供下列部分或全部货币资金转移服务：（一）网络支付；（二）预付卡的发行与受理；（三）银行卡收单；（四）中国人民银行确定的其他支付服务"和第三条"非金融机构提供支付服务，应当依据本办法规定取得《支付业务许可证》，成为支付机构。支付机构依法接受中国人民银行的监督管理。未经中国人民银行批准，任何非金融机构和个人不得从事或变相从事支付业务"这两个条款中，我们更能明确支付宝的法律性质。除此之外，由国外的发展历程来看，第三方支付平台也并未列入到金融机构当中。比如在国外非常流行的 Paypal，就是作为客户资金的代理人和看管者的，而它的执照也并非金融执照，美国的州发给 Paypal 的只是货币转让业务的执照。所以最合理的认定应是非金融机构。但现在出现的余额宝却并不能这么一概而论，下文中笔者会单独来谈余额宝的问题。

四、第三方支付平台的法律地位

法律地位，实为法律上的人格或者称为权利能力，是指法律主体享受权利与承担义务的资格。也用以指法律主体在法律关系中所处的位置，常用来表示权利和义务的相应程度，分为自动取得的地位与主动取得的地位。因此，我认为，第三方支付平台的法律地位即指其享受的权利与承担的义务，也就是它在法律关系中所处的位置。而要明确第三方支付平台的法律地位，则需要从两方面下手分析：一个是从私法层面上，另一个是从公法的层面上。而在实际中我们主要关注的是私法领域的问题，所以本章着重讨论私法角度下第三方支付平台的法律地位。

1. 从私法角度分析第三方支付平台的法律地位

对第三方支付平台法律地位的界定即是对其法律性质的延伸。刚刚我亦讨论过，第三方支付平台应属于非金融机构。那么，从私法角度来看，第三方支付平台的法律地位是表现在民事法律关系中的。接下来，将以支付宝为例深入探讨第三方支付平台在各个环节所处的法律地位。如图8-6展示了支付宝的交易流程，在这一个支付环节当中存在支付宝、商户、客户、还有一方没有显示出来的交易银行这几方的当事人。鉴于私法关系的复杂性，将分别从三方面来确定第三方支付平台所处的法律地位。

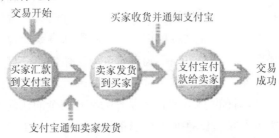

图8-6　网络第三方支付流程

首先，支付宝集团与客户之间是一种信托关系，所以，支付宝扮演的是一个受托人的角色，这就是支付宝集团的法律地位。这些年，随着网上购物的兴起，越来越多的人开始选择这种省时又便捷的方式购物。它的流程很简单，客户在网上选定自己心仪的货物，之后登录网上银行付款到支付宝，若支付宝的余额足够支付得起你所选的货物，也可以直接使用余额。但这笔款项并非直接打入商户的账户，而是保存在支付宝上，直到货物送到客户手中无误，客户确认收货，支付宝才会把款项打入商户的账户中，这样才算做交易完成。有学者认为，第三方支付机构替交易双方保管资金，保证资金运行安全，其与交易双方建立的是一种保管合同法律关系。笔者认为，虽然支付宝起着一个暂时保管财物的作用，但客户之所以放心把钱暂时交给它保管肯定是出于对支付宝的信任。无论支撑着这股信任的力量从何而起，都不影响这个事实：支付宝受人之托，忠人之事。这种关系是建立在信任的基础上的，这就是支付宝集团受托人身份的证明。所谓信托，是指委托人基于对受托人的信任，将其财产权委托给受托人，由受托人按委托人的意愿以自己的名义，为受益人的利益或者特定目的进行管理或者处分的行为。我国《信托法》第八条第一款规定：设立信托，应当采取书面形式。信托的设立应当是特定主体之间以合法有效方式实施的行为为前提的。《信托法》第八条第三款对信托成立的时间也做了规定：采取信托合同形式设立信托的，信托合同签订时，信托成立。虽然在此过程中，客户与支付宝集团之间不存在纸质合同的签订问题，但用户在支付宝账户的注册过程中，被提醒阅读服务协议，只有用户同意才能进行下一项，所以客户与支付宝集团之间是签订的电子合同。由此，可以看出，法律对于设立信托合同的条件是比较严格的。不能否认，电子合同确实存在设立格式合同的嫌疑，但笔者刚刚提到过，客户在签订电子合同之前会被支付宝集团提醒认真浏览合同，甚至在重要部分加黑显示，这是尊重并实行真实自愿原则的体现，因此，这并不影响合同的有效成立。也就是说，客户同意这个协议就意味着双方签订了合法有效的信托合同，信托关系成立。那么，这也确定了第三方支付平台在其中所处的法律地位即受托人。既然第三方支付平台对于消费者来说是受托人，那么，它就需要履行受托人的义务。前面提到过消费者权益保护的问题，现在既然明确了第三方支付的法律地位，就会清楚它的权利义务关系，进而更好地规范它，具体的细则会在法律完善中详细说明。在此作为一个受托人，第三方支付平台所应做到的最基本的就是诚实守信，它必须依托双方的约定，妥善管理这笔资金，而不是利用大量的沉淀资金赚取不正当利益且由此侵害消费者权益。

其次，传统民法理论学者认为，第三方支付机构与客户、商户签订的"代支代收"协议是一种民法上的保管合同，笔者不十分同意这一点，而是认为支付宝集团与商户之间是委托代理的关系，其所处的位置是一个代理人，但与客户之间的关系之前也讨论过，属于信托关系，若双方都是委托代理则构成了双方代理，这是不合理的。所以，支付宝与商户之间才是委托代理。同时我们从上文中可以得知，当客户确认收货时，支付宝即把款项打入商户的账户内，也就是说，商户授权支付宝代为收取货款。我们知道若想在支付宝上进行交易，则商户需要成为支付宝用户并通过身份验证，也就是说，商户接受了支付宝的用户协议。那么，他们之间就是一种内容为接受网络支付服务的合同关系。[①]另一方面，在支付宝的服务协议中可以看到："支付宝中介服务，即本公司接受您的委托向您提供的有关买卖交易的代收或代付款项的中介服务。其中包含代收，即本公司代为收取第三方向您支付的各类款项。为免疑义，代收具体是指在符合本公司规定或产品规则的情况下，自您根据本协议委托本公司将您银行卡或支付宝卡内的资金充值到您的支付宝账户或委托本公司代为收取第三方向您支付的款项之时起至根据您的指令将该等款项的全部或部分实际划付到您的银行账户或支付宝账户之时止（含本第（二）条之1项3规定的提现）的整个过程（但不包括本第（二）条之1项B（a）所述情形）。"服务协议中特别标明："除本协议另有规定外，交易双方使用支付宝中介服务，即认可买方点击确认收货后，本公司即有权将买家已支付的款项代为支付给卖家。本公司代付后，非经法律程序或者非依本协议之约定，该支付是不可逆转的。"[②]所以，我认为商户与支付宝集团是委托代理关系。在这里，第三方支付平台的法律地位理所应当处在一个代理人的位置。委托人允许代理人在其授权的范围内行使代理权，实施代理行为，代理人的行为决定委托人的利益。在此过程中，代理人实施行为是以委托人的名义进行的，但委托人需要对其行为承担相应的法律后果。代理人与委托人的法律关系实质就是委托合同关系，这就是他们之间的基础法律关系。由此，第三方支付平台对于商户来说就是代理人，商户是委托其暂管财务，这就无可避免地联系到前面提到的资金沉淀的问题。代理人接受委托人的委托管理财务，就应当尽到代理人的义务，一些第三方支付机构在暗中利用这笔资金收获不正当利益，这不仅侵犯了商户的权益，也是对其自身代理人身份的滥用，现在我们明确了第三方支付在此种关系下的法律地位，也能更好地为立法改

---

① 黄璟宜.论第三方支付机构的法律监管[D].成都：西南财经大学，2008.
② 支付宝服务协议.http://help.alipay.com/lab/help_detail.htm?help_id=211403.

善提供建议。

最后，支付宝集团与银行存在着合作和竞争关系。第三方支付平台需要遵循相关法律的规定，遵守行业规范，维护良好的竞争环境。所以对于银行来说，它既是一个竞争者，也是一个合作人。而从长远的角度来说，第三方支付平台与银行之间还是合作大于竞争的。一方面，因为银行是目前金融体系无可置疑的主角，没有哪个机构可以真正同银行竞争，即使从支付市场的份额来看，第三方支付对银行的影响也有限。银行的核心盈利仍来源于存贷款利差收入，虽然随着利率市场化推进，第三方支付平台在这些方面对银行会有一定挑战，但这不只是支付企业的问题，而是金融脱媒和民间金融发展的结果。[1]另一方面，在跨行支付和支付安全等方面，第三方支付与银行之间存在较好的合作前景，双方可以充分合作。再就是我国许多商业银行把发展重心放在实体消费，未对网上在线交易和居民服务予以足够的重视，这也是第三方企业着重创新的领域。两者未来若能扩大彼此的合作领域，在维护消费者利益和满足消费者需求方面多多增强彼此间的联系，那么两方必能实现利润最大化的共赢。但在此期间，第三方支付平台要明确自身所处地位的重要性，加强监管，不让不法分子利用其中漏洞进行洗黑钱和信用卡套现，以免对金融秩序造成冲击。

2. 从公法角度分析第三方支付平台的法律地位

要想从公法角度分析法律地位，就要先清楚其中的法律关系。国家为了调整第三方支付机构，也制定了相关的监管法规，由央行作为监管机构对其进行监督，这种基于监管而存在的法律关系应包含在行政法律关系中。而行政法律关系的主体包括行政主体和行政相对人，行政主体是依法行使行政职权、并对其后果承担责任的国家行政机关和法律法规授权的组织。与行政主体对应的行政相对人可以是我国公民、法人和其他组织，也可以是在我国境内的外国组织、外国人及无国籍人。[2]由此可知，央行是行政的主体，行使行政监督职权，那么相

---

① 搜狐财经. 当银行遭遇第三方支付[EB/OL]. http://business.sohu.com/20130617/n379035760.shtml.2013-06-17.

② 孟鸿志. 行政法与行政诉讼法学[M]. 北京：科学出版社,2009.

应地，第三方支付平台则是行政相对人，是被经济监督的一方。所以，在公法的层面上，第三方支付平台处于被监管的行政相对人的地位。那么，显而易见的是行政相对人也就是第三方支付平台与行政主体或是说央行之间存在着管理与监督的行政法律关系。所以，在公法层面上，第三方支付平台的法律地位就是被进行经济监督的行政相对人。

五、我国第三方支付平台法律地位的完善

第三方支付平台的发展历史并不久远，所以能对它产生约束性的法律法规和监管机制并不多。虽然央行为了规范其发展，专门针对第三方支付机构出台了部门规章，但由于这个新兴行业的快速发展，以及各种创新性举措的出现，难免会出现诸多的问题。另一方面，法律本身就具有滞后性，所以很难做到提前约束，这就使得我国第三方支付平台的网络环境存在一些缺点和不足。对于第三方支付平台的完善，笔者也有一些自己的看法。

第一，鉴于第三方支付平台在大众生活中的普及化以及现有法律约束的不足，应针对第三方支付建立专门的监管机构和具体的法律法规。如今，第三方支付平台归属央行监管，但央行毕竟事务繁多，在监管过程中难免会出现应对不足等问题，最重要的是前面提到的资金沉淀问题和信用卡套现及洗黑钱的问题，央行并没有设立一个专门的机构来对第三方支付平台进行监管，所以许多不法分子就钻了其中的空子，若不加以严厉管制，很容易造成金融体制的混乱，而第三方支付平台现在又是人们尤其是年轻人生活的一部分，所以建立专门的监管机制是很有必要的。第三方支付平台在实际交易中的法律地位又极其重要，它既是受托人又是代理人，这都是需要它在交易中本着绝对的诚实信用，一旦出现了问题，又没有专门的监管机构，就势必会出现维权难等问题。另一方面，现在对于第三方支付机构的规范，依据的是央行出台的部门规章，相较于其在大众的影响率来看，制定专门的法律规范也更能加深对第三方支付平台的监管和公众对它们的重视程度。只有引起了公众的注意，他们才能在交易过程中多

加谨慎，避免许多本不应该出现的问题。所以，从第三方支付平台法律地位的重要性方面考虑，建立专门的监管机构对其进行监管是很有必要的。

第二，第三方支付机构应在法律规范的前提下，逐渐实现行业自律。尽管现在对第三方支付平台的规范是有法可依的，但各机构之间仍免不了不良竞争。尤其是对于沉淀资金来说，当不良竞争出现，各机构为了自身的生存往往会做一些投机取巧的事，利用沉淀资金收益便是其中之一。为了用更强大的资金链来维持机构的运营，第三方支付平台也会违反其作为受托人和代理人以及对于银行来说的竞争合作人的权利义务，进行恶性竞争，造成不良的市场环境。但良好环境的维持并不能只依赖法律的制约，而应该让其管制下的各个主体具备自控能力。若各机构能真正实现自律，网络购物环境也会日渐趋于真正的便捷化与安全化。为了达到这种自律的目的，应该在实行专门监管的情况下使各机构了解自身地位的重要性，约束自身，这样也可以形成一种约定俗成的行业条律，就如同国际经济法中的国际贸易惯例，这对于完善第三方支付平台的发展有很大意义。

在这个科技迅猛发展的社会，人们越来越多地依赖网络，衣食住行基本上都可以通过网络来解决，与此同时，第三方支付平台也如雨后春笋般出现在我们的视野中。尽管近年来央行已经注意到了规范这个行业的必要性并已经开始付诸实践，但其中的很多问题还是无法真正得到解决。在第三方支付中，存在着多种法律关系，要想找到真正行之有效的办法，仍然还是要追本溯源，了解第三方支付究竟在实际中扮演了一个什么样的角色，也即是明确第三方支付平台的法律地位，从根本入手，对它的性质有一个新的认识。之所以研究这个问题，也是为了可以由因推果，更好地完善第三方支付平台，毕竟对一种社会行为的全局性把握是正确认识其法律关系的根本前提，而并非简单的制度重构。而第三方支付平台的发展从未停止，我们对它的探究也不会止步，需要完善的地方也还有许多，随着法治的进步，我们终将能探究到更为有效的方法。

第四节　网络遗嘱服务的法律困境及对策研究

网络遗嘱作为一种新兴的网络服务方式，以其便捷、私密和成本低廉等特点受到网民青睐，但也因其独特的技术特征和遗嘱的法定形式要求而遭遇法律效力困境，如果处理不当将可能直接导致公民的遗嘱自由和遗嘱法定主义之间的冲突。现有的网络遗嘱服务在法律性质上是一种以网络信息存储服务为核心的网络服务合同，尚不能产生继承法意义上的法律效力。但通过局部网络实名、附加电子签名、不同服务区别对待等网络技术和法律制度方面的改进和创新，有望使网络遗嘱逐步发展成为有严格法律效力的新型遗嘱形式。

网络遗嘱是近两年才走进我们视野的新型网络服务方式，一经产生便以其新颖、便捷、私密和收费低廉等特点受到了很多网友的青睐。但网络遗嘱也因其技术服务模式和法律效力而备受争议。众多媒体的关注报道中，仅有为数不多的法律人士对网络遗嘱的法律效力进行了专业探讨，且基本上对其法律效力持一致的否定态度。实际上设立网络遗嘱的行为能够引起法律关系的产生，只是以网络遗嘱方式对现实的财产权利进行处分，尚不能得到现行继承法的认可，因而该部分处置是无法律效力的。从长远来看，因其独特的技术优势，如果网络遗嘱服务能够获得具有公信力的相关机构的内在权威性保障，并进一步完善其网络技术手段，则可能在不远的将来全面实现公证遗嘱或见证遗嘱的各项功能。

一、遗嘱和网络遗嘱

遗嘱是具有法定行为能力的自然人生前按照法律规定的特定形式，处分自己的财产以及安排与此相关事务并于死后发生法律效力的单方民事行为。[①]遗嘱要产生法律效力必须具备以下要件：第一，遗嘱

---

① 魏振瀛.民法[M].北京：北京大学出版社，2000：609.

必须真实地反映了当事人处理财产和相关事务的主观意愿。真实性是遗嘱效力的核心来源，法律对立遗嘱人的资质和遗嘱的形式有严格要求，根本上都是为了确保遗嘱的真实性和合理性；第二，遗嘱必须符合法律规定的特定形式。《继承法》严格规定了公证遗嘱、自书遗嘱和代书遗嘱、口头遗嘱等法定形式。《最高人民法院关于贯彻执行<中华人民共和国继承法>若干问题的意见》进一步确立了满足特定要求的打印遗嘱具有法律效力。[①]但尚未有任何现行法律规范涉及了网络环境下设立或保存的遗嘱的有效性问题。第三，遗嘱的设立人在设立遗嘱时，必须是意识清醒、意志自主的完全行为能力人。这一要件通常需要除遗嘱设立人和利害关系人之外的第三方评判，因此法律规定了非自书遗嘱中的代书人和见证人制度。

网络遗嘱是一种新兴的网络服务方式：网络终端用户向网络服务商支付一定费用，网络服务商为用户提供一个唯一性账号。凭借该账号用户可以登录特定网页并上传自己照片、日志、视频、电子账户信息或遗嘱、遗愿。用户上传和留存这些信息的目的是为了在自己去世之后，使特定当事人知悉上述信息。网络服务商承诺在该用户生存期间为上述信息保密，当通过特定方式确认用户本人去世之后，将该用户上传和留存的上述信息发送给用户生前指定的当事人。

从网络遗嘱的具体服务方式来看，至少可以确定以下特点：第一，从用户上传和保存的内容来看，所谓"网络遗嘱"，远远超出了法律意义上"遗嘱"的范围。实际上注册用户希望他人知悉的任何信息，都可以成为网络遗嘱上传和保存的内容。第二，网络遗嘱服务是借助网络空间存储技术，为特定当事人保存其自愿保存的特定信息。网络服务提供商仅负责上述信息在网络空间中不被修改或盗用，并不审查上述信息本身的真实性、有效性和合法性。第三，当用户的登录状态满足预设要求时，网络遗嘱服务商有权按照用户要求将用户在网站上留存的信息转移给指定当事人。上述信息转移过程中，网络服务商也仅保障信息的完全和源自用户上传，并不担保信息本身的真实、合法和

---

① 张萱,陶海荣.打印遗嘱的法律性质和效力[J].法学,2007(9)：140.

有效。

二、网络遗嘱的法律性质

从用户的使用意图上来看，网络遗嘱确实在其去世之后实现特定信息的传递和特定意愿的表达，但网络遗嘱并非当事人在网络上设立的遗嘱。因其缺乏有效遗嘱的法定要件，网络遗嘱不能引起继承法上的法律关系的形成和变更。但笼统地说法律遗嘱不具备法律效力也是不正确的。网络遗嘱确实构成了网络环境下的服务合同关系，网络遗嘱的用户、网络服务提供商以及接受信息的第三方都在法律关系当中享有相应权利承担相应义务。

1. 网络遗嘱服务是一种网络信息存储服务

网络技术的复杂和多样性，决定了网络服务的复杂和多元化。根据网络服务商的技术性特征，可以将其分为仅提供网络技术性服务的ISP（网络服务商 Internet Service Provider，简称为 ISP）和提供网络内容的 ISP。提供技术性服务的 ISP 的共同特点是，它们仅为网络信息的传输、存储、搜索、链接等提供技术性支持，本身并不提供任何网络信息内容。而提供内容的 ISP 的特点在于除传输和利用已有的网络信息数据之外，还会根据自身的需要提供新的网络数据或对网络数据进行编辑，有很强的交互性。上述技术性特征决定了不同 ISP 的法律角色：技术性 ISP 仅对其处理的信息是否忠实于其源信息负责，并不提供信息，也不关注源信息的内容、性质，以及其是否真实反映了信息提供者的意志等问题；而提供内容的 ISP 则要对其提供的网络内容负相应法律责任。

通过上文对网络遗嘱服务方式的描述不难看出，网络遗嘱服务是一种典型的技术性服务，具体而言是一种网络信息存储服务：网络服务商为用户提供其服务器上的特定空间，在一定时间内供其上传和保存特定数据信息，用户为此支付一定的费用。网络遗嘱服务提供者的技术性 ISP 身份，决定了其只能提供以下技术性保障：（1）其服务器上的特定空间仅供某一特定用户存储信息；（2）用户上传至该存储空间的信息不被任何他人非法获得或使用；（3）该空间信息不被用户之外的其他人修改；（4）在满足特定条件时，将该空间信息传递给指定当事人。在上述过程中，网络遗嘱服务提供者既不提供任何信息，也不核实是哪一具体自然人上传了信息，更无法审查上传信息的具体内容。因而网络遗嘱服务的本质是一种网络信息存储服务。在这个意义上，它与"网络云盘"等网络存储服务的法律性质是一致的，只不过附加了特定的存贮意图和通知服务。

2. 网络遗嘱构成有偿网络服务合同

网络遗嘱服务商通过与用户签订有偿服务合同的方式实现其服务器存储空间的使用权转让。网络服务合同是指网络服务提供商与终端用户，在互联网环境下通过确认服务协议或网站注册等方式约定权利义务，从而达成的符合《合同法》要求的格式电子合同。[①]网络遗嘱服务网站要求用户通过注册获得网站的使用权，而用户只有在同意其服务协议的前提下才能完成注册。一旦注册成功，用户和网络遗嘱服务提供商之间的网络服务合同即告成立，双方受合同内容的约束。用户有权使用网站提供的网络账号上传并保存相关数据；有义务向网站支付服务费用并遵守网站服务协议中的禁止性规定。网络遗嘱服务商在收取服务费用的同时应履行以下主要合同义务：（1）确保用户上传的数据按照其原始状态被完整保存；（2）未经用户授权，上述信息不被网站本身或任何其他主体知悉或使用；（3）在用户设定的条件达成后，将上述账户下的原始信息完整交付指定当事人。可见，网络遗嘱的本质是一种网络环境下建立的服务合同关系，设立网络遗嘱可以引起合同法律关系的产生，也受到《合同法》的调整和保护。因而，简单地说网络遗嘱行为"没有法律效力"在法学意义上缺乏严谨性。

3. 网络遗嘱不能直接引起继承法上的法律关系产生

现有文献讨论网络遗嘱时，实际上在两种不同的含义下使用这一词汇。部分论者将网络遗嘱作广义理解为网络服务商以协助用户处理身后事为目的，为用户提供的一系列信息存储和传递服务。[②]部分论者

---

① 高富平. 网络服务合同法律规范的几个问题——易趣欠费案评析[J]. 法学，2002(5)：75.

② 杨璇. 网络遗嘱[N]. 北京科技报，2010-06-07.

采用狭义用法，仅以"网络遗嘱"代指网络遗嘱服务网站提供的服务项目之一，即用户在该网站以文字形式撰写遗嘱或将有效遗嘱以拍照、扫描等形式生成副本，上传至网站特定目录下。[①]不论采用哪一用法，网络遗嘱在现行法律规范下都不能产生继承法上的遗嘱效力，无法引起继承法律关系的产生。广义网络遗嘱的法律性质在上文中已有详论，不再赘述。狭义的网络遗嘱不具备法定遗嘱的效力，原因在于：（1）无法确定用户对应的自然人身份。由于网络遗嘱服务商仅要求用户提供虚拟用户名即可获得使用账号，并不要求真实身份信息的验证，因而上传遗嘱性文字、照片或扫描件的自然人究竟是不是文件载明的遗嘱设立人，网站无从保证。根据网络遗嘱的服务方式，相关信息被利害关系人获知，通常又是在网络遗嘱设立人去世之后。若此时产生争议，网站难以确认该账号是否由网络遗嘱设立人本人申请。（2）无法确定遗嘱是否基于当事人的真实意愿。即便可以确定网络遗嘱是特定自然人设立，由于不具备公证人或见证人的见证，又不具备本人亲手书写等可鉴定的个体化特征，很难确定网络遗嘱是否真实地表达了遗嘱设立人本人的意愿。（3）现行法律尚未认可网络遗嘱为合法遗嘱形式。我国《继承法》对遗嘱形式采取严格法定主义，即除继承法明确予以承认的五种有效遗嘱形式之外，其他形式订立的遗嘱均被排除合法性。在未有任何法律规范或法律解释对网络遗嘱形式合法性予以确认之前，即使其实质上真实反映了遗嘱设立人的意志，也不能发生继承法意义上的遗嘱效力。

三、网络遗嘱服务的法律困境

1. 效力认知困境

遗嘱行为从现实世界到网络世界的"场域"转化，导致了在原有法律实践中沿用"惯习"的社会主体对网络遗嘱的法律效力产生了认知困境。"场域（Field）"和"惯习（Habitus）"都是法国著名社会学家

[①] 李媛. 网络遗嘱仅仅是个"新概念"？[N]. 北京日报, 2013-05-22.

布迪厄理论体系中的重要概念。外部行动者在社会空间中所占据的位置被称之为"场域",它是存在于各种社会位置之间的一个客观关系系统。①而"惯习"则是存在于场域内行动者头脑中的"性情倾向系统",它由行动者以往的实践塑造,同时暗示着人们在之后的社会交往中怎样思考以及如何选择。②如果客观场域已经发生变化,而行动者仍然以固有"惯习"为指导做出行为选择,则可能导致行为结果的偏差。在网络遗嘱的法律效力问题上,上述认知困境在不同主体身上均有体现:

(1)部分网络遗嘱用户将自身对网络遗嘱的效力期待等同于其法律效力。如前所述,一个法律上有效的遗嘱必须同时具备三个条件:当事人以遗嘱方式处理去世后相关事务的意思表示;所立遗嘱真实地反映了立遗嘱人的上述意志;遗嘱符合法定形式的要求。部分网络遗嘱用户在使用该服务的时候,确实有通过这一方式处理去世后相关事务的意愿,也希望这一意愿能够成为现实。但其错误将现实社会特别是中国传统社会中形成的"惯习"带入到网络环境下,认为只要遗嘱意思表示真实即可达到自己希望的法律效果,忽略了遗嘱效力成立的另外两个要件,而这种意思表示自身并不能引起继承法上的法律关系产生。

(2)网络遗嘱服务商对自身服务的法律性质认识或表述不清。网络遗嘱服务商无疑对自身提供服务的技术性质非常明确,但对当事人保存的遗嘱和其他信息本身的法律效力如何,网络遗嘱服务商并未形成清晰的认识,也未做出清晰的表达。出于市场宣传效果和便于用户理解、接受的考虑,网络遗嘱服务商采用了"人生黑匣子"等比喻手法来表述网站服务。虽然有相关网站在其"遗嘱备份"目录下注明了"这里不是以文字形式直接立遗嘱,而是把您的遗嘱和重要的文件以扫描或者拍照的形式上传,给它们做个备份"③,但仍然未说明上述备份的法律性质。单独的网络备份文件不能成为有效遗嘱,只能在遗嘱原件存在的前提下,作为辅助证据从一方面佐证原件的真实性。上述

---

① [法]布迪厄,[美]华康德.实践与反思:反思社会学导引[M].北京:中央编译出版社,1997:135.

② 文军.方社会学理论:经典传统与当代转向[M].上海:上海人民出版社,2006:254.

③ 网络遗嘱[EB/OL].http://www.yizhu.cn/member/index.php,2014-04-18.

认识和表述不清，原因在于网络遗嘱服务商将技术场域和商业场域的惯习直接带入到了法律场域，引起了效力认识上的混淆。

（3）其他利害关系人对网络遗嘱的效力认知有明显的利益导向性。网络遗嘱的效力认知困境也表现在通过网站通知而知悉网络遗嘱存在的当事人之中。当事人会基于自身利益的考量而非基于法律立场来主张网络遗嘱的效力。在涉及网络遗嘱的司法案件中，因网络遗嘱而获得遗产倾向性分割的当事人通常会强调网络遗嘱的意思表示真实，进而主张其具有法律效力；而被网络遗嘱剥夺或部分剥夺财产继承权的利害关系人则倾向于否定网络遗嘱的法律效力。[1]其中除存在对遗嘱效力要件的认识误区外，不难看出利益得失也是导致对网络遗嘱效力做出不同理解的重要原因。

2. 技术性角色困境

现有的网络遗嘱提供的是信息存储和传递等技术性服务，其技术性 ISP 的特性决定了它不可能对其服务器上保存的信息内容做实质性的审查。因而，网络服务商不能对网络遗嘱的用户进行身份审查，也不可能对网络遗嘱是否真实地反映了遗嘱设立人的自主意志提供担保或证明。上述技术性特点不予改变，即使法律规范正式认可网络环境下保存遗嘱形式的合法性，网络遗嘱也会因其实质性要件的瑕疵而不能获得继承法上的遗嘱效力。走出这一困境，有赖于提供网络遗嘱服务的 ISP 在技术定位上由单纯的技术性 ISP 向提供内容的 ISP 转化，形成能提供内容和技术双重服务的新型网络遗嘱。

3. 法律权威性困境

传统的自书遗嘱基于书写人明显的人身性特征获得真实性保证和效力基础；代书遗嘱和见证遗嘱虽不一定具备遗嘱设立人的人身性特征，但经非利害相关的代书人和见证人的人身信誉担保，获得了真实性保障，进而被法律规范认可为有效遗嘱。网络遗嘱是以一系列 0 和 1 组成的代码形态存在于网络空间的信息，它不具备自书遗嘱的人身性特征，同时也没有代书遗嘱和见证遗嘱中见证人的人身信誉担保，因

---

[1] 刘晓亮. 新潮老人立网络遗嘱三兄弟对簿公堂[J]. 法制纵横, 2012(4)：17.

而它必须寻求类似于公证遗嘱的公共权威性基础，才有可能为自身的有效性找到法律基础。上述公共权威应当至少在以下几个方面为网络遗嘱提供合法性支持：（1）有足够的法律资源足以判断网络遗嘱设立人是否具备订立遗嘱的主体资格；（2）独立于网络服务商和用户，因而能够独立判断该遗嘱设立人在网络遗嘱中表达的意思是否真实、自愿；（3）有足够的社会公信力足以使其他社会主体信任其判断。

四、网络遗嘱的发展对策

网络遗嘱的网络技术性特点和权威性基础缺乏共同导致了其难以成为具有法律效力的遗嘱形式。要克服上述困境，发挥网络遗嘱便捷、私密、成本低廉等特色和优势，使其逐渐发展成为一种法定遗嘱形式，也必须从网络技术和法律制度两个方面做出改进和尝试。

1. 网络技术性对策

（1）以网络局部实名方式实现对网络遗嘱设立人的身份认证。要使网络遗嘱具有继承法上的法律效力，首先必须保证其用户能够与现实生活中的特定自然人形成唯一对应关系。网络世界中实现这种对应关系的方式即网络实名制。在我国目前的互联网环境下，短期内实现整体性的网络实名尚不可能，但是就网络遗嘱服务本身而言，完全可以实现局部的实名化。有两种方式可以达成这一目标：其一，直接实名注册。即要求用户直接使用现实生活中的姓名和身份证明文件注册网络遗嘱账户，并以显名方式使用网络遗嘱的各项功能。此种实名化方式最为直接，可较好地避免现实和虚拟身份转化过程中可能出现的主体混淆。其二，后台实名方式。即网络遗嘱用户在申请注册时需要提供真实姓名和有效证件证明自己的现实身份，但可以设定在网络活动过程中的虚拟称谓。该虚拟身份与现实身份唯一对应，但其对应关系仅有网站后台管理人员才能知悉，且仅在需要按照用户要求通知联系人或移交留存信息时方能使用。上述两种方式均能在技术上保证网络遗嘱设立者是现实生活中唯一确定的自然人。

（2）设计专用电子签名确保网络遗嘱中文件的上传必须由网络遗

嘱设立人本人完成。电子签名，也称作数字签名，是指数据电文中以电子形式所含、所附用于识别签名人身份并表明签名人认可其中内容的数据。①电子签名技术经过长时间的发展已较为成熟，现广泛应用于网上银行支付、电子商务、保险等领域。虽然 2004 年制定的《中华人民共和国电子签名法》仍然排除直接在继承、收养等身份性法律关系领域适用电子签名，但该法的公布明确承认了电子签名的法律效力并为其更广泛的适用奠定了基础。网络遗嘱服务商完全可以为每一注册用户设定唯一性电子签名，并要求每一次向该网站上传和备份相关信息必须附加电子签名方能完成。如此便可以确保网络遗嘱所保存的文件和信息都经由账户申请人的知悉和认可，保证网络遗嘱真实反映账户拥有者的自由意志。

（3）通过线上（Online）服务和线下（Offline）服务的结合建立网络遗嘱的法律权威性保障。网络遗嘱服务商本身是网络民事法律主体，其自身可能凭借商业经营规模获得广泛影响力，但难以形成社会公信力。要获得公信力支持，网络遗嘱必须在完善线上技术服务的同时，在线下寻求与相关机构的实质性合作。合作路径有二：其一，与律师事务所或公证机构合作，将自身转化为专门为这些有见证或公证遗嘱资质的公信力机构提供线上服务的专业平台；其二，以自身的商业平台为依托，组织专门化的律师团队专门从事遗嘱见证事务，使自身的网络遗嘱同时具备线上和线下的法律效力要件。

2. 法律制度性对策

（1）明确不同网络遗嘱的法律效力差异。在可见的未来，科学技术的日新月异必将不断对遗嘱的法定形式提出新的挑战。最高人民法院通过司法解释的方式部分确定了打印遗嘱的法律效力，实质上是对这一趋势的积极回应。笔者认为，为充分发挥遗嘱制度的社会功能，未来《继承法》的修改应当以遗嘱的实质性要件为核心确认其效力。在确保遗嘱真实的前提下，对其表达形式予以适当放宽。从长期发展来看，法律可以针对不同的网络遗嘱采取区别对待的效力保护方式：对以匿

---

① 李新辉. 未来公证机构开展电子公证确认身份和电子签名应注意的几个问题[J]. 中国公证, 2012(12)：35.

名方式提供网络信息存储和传递服务的网络遗嘱，仅承认其合同法上的效力，而否定其继承法上的效力；对能够确认用户身份，并能够完整保存法定遗嘱的备份的网络遗嘱，承认其合同法和证据法上的效力，即该备份遗嘱可以在原件存在的基础上佐证原件的合法有效性，可以作为证据对抗其他与之不相符合的遗嘱，产生证据法上的间接证据效力；对那些确实与公信力机构有实质性合作，同时有技术能力确认用户真实身份的网络遗嘱，承认其完全意义上的法律效力。

（2）设定不同类型的网络遗嘱服务的行业准入要求。对网络遗嘱效力的区别对待，必须以网络遗嘱服务商经营资质的区别对待为基础，否则将导致对网络遗嘱用户人身权利和财产权利的双重侵害。对以匿名方式提供网络信息存储和传递服务的网络遗嘱服务商，法律仅要求其具备一般网络服务 ISP 的经营资质，但要求其有能力对用户的信息安全实施全面的技术保护。对发生证据效力的网络遗嘱，法律还应当要求其 ISP 必须具备实名认证能力和电子签名等电子文件防伪能力。而对产生完全法律效力的网络遗嘱，法律必须要求其 ISP 必须接受线下服务和线上服务资质的双重审查。除必须具备以上两类 ISP 的全部资质外，还必须与现实的具有社会公信力机构有实质性合作，具备在非虚拟状态下提供有效遗嘱公证或见证的全部资质和能力。

综上所述，网络遗嘱作为一种新兴的网络服务方式，其法律效力受制于网络技术和法律制度的双重限制难以充分发挥。但从长期来看，通过明确其法律性质、局部网络实名、添加电子签名和不同服务区别对待等方式，可以改变网络遗嘱的发展路径，使其逐步成为一种全新的有效遗嘱形式。

第五节　网络谣言的法律规制[①]

随着互联网的快速发展，近年来网络谣言也愈演愈烈，既有针对

---

① 本节内容综合了作者指导的学生论文的部分内容，对论文的采用和修改均已经过作者的同意和授权。王泽宇. 论网络谣言的法律规制[D]. 天津商业大学位论文，2014.

公民个人的诽谤，也有针对公共事件的捏造。部分针对公民个人的网络谣言可能直接构成网络权利冲突。网络谣言不仅对网络公信力产生沉重打击，给互联网的发展带来巨大的负面影响和危害，而且损害国家形象，影响社会稳定。虽然网络谣言并不都属于网络权利冲突的研究范畴，但由于网络谣言的治理是一项整体性的系统工程，很多的应对策略具有共同性和联系性，因此，在本节中，我们将对网络谣言的法律规则做整体性的讨论。对网络谣言进行法律规制，可规范网络行为，营造良好的网络环境，充分发挥网络的积极作用，对维护国家安全和社会稳定有重要意义。

随着网络日趋成为时代的主流媒体，也为谣言的滋生提供了温床。既有针对公民个人的人身攻击，也有针对公共事件的虚构和捏造。网络谣言可谓对网络公信力产生毁灭性打击，同时对国家安全和社会稳定产生了巨大的负面影响和危害。对网络谣言进行法律规制，净化网络环境，建立一个治理网络谣言长期有效的法律机制，有助于维护国家安全和社会稳定。

我国现存的法律机制在规制网络谣言方面存在惩治造谣者的法律体系不够完善、现有诉讼制度不利于受害者维权、信息公开制度不够完善等缺陷。我国治理网络谣言的现行法律规范主要有：《突发事件应对法》第 65 条规定"编造并传播有关突发事件事态发展或者应急处置工作的虚假信息，或者明知是有关突发事件事态发展或者应急处置工作的虚假信息而进行传播的，责令改正，给予警告；造成严重后果的，依法暂停其业务活动或者吊销其执业许可证"；《治安管理处罚法》第 25 条规定"有下列行为之一的，处五日以上十日以下拘留，可以并处五百元以下罚款；情节较轻的，处五日以下拘留或者五百元以下罚款：（一）散布谣言，谎报险情、疫情、警情或者以其他方法故意扰乱公共秩序的"；《刑法》第 103 条第二款规定"煽动分裂国家罪"，第 105 条第二款规定"煽动颠覆国家政权罪"，第 246 条规定"诽谤罪"，第 221 条规定"侵犯商誉罪"和第 291 条规定"编造，故意传播虚假恐怖信息罪"。①不难看出，在对造谣者惩治的问题上，我国法律对于惩治对象、惩治行为和惩治方法方面虽作出了相应规定，但从近年来发生的网络谣言事件来看，政府在辟谣方面动作迟缓，网络运营商在巨大利润面前更多的是不作为，造谣者的社会危害性与受到的惩治程度不对等问题，法律均没有明文规定，这一系列的问题亟待解决。

一、网络谣言的法律界定

谣言的英文名为 rumor，《韦伯斯特英文大字典》将之解释为一种缺乏真实依据，或未经证实、公众一时难以辨别真伪的闲话、传闻或舆论。社会心理学和传播学上多使用这一解释。例如，美国社会心理学家奥尔波特认为："谣言是一种通常以口头形式在人们中传播，目前没有可靠证明标准的特殊陈述。"美国学者彼得森和吉斯特认为："谣言是在人们之间私下流传的、对公众感兴趣的事物、事件或问题的未经证实的阐述或诠释。"法国学者卡普费雷则认为："我们称之为谣言的，是在社会中出现并流传的未经官方公开证实或者已经被官方所辟谣的信息。"国内学者王国华等认为，网络谣言可定义为在网上生成或发布并传播的未经证实的特定信息。根据上述定义，谣言没有真假之分，因为是未经证实的信息，所以无法确定真假。②

汉语中的"谣言"与英语的"rumor"意义并不完全相同。《辞海》中对谣言的解释有二：一为民间流行的歌谣或谚语。二为没有根据的传闻或凭空捏造的话。如谣传、造谣。显然，汉语日常语境中的"谣言"应该是指虚假的信息。对于未经证实的、真假难辨的信息，人们习惯上称之为"传言"、"传闻"。③

谣言在我国现行法律上暂无明确定义，但有所规定。例如，《刑法》第 105 条对"以造谣、诽谤或者其他方式煽动颠覆国家政权、推翻社

---

① 谢永江，黄芳. 论网络谣言的法律规制[J]. 国家行政学院学报，2013(1)：85.

② 王国华，方付建，陈强. 网络谣言传导：过程、动因与根源——以地震谣言为例[J]. 北京理工大学学报(社会科学版)，2011(2).

③ [美]奥尔波特等. 刘水平，梁元元，黄鹂译. 谣言心理学[M]. 沈阳：辽宁教育出版社，2003.

会主义制度的"行为定罪处罚;《治安管理处罚法》第 25 条对"散布谣言,谎报险情、疫情、警情或者以其他方法故意扰乱公共秩序的"行为予以治安行政处罚。从上述规定可知,我国法律上认定的"谣言"应当属于经证实的"虚假"信息,而不是"未经证实"的信息。①

网络谣言与传统谣言在本质上是相同的,只是传播的媒介不同。综上,我们可以从法律角度对网络谣言下一个定义:在网络上产生并传播的,没有事实依据或捏造的虚假信息。

二、网络谣言产生的原因

1. 网络谣言产生的技术原因

网络谣言较之传统谣言,其特殊性体现在谣言的传播媒介上,网络谣言的产生与传播主要是以网络为介质完成的。互联网的迅猛发展极大地带动了信息的流动,信息在网络上的传播速度和范围是传统的信息传播渠道所无法比拟的。一则谣言通过网络的传播可以瞬间被成千上万的网络用户所知悉,其在被转发和评论的途中,影响力不可小视,给个人、国家和社会带来的负面影响难以估量。传统谣言的传播一般有两种模式,即"点—点"或"点—面";而网络谣言基于其借助QQ、贴吧、微博、微信、论坛、短信等网络平台,呈现出"点—面—面"的多重传播趋势。网络用户往往能在极短时间内从多个渠道获得相同的信息,"三人成虎",强化了谣言的真实性和可信度,间接增加了接受者成为下一个传播者的可能性,进一步加剧了谣言的扩散。

2. 网络谣言产生的社会原因

(1)信息的不对等导致谣言的产生及传播。信息不对等的问题在当前社会普遍存在。每个人由于精力、时间、经历等不同,不可能掌握所有信息,个人行动或所做决策大都是在有限的信息下做出的。通常而言,随着网络时代的到来,信息的传播和获悉愈来愈便捷,信息不对等的问题自然有所弱化。但是,从某种意义而言,网络时代的到

---

① 谢永江, 黄芳. 论网络谣言的法律规制[J]. 国家行政学院学报, 2013(1): 85.

来也加剧了信息不对等问题。因为网络自身的特点决定了任何信息都能在短时间内大范围的传播，而验证这些信息的真实性的成本颇大，可能会耗费大量的时间和精力。在网络时代，人们每天会获取大量的信息，但在信息爆炸、超载或淹没下，网民没有时间也无法去确认所获取信息的真实性。在诸多信息面前，网民更多地表现出无所适从甚而焦躁不安，在这种状态下，网民对于网上传播的信息大多秉持"宁可信其有，不可信其无"的态度。[①]

（2）传播者出于特殊的目的而导致谣言的产生及传播。网络上的谣言大多传递的是负面信息，多表现为诽谤他人、制造混乱。谣言以网络为介质传播迅速，传播规模大，覆盖面广，而且成本低廉，效果奇佳。在西方，大多数政治谣言的传播都是出于特殊的政治目的，比如诋毁政敌、改变选民态度等。而我国的传统观念和政治体制决定了政治谣言的传播并不成为典型。即便如此，谣言仍被作为一种竞争手段并广泛运用于现代商业竞争中，谣言的真假难辨影响着股票的跌涨、企业的兼并。同时，出于对他人的报复，也有人有意制造谣言，对他人进行诋毁和诽谤。[②]在人事的任命中，不少人为了赢得晋升的机会而传播不利于竞争对手的谣言。总之，造谣者出于特殊的目的制造谣言，并利用谣言达成其目的。

（3）弱势群体发泄对社会的不满情绪而导致谣言。目前，我国正处于社会的转型时期，整个社会的贫富差距极为明显并逐渐拉大。在这样的时代背景下，使得一些社会个体对自己的生活状况不满。普通百姓对于腐败现象咬牙切齿，小市民则更多地表现出仇富心理。作为相对弱势的一方，他们在权力和财富上无力相抗的时候，必然会选择一定的方式进行发泄。因此，他们制造谣言，以博得舆论的同情，完成自己对生活现状不满情绪的发泄。谣言作为一种廉价的、效果奇佳的发泄方式，在迅速传播中满足了弱势群体的发泄心理，让他们在这个社会中有了存在感。同样，弱势群体传播的更多的是有利于自己的谣言。在传播的过程中，他们将心底的愿望展现给社会，内心对自身

---

① 李富强．网络谣言的生成与治理[J]．理论导刊，2012（12）．

② 任一奇，王雅蕾，王国华．微博谣言的演化机理研究[J]．情报杂志，2012(5)：50．

处境的不满亦得以宣泄。

三、 规制网络谣言引发的法律价值冲突

　　网络谣言从某种意义上讲，是法律自由价值的体现。法律价值上所言的"自由"，即意味着以确认、保障人的这种行为能力为己任，从而使主体与客体之间能够达到一种和谐的状态。自由与法的联系十分密切，就法的本质来说，它以"自由"为最高的价值追求。①而对网络谣言进行法律规制，则更多体现的是法律的秩序价值。秩序是指事物与外部环境彼此和谐共存以及事物内部诸要素之间相互协调统一于事物本身，是事物一致、连续和确定地存在的状态。在法学领域，作为法的价值之一的秩序是法最为基本的价值。其相对于法的其他价值，诸如自由、公平、平等、效率、正义等，法的秩序价值是法的其他价值存在前提和基础，是连接法与其他价值的桥梁与纽带。如果没有法的秩序价值，法的其他价值就会失去存在的基础，自由、公平、正义、效率等美好愿望也只能是纸上谈兵，国家安全和社会稳定的愿望也难以实现。②

　　而对网络谣言规制的过程，则无疑会引发两种法律价值的冲突。自由是法的价值的灵魂，也是人在社会生存和发展所追求的终极目标，它强调发挥人的积极性与主观能动性，按人自己的意志、思想无拘无束地去追求他们各自的利益。但是，如果对个人追求自身利益而不顾甚至损害他人的利益的行为不加以限制，那么他人的利益就会受到侵害，这就意味着一部分人将自己的意志、利益凌驾在另一部分人之上，此时的自由就不再是自由。所以，必须对自由行使的边界予以确定，这就需要秩序的存在。通过秩序对不同个体之间的利益合理分配和调控，使得人追求自身利益的权利得到法律的认可与保障。就网络谣言而言，其满足的只是谣言传播者自身的利益追求，却影响到整个社会的安稳，是对法律秩序价值的严重践踏。由此观之，规制网络谣言是

---

　　① 柳亮,刘景臣.自由、秩序与法治[J].求索,2009(9)：30.

　　② 柳亮,刘景臣.自由、秩序与法治[J].求索,2009(9)：30.

极其必要的。

四、我国现行法律对网络谣言规制的主要不足

1. 惩治造谣者的法律体系不够完善

在惩治造谣者方面，除了《侵权责任法》、《刑法》等传统法律外，《全国人大常委会关于维护互联网安全的决定》、《计算机信息网络国际联网安全保护管理办法》、《互联网信息服务管理办法》等法律法规虽然也做了原则性规定，但仍然存在不足。

在行政责任方面，《治安管理处罚法》第 25 条规定，散布谣言，故意扰乱公共秩序的，处 10 日以下拘留，500 元以下罚款。《计算机信息网络国际联网安全保护管理办法》、《互联网信息服务管理办法》也规定，通过互联网制作、复制、发布、传播谣言的，依法予以处罚。实际上极少数被追究法律责任的造谣者，大多也只是给予治安拘留或罚款，这显然不足以震慑造谣者。

在刑事责任方面，制裁网络谣言的罪名体系和法定刑不适应网络社会的发展。在罪名体系方面，《刑法》规定的煽动分裂国家罪，煽动颠覆国家政权罪，编造并传播证券、期货交易虚假信息罪，损害商业信誉、商品声誉罪等罪名只是针对特定类型的谣言而言，对于某些谣言，如非恐怖信息谣言，即使严重损害了社会秩序和国家利益，也难有适用的余地。因此，只有当散布谣言行为与现有刑法犯罪构成要件相符的情况下才能动用刑事制裁，而绝大多数造谣者都处于刑法惩治的边缘地带，其行为虽然造成严重社会危害，囿于罪刑法定原则，却可逍遥刑法之外。

在法定刑方面，我国《刑法》中用于制裁网络谣言的部分罪名在刑期规定上偏低，与网络谣言的社会危害性不相适应。以损害商业信誉、商品声誉罪为例，其法定刑为"二年以下有期徒刑或者拘役，并处或者单处罚金"。也就是说，利用网络谣言实施损害商业信誉、商品声誉的行为，无论造成何种后果，对行为人的惩罚都在"二年以下"。同样，诽谤罪的法定刑为"三年以下有期徒刑、拘役、管制或者剥夺

政治权利"，也存在相同的刑期偏低的问题。刑期偏低可能造成罪刑失衡，违背了罪刑相适应原则。①

综上不难看出，我国现行法律体系对造谣者的惩治大多仅做了原则性规定，这使得很多造谣者即便其行为具有严重的社会危害性，由于没有法律明确具体的规定，仍然逍遥于刑法之外。同时，造谣者行为的危害性与现行法律惩治的程度不对等，以致谣言肆虐于整个网络。归结到底，都是由于我国现行立法不够完善而造成的。

2. 现行诉讼制度不利于谣言受害者维权

网络自身的匿名性使得受害者很难获取造谣者的真实信息。加之网络服务商并无法定义务向受害人提供造谣者、传谣者的真实信息，使得受害人获取造谣者、传谣者等侵权人的真实信息更是难上加难。根据《民事诉讼法》，"有明确的被告"是原告提起诉讼的四个要件之一。在被告身份、地址信息不明确的情况下，法院通常以无明确的被告为由，不予受理或驳回原告的诉讼，这使得受害人虽享有有权维权，却无能维权。事态发展到最后往往以受害者自己澄清事实而告终。②

在刑事自诉方面受害人也存在类似的问题。根据《刑法》第 246 条和《刑事诉讼法》第 204 条，诽谤罪除了严重危害社会秩序和国家利益的以外，实行不告不理，受害人应当自行提起刑事诉讼。根据《最高人民法院关于适用〈中华人民共和国刑事诉讼法〉的解释》第 259 条第 4 项的规定，"有明确的被告人"是人民法院受理刑事自诉案件的要件之一。因此，受害人在无法获取造谣者、传谣者真实身份、地址信息的情况下，同样难以提起刑事自诉。

3. 信息公开制度不健全

每一则谣言如果被看成潜在的风险的话，就面临着是事前预防还是事后救济两种选择。所谓谣言规制的成本就是遏制该谣言传播付出的一切费用，包括法律成本和社会成本，如人力、财力和技术的投入，以及机会成本。在打击政治谣言上，我国采取的措施是以行政力量为主导，并命令网络服务商加以配合，以事前预防为主，事后救济为辅。

---

① 谢永江, 黄芳. 论网络谣言的法律规制[J]. 国家行政学院学报, 2013(1)：85.
② 谢永江, 黄芳. 论网络谣言的法律规制[J]. 国家行政学院学报, 2013(1)：85.

政府也试图打击商业谣言，但力度不足，投入的人力、财力及技术远无法与前者相比。规制的收益则是网络服务商服从命令所获得的利益，以及是否能够较为彻底地根除谣言产生的温床，并增加公共信任。事实上，谣言并非完全是非法的存在，其产生及传播的根源在于信息的不对等。只要存在信息不对等和不公开的情形，就会有谣言存在。换言之消除谣言的最好方式不是压制和打击，而是及时公布真实的信息，扭转人们的心理倾向性，将造谣者及传谣者通过谣言获利的空间压至最小。我们必须认识到，尽管谣言通过网络传播迅速，但及时辟谣才是最有效的救济方式。与其将大量资源投入到事后封堵、整治等救济措施，不如用于加强信息公开，事先预防，收效更大。①

　　我国《政府信息公开条例》规定了政府公开信息、澄清真相的义务。其第六条规定，"行政机关发现影响或者可能影响社会稳定、扰乱社会管理秩序的虚假或者不完整信息的，应当在其职责范围内发布准确的政府信息予以澄清。"②但该条例的实际收效却差强人意。实际操作中，政府信息公开的程度大都取决于政府领导，公民向政府申请信息公开往往都收到较大的阻碍，即便申请通过，信息公开的执行力也很弱。尤其是老百姓特别关注、需要的信息，基于很多原因，都很难公开。有数据显示，条例施行四年以来，在执行上完成率不足两成。之所以出现这种有法难依甚而有法不依的情况，主要在于：条例的规定多为原则性规定，是否公开法律界限模糊，政府往往以涉及国家秘密或者申请公开的信息属于不予公开的信息为由拒绝公开；条例对公开的范围确有规定，但对公开信息的时间、质量缺乏量化的约束；再者条例只是行政法规，无法和《保守国家秘密法》等法律相衔接；加之条例仅限于政府信息的公开，不涵盖党务、司法等领域的信息。公民对许多信息应予知悉的权利在政府的拒绝下形同虚设。在面对突发事件时，政府领导往往倾向封锁而不是公开信息，在辟谣时，动作迟缓，通常都错过了应对网络谣言的最佳时机，致使政府的公信力受损。

----

　　① 胡凌.网络传播中的秩序、谣言与治理[J].文化纵横，2013(10)：10.
　　② 李亚丽.论我国突发事件中的政府信息公开制度[D].中国政法大学硕士论文，2009.

五、规制网络谣言的立法建议

就我国目前网络谣言泛滥的现状而言，现行法律体系不够完善难脱干系。政府在事后对网络谣言的封堵及整治，虽取得了一定的成效，但由于缺乏具体法律规定的支撑，惩治的力度远不足以震慑造谣者及传谣者。网络谣言传播给网络服务商带来的巨大利润空间也由于没有明确的法律规定而难以降低，加之对其权责的规定不够明确，使得网络谣言泛滥至今。我们有必要完善细化相关法律法规，为治理网络谣言建立一个长期有效的法律机制。

1. 细化完善相关法律法规

对网络谣言进行专门的立法，无论从其立法的成本以及立法后的收益来看，其可行性并不高。换言之，对其进行专门立法的成本远远高于立法后的收益。所以说，针对目前网络谣言泛滥的现状，国家和政府要保持清醒的头脑，不能盲目进行专门性的立法。成本和收益较为相当的措施是对已有的法律法规进行细化和完善。我国目前规制网络谣言的法律对网络服务商权责的规定极少。鉴于当前网络技术尚不成熟，想追究大量的网络匿名者仍然存在着困难，所以立法上尤其要加强对网络服务商的管理，强化网络服务商的法律责任，要求网络服务商必须对自己的网站负责，尽到管理、检查、通知、报告和警告的义务；如若管理不善、任由谣言散布，执法部门可以依法关停该网站。[①]

2. 允许受害人申请调取造谣者的真实身份信息予以起诉

近几年，为了应对网络谣言泛滥的问题，政府在QQ、手机、微博、论坛等网络平台开始推行实名制。据统计，到2012年3月，新浪等各大主要门户微博网站全都实行了实名制，所有未实名认证的用户都无权评论和转发，只能浏览。2012年底通过的《全国人大常委会关于加强网络信息保护的决定》第六条更以法律形式明确规定，网络服务提供者为用户提供信息发布服务，应当要求用户提供真实身份信息。不

---

① 秦建军,刘合臻.网络谣言的法治规制[N]..江苏法制报,2013-07-08.

过即便如此，对网络造谣者的惩治收效甚微。据中科院的调查结果显示，34%的调查者认为实名制防不了"小人"，治标不治本，最终走不出"上有政策，下有对策"的怪圈。可见仅仅实名制的推行，对于谣言受害人提起诉讼、维护法益的作用微乎其微。

鉴于网络实名制自身的缺陷造成受害人难以自行查明造谣者、传谣者的真实身份，从而无法对造谣者提起诉讼，通过法律途径维护自己的合法权益。建议在《民事诉讼法》和《刑事诉讼法》中增加"允许受害人申请调取造谣者的真实身份信息予以起诉"的规定。受害者可以向法院提起申请，具体调查可以交由公安机关的相关部门。如此一来，受害者不会因为无法获取造谣者的真实信息而囿于没有明确的被告以致无法起诉。

3.完善信息公开制度

针对日益泛滥的网络谣言，政府应当鼓励各种媒体、社会组织和个人发布真实的信息，特别是涉及公众利益的信息，要利用好社会资源以降低规制网络谣言的成本。特别是一些和人们生活息息相关的谣言，如食品和药品安全，应当由专业研究人员和机构及时向公众介绍相关专业知识，或引起讨论和关注，供公众和业界选择，并深化公众对科学知识的了解。这一过程本质上是在提高，互联网已经提供了一个很好的平台，需要考虑的是如何生产高质量的信息、如何加强公开管理以及如何让公众及时接触到这些信息，免受垃圾信息的干扰。就事后救济而言，政府也应当尽量将关于个人的谣言和诽谤交给私人主体处理解决，把有限精力放在培育良好的信息环境上面。①

目前我国处于社会的转型时期，维护国家的安全和社会稳定显得尤为重要。在社会矛盾突出的时代，维护社会安定显得尤为重要。网络谣言对社会的危害不容忽视，简单地说它就是社会的毒瘤，一旦纵容它继续蔓延将严重危害社会。人们确实应该拥有网络自由言论权，法律也保护公民的言论自由不受侵犯。但是言论自由的行使必须要受到控制，言论自由权和言论权受限两者之间不存在矛盾，没有任何权

---

① 胡凌.网络传播中的秩序、谣言与治理[J].文化纵横，2013(10)：10.

利和自由是绝对的、不受限制的。言论自由权也是如此，而作为其延伸的网络自由权更是需要得到限制，为此必须对网络谣言进行法律规制，网络谣言的造谣者必须依法承担相应的法律责任，与此同时应完善互联网的立法，警醒世人抵制谣言，以营造良好的、健康的网络环境。

第九章

解决网络权利冲突的程序性规则重构

在上一章中我们针对网络权利冲突的多发领域，选取了一些关注较多的网络权利进行了较为系统的实体性规则构建。但仅仅有实体性的行为可能性空间划分还不足以实现网络权利冲突的有效解决。现代法律体系的形式性特征决定了实体性权利必须有可操作性的程序性规则的保障才有可能达成其价值目标。同时，网络的技术性特征决定了网络权利冲突中，对程序性规则的变革要求的急迫性甚至可能超过对实体性规则的变革要求。在本章中，我们将采用法律的经济分析方法，从网络权利冲突的诉讼成本、证据规则等方面，对解决网络权利冲突的程序性规则进行讨论，并给出一些完善建议。

第一节　经济分析法学评述①

　　经济分析法学是运用有关经济理论、方法研究法学理论和具体法律问题的交叉性、边缘性理论体系和法学流派。在其近半个世纪的发展历程中形成了独特的方法论和知识体系。作为法学的一个分支学科，经济分析法学拥有自身的优势和局限，必须吸收新的智慧成果，拓展学术视角、改进分析方法，才能摆脱困境获得进一步的发展，为法学研究做出更大的贡献。在本章中，我们将采用经济分析法学中的方法来分析解决网络权利冲突的各项程序性规则的设计。

一、历史与分期

　　经济分析法学，又称法律经济学，是法学和经济学相融合的产物，是运用有关经济理论、方法研究法学理论和具体法律问题的具有交叉性、边缘性的理论体系和法学流派。该学派形成以来，在法律思维领域激起了不小的波澜，至今仍涟漪层起，毁誉颇多。

　　以经济学的视角审视法律，严格意义上讲并不是经济分析法学的独家首创。正如波斯纳法官指出的："法律经济学运动的根子很深。"②古希腊柏拉图的《理想国》中《法律篇》，亚里士多德的《政治学》就有了用经济观念分析法律规则的思想。而古罗马的贾斯蒂尼安《民法集成》中对法律问题的分析"就是经济分析"，③到18世纪下半叶，意大利著名刑法学家贝卡利亚在《论犯罪和刑罚》（1764年）中提出"刑罚与犯罪的均衡性"的原理时已包含了某种经济学的观点。到了19世纪中叶，马克思和恩格斯在创立历史唯物主义时提出了一定的经济关系决定一定的法律关系的基本原理，尤其是马克思在《资本论》中更是

---

　　① 本节内容在作者公开发表的文章基础上修改完成。邹晓玫.经济分析法学评述[J].甘肃社会科学,2005(3).

　　② [美]波斯纳.超越法律[M].北京：中国政法大学出版社,2002：501.

　　③ 吕忠梅,刘大洪.经济法的法学与法经济学分析[M].北京：中国政法大学出版社,1998：204.

广泛地论及了法律与经济的辩证关系。

上述这些学者已经从不同角度论述了法律与经济的关系，但他们尚未对法律作系统的经济学分析。他们的论述仅包含了经济学分析法学的思想萌芽，以某种经济学的基本规范对法律作定性分析，富有哲理，理论性较强，但是其所使用的分析工具还显得比较粗糙，对法律领域的分析也不系统和深入。

1. 国外发展史

经济分析法学成为严格意义上的学科，并进而成为一种"运动"，是从20世纪后半期开始的，至今已有40多年的发展历史，它产生于美国，在国外的成长经历大致可以分为三个阶段：

（1）产生阶段：20世纪60年代。这一时期，以科斯、卡拉布雷西、加里·贝克尔等经济学家作为研究主体。加里·贝克尔，以"经济分析"分析"非经济问题"而著名。[①]他将微观经济学，即价格理论运用于非市场行为研究，由于他的开拓性和先驱性的工作，大大地拓展了传统经济学的研究范围，使得将效用最大化假设运用到了所有个人选择领域，包括婚姻、家庭、家务、歧视、犯罪和人类行为一般理论，无论它们是否发生在市场。他的效用最大化、市场均衡和偏好三位一体理论成为经济分析的核心。他将经济学理论的解释范围扩展到整个人类行为领域，使经济分析解释人文领域成为可能。

科斯于1960年发表的《社会成本问题》和卡拉布雷西在1961年发表的《关于风险分配和侵权行为法的一些思考》的论文，建立起了财产权和责任规则的经济分析框架，这两篇论文被公认为是经济分析法学初步产生的标志。尤其是科斯在《社会成本问题》中所创立的"科斯定理"，成为经济分析法学得以产生的直接理论基础。科斯的理论为法律的有效实施和高效率法律的制定的经济评估提供了方法论的起点，为直接将法律规则作为经济学的研究对象开创了将两者进行互动研究的广阔前景。[②]科斯定理是美国法律经济分析理论发展的重要里程碑。

（2）成熟阶段：20世纪70年代。以波斯纳为代表的法学家成为研

---

① 王成. 侵权行为的经济分析[M]. 北京：中国人民大学出版社，2002：31.
② 王成. 侵权行为的经济分析[M]. 北京：中国人民大学出版社，2002：34.

究的骨干力量。波斯纳于1973年发表了《法律的经济分析》一书，提出了通过法律来"重现和复制市场"的理论，他运用经济学理论和方法对法律进行了全面、深入的分析，不但使经济分析的视角从过去的经济法律领域扩大到非经济法律领域，而且构建起了经济分析法学的整体理论框架，这是经济分析法学作为一个独立的法学流派真正产生和成熟的标志。

在这一时期，经济分析法学的研究范围被确定：是"用经济学的方法和理论，而且主要是运用价格理论(或称微观经济学)，以及运用福利经济学、公共选择理论及其他有关实证和规范方法考察、研究法律和法律制度的形成、结构、过程、效果、效率及未来发展。"① "以及通过对法律规则进行成本和收益分析以及经济效率的分析，使人们可以就法律实施的结果得出结论并对特定法律安排的社会价值做出评判的学科"。在这一时期，包括规范分析与实证分析的经济分析方法基本形成。

（3）繁荣扩展阶段：20世纪80年代。首先，20世纪80年代以来，法律经济学运动日渐繁荣，研究日益深入，视野越来越宽，已为政府机构和公共团体所广泛接受。其次，20世纪80年代法律经济学已成体系，初具规模的经济分析法学在各个大学的法学院、商学院的讲坛上广为传播。再次，为了适用教学的需要，这时出版了一些较好的教科书。第四，法学家与经济学家的合作乐观而成效显著。大量经济学家参与了这项工作并与法学工作者协作从事一些项目、课题研究，或在法学院讲授法律经济学和经济学。第五，将法学、经济学、哲学结合起来建立经济法哲学（Economic Jurisprudence），从而展现了用经济学理论和方法研究、解决更重大的、具有根本性意义的法律问题的前景，法律经济学家开始对法律规则和程序的模型化和数理分析抱有浓厚的兴趣。②最后，大批的学者对经济分析法学的方法和理论进行批判和反思，并在此基础上发展出了经济分析的各种分支学派。

---

① [美]波斯纳.法律的经济分析[M].北京：中国大百科全书出版社,1997：中文版序言.
② [美]波斯纳.法律的经济分析[M].北京：中国大百科全书出版社,1997：中文版序言.

2.经济分析法学在中国

我国也从20世纪80年代后期开始，注意吸收法经济学的理论和方法，开始了法学和经济学相结合的研究进程。其实，早在1983年，西南政法大学的种明钊教授就在《法学季刊》（现为《现代法学》）第2期发表了《马克思主义法的理论与法经济学的建立》一文，但是并没有引起学界的足够重视，未能产生很大的影响。学术界第一次"法学和经济学"研讨会是1988年在北京召开的，而著名的法学家苏力先生开始翻译法律经济学的集大成者——理查德·A.波斯纳的系列著作则是在1993年开始的。2003年4月，山东大学经济研究中心、法学院及浙江大学等联合举办了"法经济学论坛"。目前，中国社会科学院法学研究所已将《法律经济学》列为教材编写的统一计划。吉林大学在招收博士生时，已将法律经济学作为研究方向。浙江大学已建立"法律和经济研究中心"。一些知识结构比较全面的中青年学者正在加盟法律经济学的研究。

二、方法与工具

科学史（包括自然科学和人文科学）告诉我们，"一门学科有没有充实完整的方法论，不仅是其成熟与否的重要标志，而且是它能否得以顺利发展的基本前提和必要条件"。拉伦茨教授在其名著《法学方法论》中亦说："法学之成为科学，在于其能发展及应用其固有之方法"。[①]经济分析法学的独特魅力就在于其完全不同于传统法学各个流派的分析方法。我们可以从以下三个层次对该学派的分析方法进行分析。

1.方法论

（1）自由主义的思想渊源。法律经济学的产生是与新自由主义经济学运动融合在一起的。新自由主义经济学虽然对旧自由主义经济学的市场万能论作出了修正，但它还是坚持了以自由的市场交换作为资源配置基本方式的自由主义经济立场。所以，它所有的论证方法都是

---

① 刘水林.法学方法论研究[J].法学研究,2001(3).

在承认市场的前提下，通过法律制度的设定对市场的缺陷进行修正或弥补。作为经济分析法学核心的效率理论即是"试图在强制交换发生的环境中重构与市场交易相似的条件，换句话说，就是模仿和促进市场的形成"。①

（2）个体主义的基本立场。经济分析法学以"个人理性"为其论证的逻辑前提和基本假设。这一方法论的核心思想是：社会理论的研究必须建立在对个人意向和行为研究的基础之上，分析对象的基本单元是有理性的个人，并由此假定集体行为是其中个人选择的结果。经济分析法学中，不论是传统的微观经济分析还是新兴的博弈理论、公共选择理论，都充分体现了这一个体主义的立场。

（3）现实主义的学术关怀。从研究的着眼点上讲，经济分析法学并不热衷于对法律的抽象价值或终极理念的探讨，而是试图以经济分析的方式对现有法律进行绩效评价，以及为法律制度演化、改进提供可能性方案。从具体的评价标准上讲，经济分析法学以"近似于功利主义中'幸福'概念"的"效用"最大化和"效率"作为核心的评价标准，有别于抽象的"正义"、"平等"。

2.分析方法

（1）实证分析。实证分析是指对现实的描述，解决"是什么"的问题，即"实然问题"。

实证分析得出的结论可以用现实中的证据证实或证伪。经济分析法学的实证分析旨在解释法律规则和结果的现状，而非改变或改善法律规则和结果。它运用各种经济模型，对财产、侵权、犯罪、垄断、司法等各个法律领域的法律现实进行解释。与传统法学流派不同的是，经济分析法学在解释现实的法律事件时，并不加入善恶优劣的抽象伦理价值评价，而是将其解释为理性人效益最大化选择的必然结果，至多也就是对该法律制度是否符合节约社会成本、促进效率进行判定。相比而言，这种视角似乎显得过于冷静，甚至有些冰冷，但经济分析在一些具体法学领域的成功似乎说明，真相有时就是带有残酷的意味

---

① ［美］波斯纳.法律的经济分析[M].北京：中国大百科全书出版社,1997：18.

的。正是由于这种冷静的视角，加上经济工具本身的量化特点，使经济分析法学在实证分析上表现出一定的优势。

（2）规范分析。规范分析也称价值分析，它所回答的问题是"应该怎样"，即"应然问题"，它通常表达的是分析者的主观看法。经济分析法学的规范分析，是围绕"效率"展开的，认为在资源有限的前提下，法律制度的设计与演进，都应当追求有限资源（包括有形的社会物质资源和司法救济等无形资源）的最有效利用。"虽然经济学家没有能力告诉社会它是否应该设法限制盗窃，但经济学家有能力表明：允许无限制的盗窃是无效率的；或者，将限制盗窃作为给定的目标，经济学家可能有能力表明：社会现在使用的限制方法是无效率的，社会可以使用其他不同的方法而以更低的成本取得更有效的预防。"①"效率"也许并不是法律追求的唯一目标，但无疑是一个重要目标。经济分析法学在这里找到了立足之地。

3. 分析工具

（1）微观经济学。微观经济理论，其实就是自由市场运行的经济理论，它的核心就是价格理论。它几乎是19世纪后期至20世纪30年代中期西方经济学理论的全部内容，直到今天都是西方主流经济学的主要内容。它在遵循四个假定(稀缺性、最大化、人的偏好不同、市场制度）的基础上，主要运用成本—收益和供给—需求的分析框架，对人的经济行为及相互关系进行分析，解释说明市场经济社会运作的原理。微观经济学在法律的经济分析中最主要的作用是，对各种法规(包括现实中正在实施的或将会选择的)的效果进行预测，从而给立法者对有关法律的立、改、废提供参考。

（2）新制度经济学。法律的经济分析中所言及的制度经济学意指新制度经济学，又称现代制度经济学，更确切地说法律的经济分析学派是新制度学派的一个分支。新制度经济学的一个重要研究结论是："制度是重要的"，因为一个组织在制度上作出的安排和确定所有权所造成的激励状况，决定着一个经济组织的经济效率。②不仅如此，制

---

① ［美］波斯纳. 法律的经济分析[M]. 北京：中国大百科全书出版社，1997：26.

② ［美］道格拉斯·诺思，罗伯特·托马斯. 西方世界的兴起[M]. 北京：华夏出版社，1999：3-4.

度的不同安排，还影响一个社会的交易费用高低，从而影响到一个社会的分工和专业化演进。①可见，制度决定着一个社会的经济增长状况。可见，新制度经济学理论中的制度影响理论，对立法者选择什么样的法律规则，提供了规范性原则。

（3）公共选择理论。它试图运用追求最高自身利益的经济人行为假设来解释政府和官僚行为，认为政治是一种复杂的交换；政治活动中的所有行为人，同样是个人效用最大化的追求者。公共选择理论认为"政府失灵"是造成应然法和实然法之间差异的重要原因，法律的形成过程是一个多方博弈的过程。它为现实的法律缺憾找到了一个新的原因，也就提供了一种新的可能性解决途径。它为解释法律的形成与变革提供了工具。

以上三种分析工具中，微观经济学是最传统也最基础的分析工具，以静态的、微观的、定量的分析见长；而后两者则是在微观经济学基础上的发展演化，以动态的、宏观的、定性的分析见长。

三、优势与困境

经济分析法学经过几十年发展，至今已经形成了较为完整的理论体系。通过对几乎所有法学理论和实践领域的渗透，在法学的大厦里为经济学方法争得了一席之地，成为了一个相对独立的学科，甚至演变为一种思潮。和所有的传统法学流派一样，经济分析有其固有的优势和弱点。经济分析法学似乎从诞生以来就一直在面对来自各方的责难，法学和经济学界都对它褒贬不一。那么经济分析法学到底是一支嫁接而得的奇花，还是一个变异而来的怪胎呢？在得出结论之前，对其优势与困境进行分析应是必要而有益的。

1. 经济分析法学的优势

（1）经济分析法学有合理的立论基础。不论是"理性人假设"、"效用最大化假设"，还是科斯三定理、效率理论，亦或是成本—收

---

① 杨小凯. 当代经济学与中国经济[M]. 北京：中国社会科学出版社，1997：62-85.

益、供给—需求等具体分析框架，经济分析的所有理论都建立在"资源是稀缺的"这一根本前提的基础之上。在现代社会，这应该说已经是一个普遍的共识，几乎没有什么是可以无成本（代价）地任意获得的，即使是阳光、空气这样的资源，也不能排除有一天会成为有偿供给的资源。只要资源是稀缺的，就存在一个怎样分配和使用更为合理的问题。在这一点上经济学和法学拥有共通的起点——"任何法律，只要涉及资源的使用，无不打上经济合理性的烙印"[①]；而经济分析法学和其他的法学流派也拥有了共同的使命和归宿——法律应当按照什么标准来分配和使用有限的资源，在这一问题上，任何一个学派的主张的合理性都是相对的、有限的。如果说经济分析法学在这点上没有优势的话，至少也不存在劣势。

中国法学有长期的马克思主义传统，马克思主义的整个理论体系都贯穿着经济基础对法律制度上层建筑的决定性影响。虽然经济分析法学的微观经济学原理不能等同于马克思主义的经济决定论，但在重视经济对法律的影响这一含义上，应该说中国的特定情况，更有益于经济分析的接受与发展。

（2）"效率"标准的提出是对法学的一大贡献。以"效率"作为评价法律的标准和法律发展应当追求的目标，这是经济分析法学独树一帜之处，然而这一特色也一直都是经济分析法学备受攻击之处。这些批评有的确属效率观本身的局限性，有的却是出于对"效率"的误解。经济分析法学的"效率"是指："在自愿交易的条件下，如果该交易至少使世界上的一个人的境况更好而无一人因此而境况更糟"[②]，则该项交易是有效率的。它不同于"效用"，效用是指客体对主体需要的满足程度；它也不同于经济学意义上的"价值"，价值是指主体愿意为某商品支付的价格。从效率的概念可以看出，经济分析法学的意图并不是为追求个人私欲（特别是富人的个人私欲）提供合理性解释，它着眼于社会总体财富的增长，也就是关注于"将蛋糕做大"的问题。只不过它认为在资源有限的前提之下，资源的不同配置方式对于社会

---

① [美]波斯纳.法律的经济分析[M].北京：中国大百科全书出版社,1997：26.

② [美]波斯纳.法律的经济分析[M].北京：中国大百科全书出版社,1997：15.

财富的增长效果是不同的，而在经济分析的视野下应当选择最有利于经济进步的一种配置方式，也就是选择最有利于效率增加的法律制度。效率理论与传统的法学流派一样关注社会的整体进步，尽管它的假设建立在个体主义的方法论之上。但它将视野拉回尘世，用现实社会看得见、摸得着、可以量化的经济指标作为衡量的标准，更具有现实意义和可操作性。经济分析法学的效率虽然只是"正义的第二种涵义"[①]，但是谁也不能否认它的确是正义不可缺少的一部分，而经济分析法学发现并强调了这个部分，这就是它对"正义"、也是对法学的巨大贡献。

（3）经济分析工具具有量化优势，经济分析法学的优长在于具体制度的评价和预测，有利于实现法学的"科学化"。经济分析法学主要用各种经济学的模型对法律问题进行抽象，通过微观经济学的各种均衡曲线以及其它经济学甚至是数学模型得出结论，因而具有很强的量化分析能力，这是其它法学理论所不具备的。

"对经济学家而言，成本是一个预期概念。'沉淀成本'（已经出现的成本）不影响产品价格和需求数量的决定。因此，经济学家将研究重点置于事前研究而非事后研究。理性人将其决定基于对未来的预期而非对过去的懊悔。"[②]这是经济学存在的意义和固有的本色，也是经济分析法学在法学领域的优长之处。

法学能否"科学化"至今仍是学界争论的热点，但经济分析法学的量化优势以及其背后较为严格的数理逻辑，使得经济分析方法不同于传统的单纯定性分析，它寻求法律制度的评价标准和法律行为的发生机制。通过这种量化分析方法而得出的结论具有直观性、可信性和可验证性，因而拥有明显的技术上的优势。它无疑将是法学走向科学化的有力武器，至少是作出这一尝试的先驱。

（4）法律经济学作为一种理论，已经开始展现出解释、指导法律实践的能力。在美国，福特、卡特、里根、克林顿等几任总统在其任期内都曾专门下令，要求对联邦规制进行事先的成本和收益分析。进入20世纪90年代，关注成本和收益分析的不仅有美国各级政府，一些

---

① [美]波斯纳.法律的经济分析[M].北京：中国大百科全书出版社，1997：31.

② [美]波斯纳.法律的经济分析[M].北京：中国大百科全书出版社，1997：8.

社会组织和公司也开始运用这一方法，如杜邦公司就曾对它的环境投资决策进行成本和收益分析。目前，我国已确定山东、山西、江苏、河南、上海、天津、柳州等省市开展排污交易的试点工作。[①]

2.经济分析法学的困境

（1）假设前提的不真实。经济分析法学使用的是微观经济学的基本假设，即"理性人假设"、"效用最大化假设"、"市场自由交易假设"等。这些假设是在对市场交易行为高度抽象的基础上做出的，因而与真实生活比照是显得缺乏真实性，这些假设在经济学领域内也在不断被置疑、被修改。这些前提的有效性，直接影响着经济分析法学方法的有效性。

即使经济学的假设和方法本身是有效的，也成功地分析和预测了经济现象，但这是否意味着经济分析将同样在法学领域取得成功？毕竟法律制度和经济领域存在着不可忽视的差异，制度经济学是否已经成功地弥补了这一缺憾并完成了从经济到法律的过渡？

进一步假设经济分析方法对非经济领域的确也是适用的，那么这是否就意味着经济分析可以对所有法律问题做出合乎理性和可接受的解答呢？至少目前还没有做到。那么经济分析的边际范围何在？我们应当看到法律领域至今仍有经济分析未能成功解释的问题，有待经济分析法学对自身的方法进行拓展和改进，或者对自己学说的有效领地做出明确划分。

（2）作为核心的"效率"理论存在局限性。如前文所述，效率理论是经济分析法学的一大贡献，但它本身的确存在固有的局限。效率是正义的重要涵义，但绝不是全部涵义，而完全的正义是法律制度的终极追求。社会法学派代表人物庞德指出："正义并不意味着个人的德行，它也不意味着人们之间的理想关系。我们以为它意味着那样一种关系的调整和行为的安排，它能使生活物资和满足人类对享有某些东西和做某些事情的各种要求的手段，能在最少阻碍和浪费的条件下尽可能多地给以满足。"[②]这段话很好地揭示了正义和效率必须协调统

---

① 丁以升.法律经济学的意义、困境和出路[J].政治与法律,2004(2).

② [美]庞德.通过法律的社会控制[M].北京：商务印书馆,1984：35.

一。而经济分析法学似乎也注意到了这个问题，正如波斯纳所坦言承认的："读者必须牢记，经济学后面还有正义。"①经济分析法学面临的挑战在于将效率更好地与正义统一起来。

（3）分析模型过于简单化。这一问题也根源于经济工具本身，是假设前提问题的深化。对于这个问题"内行"与"外行"有相反的看法。一般的法学学者认为，经济分析试图通过几条抽象的曲线就能说明复杂的法律问题无疑过于简单化，事实上也的确存在经济曲线不能完美解释法律的现象；但在有较系统的经济学背景的学者看来，经济分析模型不是太简单，而是太复杂了，"在简单的经济模型中引入厌恶风险和信息成本，会使模型复杂化，且冒着自由度过大的风险。一个模型丰富到了没有经验观察来反驳它的程度，或许也就意味着没有观察资料可以支持它。"②不论是"复杂化"还是"简单化"，总之经济分析模型存在与现实脱离的现象，这是经济分析法学必须力图摆脱的困境。

四、评价与发展道路

前文分析了经济分析法学的优势与困境，那么经济分析作为一个法学学科到底是否有存在的价值？是否有发展的前途和希望呢？

波斯纳在其《法律的经济分析》一书中提出了对一项理论的检验标准：看其解释现实的能力；对其预测力的检验；看其对现实世界进行干预的能力。

从以上几个部分的论述中，我们不难看出，经济分析法学在上述三个方面都取得了相当的成就。这说明经济分析方法对解释法律问题、评价和促进现实社会的法律制度发展发挥了不可取代的作用。因此，我们有理由认为，经济分析法学有作为独立分支学科存在的意义和价值。

"当我们谈论某一发展时间很短而又富有成果的学术领域时，对其困窘、异常和矛盾的过度强调是不合适的。一种理论，除非没有任

---

① [美]波斯纳.法律的经济分析[M].北京：中国大百科全书出版社,1997：32.
② [美]波斯纳.法律的经济分析[M].北京：中国大百科全书出版社,1997：20.

何希望，否则不会因为被指出缺陷或限制而被推翻，而只会因吸纳建议而成为更加排他、更加强有力、最终更加有用的理论。"①经济分析法学的独特价值让我们看到了它的发展前景和希望，也使我们更有勇气面对它的缺陷和不足而力图寻求改进，寻找其新的发展出路。

法律制度经济分析的基础，是理性人在法律制度的约束之下，追求个人效用的最大化，也就是说，经济分析法学中的最大化，是一种有法律制度约束的最大化。法律制度的约束之所以存在，首先是因为行为的结果客观上具有外部性（或社会性）。外部性指一个人的行为不但影响自身利益，而且影响他人和社会的利益。没有外部性，就没有人与人之间的社会关系和社会规范。社会约束条件之所以存在，还因为行为的目的主观上具有内部性（或个体性）。内部性的含义是，一个人在进行理性选择时，只考虑或主要考虑行为对自身利益的影响。

理性选择还受到有限理性的制约。理性的有限性指人类认识、计算、预测能力的有限性或者信息搜集、处理、反馈能力的有限性。由于理性是有限的，行为的结果就具有不确定性。理解了外部性、内部性和有限理性，我们就可以正确认识法律领域中"理性人"的行为选择。从这三个基本点出发，我们可以找到经济分析法学发展的新出路、新契机。

1.明确研究范围，发挥方法优势

法律行为内部性特点告诉我们，理性人在做出选择时主要考虑的是自身的利益。在同一法律关系中，不同主体的利益通常是不相同的。而经济分析的优势就在于在不同的利益"曲线"之间寻找"均衡"。因而，经济分析法学在主体意志较少受到干预的法律领域有更多的用武之地。在这些领域，其实证的、定量的、可操作性的分析方法能使分析与预测都更为准确有效。

同时，由于经济分析法学的"效率"标准较为中立化，因而可以使法律人以更为客观的立场为社会决策者绘制"法律地图"，即提供达到某种社会目的的若干种制度方案，并指明其各自的特点、优长与

---

① ［美］波斯纳.法律的经济分析［M］.北京：中国大百科全书出版社，1997：30.

不足，而不过多地加入个人意志和价值判断，有利于更好地实现法律的工具理性。这也是经济分析发挥特色的领域。

2.运用有限理性理论和认知心理学理论，对经典的经济理性假定进行修正和超越

一方面，经典的理性假定遭到了来源于赫伯特·西蒙开创的有限理性理论的猛烈冲击。既然人们实际上只具有有限理性，那么，实质理性在本质上就是不正确的。只有在个人行为受到强外在约束时，新古典经济学理论才是正确的；而在弱外在约束条件下，新古典经济学理论甚至是完全错误的。

另一方面，随着认知科学的兴起，经典的理性假定又一次趋于式微。认知心理学认为，人们的行为（如果不是随机的话）取决于他们头脑中已有的知识，同时，人们在学习的过程中，会运用学到的经验和知识，不断地调整自己的策略以实现自身要达到的目标。此外，认知心理学还认为，个人的心理认知在制度、传统、规范等强外在约束条件自身的发展变化中有着相当重要的作用。

这些研究超越了新古典经济学基于单子不动点、负反馈而构建的最大化均衡模型，实际经济生活应当被构建成一种多动点并存、基于正反馈的多均衡模型或者是非均衡模型。在新模型中，人们的经济行为状态可能更接近现实。建立在这些新的假设理论假设之上的法律经济分析，也可能使经济分析法学更接近法律现实。

3.改进研究方法，超越经济学范式的束缚，与数学和系统论相融合

法律行为的外部性告诉我们，理性人虽然将自身利益作为选择的出发点，但法律制度的最终结果是人与人之间相互影响而形成的。经济分析法学以"效率"为核心，但也不能把眼光死死地盯在个人效用上，应当尽可能地将更多的社会影响因素纳入分析框架。

微观上，可以超越经济模型的范围，吸纳一些更为精确的数学模式（如概率统计、混沌模式等），对现实的法律问题或法律现象中的影响因素作为合理的抽象和更为精确的定量分析、定性预测。

宏观上，应当将视野从单纯的关注"效率"，扩展至研究"效率"与其它社会价值之间的关系和互动。欧洲社会法学创始人埃西利说：

"无论是现在或者是其他任何时候，法律发展的重心不在立法，不在法学，也不在司法判决，而在社会本身。"[1]经济分析或者说效率分析，只是法律评价系统中的一个部分，或者说是一个子系统。它和整个评价系统中的其他部分是相互影响、相互制约的关系。它们彼此作用，共同构成了法学的整个评价体系，也最终共同决定了过去的、现存的和未来的法律。因而应当以社会系统、法制系统的观点来看待法律，看待经济分析法学的研究。在这个方面，社会法学派已经做出了一些尝试和努力，试图以社会系统的视角来研究法律。如果经济分析法学能与社会法学最终会师于系统理论，也许将是经济分析法学，甚至是整个法学的一个理想归宿。

康德指出："如果想要把一种知识建立成为科学，那就必须首先能够准确地规定出没有任何一种别的科学与之有共同之处的、它所特有的不同之点……这些特点可以是对象的不同，或者是知识源泉的不同，或者是知识种类的不同，或者不止一种，甚至是全部的不同兼而有之。"[2]经济分析法学已经向法学世界证明了它的独特魅力。随着更多具有法学、经济学专业知识和现实主义人文关怀的学者加盟这一研究领域，经济分析法学必将自立于法学的知识大厦，并推动法学向科学化迈进。

第二节　网络权利冲突的诉讼成本及其控制[3]

网络信息技术改革步步发展，人们已经进入了网络文明的新时代社会，无论是工作、生活还是娱乐都可以在网上进行，虚拟世界可以说已经建立了与现实社会齐平共存的自己的王国。然而网络是把"双刃剑"，在给予人们无限便利与优惠的同时，网络纠纷的诉讼无疑也给我们带来了新领域的难题。网络纠纷的多样性、复杂性还有现阶段的

---

① 沈宗灵.现代西方法理学[M].北京：北京大学出版社，1992：271.

② 康德.而上学导论[M].北京：商务印书馆，1997：17.

③ 本节内容综合了作者指导的学生论文的部分内容，对论文的采用和修改均已经过作者的同意和授权。齐欢.网络纠纷的诉讼成本及其控制[D].天津商业大学学位论文，2014.

技术难题给其诉讼带来的阻碍都远远超出我们的想象，这些阻碍会使得我们的纠纷解决陷入一定的僵局，甚至无疾而终。无法使受害人得到应有的最终补偿额度的诉讼是形同虚设的，所以我们必须正视网络纠纷诉讼的困境。本节意在通过科学的经济分析引进法律诉讼过程，深入分析网络诉讼的成本现状，探究怎样的改革才能使网络诉讼进行更加合理化，怎样的诉讼才能让当事人得到最大的利益享受。

在这个信息共享时代，越来越多的网络纠纷问题层出不穷，传统的法律工具理论已经无法适应这个时代的变迁，法律已经不能仅仅满足于作为阶级统治的工具道德的标准，想要更好地规范网络的这个虚拟世界，法律必需要从社会发展的观点和角度去研究分析其调整社会关系的实用价值和法律效益。法律的效益问题、价值目标、公正与效益的评判等已经成为不可忽略的话题①。有纠纷就要有诉讼解决机制，诉讼的成本不仅要考虑经济上的支出，还需要考虑时间与精力的耗费，只有在当事人的收益大于其所付出的诉讼成本时才算是当事人得到了预期的补偿金额或是对应的救济，否则其不能实现当事人利益，诉讼便是形同虚设的。为了更好地帮助网络公众运用法律手段，保障实体权利实现的理论道路，本节从诉讼成本的基本原理出发运用法律经济学的分析方法，分析并探究网络权利纠纷解决机制的现状和完善措施。

一、网络权利冲突面临诉讼难题

近些年来，网络信息技术不断发展，网络购物和支付系统进入我们的生活和工作，阿里巴巴等相关网络公司的上市引发了人们对网络世界的热切关注，可以说网络已经形成一个新的世界，网络交流已经渐渐占据主流，而这个神奇的新兴产业所处的法律环境的问题也引起了不少争议和呼声。网络世界涉猎之大又何止只存在单类纠纷，人们在虚拟的网络世界遇到的纠纷及其复杂性不会低于在三次元社会遭遇的种种，经历过网络纠纷诉讼的人会真正了解到其复杂而费时的一面，

---

① 孙林.法律经济学（第一版）[M].北京：中国政法大学出版社，1993：1.

比如在诉讼地点、传达、开审、搜集证据等等方面都将遇到比普通诉讼更难的一面。我国"电子商务第一案"[①]即是典型的初期网络交易纠纷的案件，商家把商品的信息公布在互联网上，购货人订货后，订货信息经中介企业集中整理后发给相应的银行。银行核对买方的信用卡，并将款划出，经由中介企业打给商家。商家得到购货人货款已划出的信息，即"交易成功"的信息，就把商品交由物流递送企业发送到购货人手中。随后，中介企业即把货款打入商家账户。[②]整个交易链条长、信息传递不畅，导致信息反馈给卖方已是半年之后，物流配送的主要证据已基本灭失，责任无法界定。由此可见网络纠纷案情的复杂、涉及之多。此案三方诉讼历时四年之久，结果也是不免令人有失所望。

不光是商务纠纷，炒股博客的法律底线问题、2007 上海特大网银盗窃案、"诺顿"杀毒软件风波、BBS 对门户网站侵权责任、第三方交易平台是否该为消费者被骗"埋单"、"电子签名法第一案"等等，这些都是网络交流所面临的层出不穷的问题。因为网络其本身就具有法律关系多样，主体不实名，交易链条复杂、实际证据难以寻找或容易灭失等特点，出现纠纷后就难免会出现责任很难厘清的局面。而诉讼本身所需要的成本遇上网络纠纷的特点就会加剧整个诉讼链的成本，这会使整个网络诉讼陷入僵局，拖长诉讼周期，无形之中对诉讼个主体造成经济、时间、心理上的严重负担。"无论一种法律制度的特定目标是什么，如果它关注经济学中旨在追求手段和目的在经济上相适应的学说，那么它就会设法以最低的成本去实现这一目的"。[③]将这些诉讼成本置于更广泛的社会层面去考察，便会发现其对社会生活的影响实际上远远超过我们的直观感受，科学地控制诉讼成本，消除其对人力、物力、财力等资源要素的不合理消耗，具有不可忽略的重要意义。

①互联网法律领域的重大典型案例剖析[DB/OL].http://wenku.baidu.com/view/e23f73c25fbfc77da269b1d2.html.

② 金亚玲.中国电子商务第一案[N].甘肃法制报,2006-10-13.

③ 丁以升.法律经济学的意义、困境和出路[J].政治与法律,2004(2)：27.

二、诉讼成本的概念和构成

1. 诉讼成本

诉讼成本是指诉讼主体在实施诉讼行为的过程中所消耗的人力、物力、财力的总和。即使诉讼的基本精神和目的是公平正义，也依然是以一定的价值和效益为其存在的基础和衡量其效用的标准[①]，所以其成本的概念和分析在法律经济学领域具有重要的地位。在特定的社会经济环境中，直接制约诉讼成本高低的主要因素仍然存在于诉讼活动本身，分为正面成本和负面成本。

正面成本即合理成本，合理的诉讼成本是取得理想的诉讼效益的必要条件。作为反映诉讼成本与衡量诉讼收益的综合价值尺度，诉讼效益的大小直接取决于诉讼成本的高低，因为就一般情况而言，诉讼中投入的成本越低，诉讼的效益也就越大。在诉讼过程中应尽可能合理地利用诉讼手段，尽量减少那些无谓的诉讼投入（指对人力、物力、财力等资源要素的无谓消耗），将诉讼成本科学地控制在合理的限度之内。[②]否则，便不可能取得理想的诉讼效益，也不可能达到所有诉讼主体共同的行为目标。

负面成本即不合理成本，不合理的诉讼成本会直接影响到诉讼手段可利用性的充分发挥，进而对整个社会的权利保障机制的形成与运行有明显的消极制约作用。任何一个具有健全理智的人在考虑是否提起诉讼时，都会对这一诉讼所要耗费的成本以及能给自己带来的收益分别作出预测，并对二者加以权衡比较。通常是当前者大于后者时，冲突主体是不愿用诉讼手段来解决纠纷的。"无论学历高低，之所以产生回避审判的倾向，并不是一般群众不喜欢明确分清是非的诉讼而愿意互谅互让地妥协解决。回避审判的现象根源于程序的繁琐和花钱费时等审判制度本身的缺陷。"[③]

---

① 孙林.法律经济学[M].北京：中国政法大学出版社,1993-06-07.

② 曹金凤.刑事诉讼的成本效益分析[D].武汉大学硕士学位论文,2005.

③ 赵钢,占善刚.诉讼成本控制论[J].法学评论,1997(1)：9-10.

2.诉讼成本的构成

（1）经济成本。这里的经济成本主要单纯指会计成本，包括投入的资本、人员等显性成本。比如当事人为进行诉讼而向法院交纳的诉讼费用；当事人因聘请律师或委托其他诉讼代理人而支出的费用；当事人为进行诉讼活动而直接支出的其他费用(如当事人和其诉讼代理人因收集证据、赴外地开庭等活动而支出的交通费、通讯费、住宿费、餐饮费等)；在诉讼中，由于法院采取财产保全措施，当事人争议的财产及有关的财产因被查封、扣押、冻结或用于提供担保而不能有效地投入生产、经营和正常使用所造成的经济损失；法院为办理案件所支出的全部费用，包括审判设施的建设、维护费用，审判设备的添置、保养费用以及审判人员的工资、福利费用等等。

（2）时间成本。即货币时间价值。诉讼的时间成本是指为达成特定协议所需付出的时间流失或在等待时间内造成的其他代价。主要包括当事人和法律统治阶层因参加诉讼活动所付出的时间和精力。由于法院可以申请延长诉讼周期，再加上当事人可以无休止地申诉，因此当事人在案件上的时间花费是惊人的。一个简单的民商事案件经过一审、二审、再审，拖上几年，甚至十几年也是不足为奇的。[①]在"时间就是金钱"观念的市场经济条件下，拖长诉讼周期绝对是贻害无穷的。

（3）机会成本。机会成本，用曼昆的话说，就是从事某种选择所必须放弃的最有价值的其他选择[②]，实际上是一种选择理论。在法治进程中要谨慎评估法律和其他社会规范的作用，凡能由运行成本更低的其他社会规范加以调整和处理的，就不必用法律方式去调整和处理它。在确定要由法律来调整的问题，也要选择用什么法律来调整，在同一个法律规范调整某一社会关系时，也会面临用什么手段来调整可以让法律实施起来成本更低、效益更好。在诉讼过程中想要顺利进行就必须为这种选择付出机会成本。

（4）制度成本。制度成本即交易成本。是指在一定的社会关系中，人们自愿交往、彼此合作达成交易所支付的成本。每一种制度的建立

---

① 余冠鹏.当事人诉讼成本研究[D].西南政法大学硕士论文,2005.

② 游劝荣.法治成本论略[J].福建论坛(人文社会科学版),2006(7)：129.

都是耗费巨大的，还要不停地维护和识时而变，其中包括道德制度、法律制度等等。法治的交易成本包括：一是法律关系的当事人选择法律及法律手段时的耗费，即信息成本[①]；二是为了使当事人发生纠纷之后有理可循、有据可依而构造的法律规范规章，即立法成本；还有当事人依法进行权利交换时所遇到的执行和监督成本和当事人在交易中权利受到侵犯时寻求救济所需的成本。

（5）心理成本。心理成本是指诉讼给当事人造成的精神损耗和压力。对当事人来说，"对簿公堂"可不是一件轻松的事。首先经济的先付支出就为当事人带来了一定的生活压力，造成一种心理疑虑，其次由于当事人往往会存在预先期待值，但司法审判的结果不确定性和时间成本的不稳定性会渐渐逐步地偏离期待路线，如果没有妥善解决纠纷，还会致使人际关系陌生化、敌对化，进而使当事人产生心理上焦灼感、忧虑感，情绪上的剧烈波动、心里紧张、精神上压力增大等等成本[②]。

三、网络权利冲突的诉讼成本分析

网络的多面发展必然导致网络主体的增多和网络行为的频繁多样，而网络的虚拟性和跨地域性特点决定了网络纠纷在许多方面和传统纠纷存在不同。在法律性质上，网络纠纷存在争议法律关系多样性[③]、争议主体非实名性和多元性、网络法律规范无法全面覆盖、取证技术难等特性，这些特性影响了诉讼的进程，增加了诉讼的成本。

1. 网络纠纷诉讼的经济成本巨大

网络纠纷的无地域性和无差别人群性增加了诉讼的司法成本。司法经济成本又包括司法机关付出的和当事人付出的成本。司法机关的运行过程中所消耗的资源是指因诉讼主体的诉讼行为而消耗的国家用

---

① 游劝荣.法治成本论略[J].福建论坛(人文社会科学版),2006(7)：130.

② 张平.浅析乡村司法中当事人的诉讼成本[J/OL]. http://www.chinacourt.org/article/detail/2012/ 12/id/808343. shtml.

③ 邹晓玫.网络团购纠纷的司法管辖权构建[J].商业研究,2013(7)：213.

于诉讼业务的财政预算。网络的无地域性大大增加了送达、管辖转移、开庭审理等环节的开销。限于现行的财政体制，国家在司法成本的投入方面本就是"投入不足"[①]，而在网络司法成本问题的投入上更是无人问津。想要节约和控制网络诉讼的司法经济成本不仅要加大投入，另一方面也要研究在有限投入条件下，从制度到具体环节上的设计，让国家对司法的有限投入发挥出最大的效益。

个人的司法经济成本是指一个案件中当事人本身耗费的费用，进行诉讼而向法院交纳的诉讼费用；聘请律师或委托其他诉讼代理人而支出的费用；收集证据、赴外地开庭等活动而支出的交通费、通讯费、住宿费、餐饮费等等开支；由于法院采取财产保全措施，当事人争议的财产及有关的财产因被查封、扣押、冻结或用于提供担保而不能有效地投入生产、经营和正常使用所造成的经济损失。网络诉讼案件中，收集证据、赴外地开庭等活动而支出的交通费、通讯费、住宿费、餐饮费等等开支尤其之多。

网络纠纷的法律多样性和复杂性增加了诉讼的执法成本。法律产生法效应必须借助于一定的法律制度与国家机关，法治的执法成本就是指为了法律的正常执行而必须支付的成本。网络法制这一领域可算是久未开垦，所有的执法方法在其中均没有设置，既没有网络在线保安也没有网络执法人员，一时间想要树立起执法守法标杆也不是件容易的事。

2. 网络纠纷诉讼的时间成本不稳定

网络纠纷的主体虚拟性和异域性拉长了诉讼周期。诉讼的各个环节都需要执行的时间，确定管辖权、送达、取证、庭审、判决、执行已经是一个不短的时间周期了，然而网络纠纷诉讼中的各个环节都存在一定的运行难题，又使之耗费了更长的时间周期，甚至可能中断运行。首先是管辖的确定，由于网络纠纷的异地性甚至是国际性，会牵扯到国际管辖问题，管辖争议法院沟通解决争议就需要一定的时间了。其次是传单送达，确定管辖法院就要给当事人发传单，由于网络纠纷

[①] 游劝荣. 司法成本及其节约与控制[N]. 福州大学学报(哲学社会科学版),2006(3)：74.

大多是异地的情况，所以送达周期也会适当拖长，并且还有可能产生长距离送达丢失的情况，相当复杂又不可控制。说到异地送达就想到了异地开庭，这对当事人无疑是一种时间上的巨大消耗，国内还好，如果是国际交易纠纷就更为难以到达了，更何况还有语言障碍，期间所消耗的路途时间，寻找翻译的时间肯定会大大影响当事人的正常生活。再者，关于法院和当事人的取证也具有一定的难度，因为虚拟所以可能要用比平时更长的时间去搜集和排查证据适用。这些全部拖长了诉讼周期，容易导致审判的准确度失常。长时间消耗当事人的时间也很可能打击诉讼积极性，造成心理负担，从而放弃诉讼。这无疑是对法治社会的一个重大打击。

在一定程度上来说，时间成本还可以转化为经济成本。都说"时间就是金钱"，在这个快速发展的社会里，一分钟可以决定一份业务、一个决策，甚至一个人生。莎士比亚曾经说过：放弃时间的人，时间就会放弃他。在这网络发达社会里，世界变得越来越小，发展得越来越快，如何充分的利用有限的时间，创造最大的利益，成为了每个经济主体最关心的问题[①]。所以解决纠纷固然重要，但如果为此耗费过于巨大的时间成本，以至于超出了预期希望获得的收益，那这样的诉讼就是没有效率的，是急需改善的。

3. 网络纠纷诉讼的机会成本风险高

经济学上有一条"铁律"就是理性的人们总是选择或可以选择到机会成本低于其他选择的选择。但是由于并没有一个完整的社会或者法律规范去限制判断网络行为的标准。所以出现了纠纷无法评估法律和其他社会规范作用的机会高低，无法确定其他社会规范和法律相比谁的成本较低；就算确定要由法律来调整的问题，也无法选择用什么法律来调整，在同一个法律规范调整某一社会关系时，也无法确定用什么手段来调整可以让法律实施起来成本更低、效益更好。这样大的机会成本会带给当事人更大的烦恼。因为根本没有优选的根据标准。机会成本理论通过对为了选择而放弃的利益进行评价，彰显了资源的

---

① 李相林,冯超. 时间成本探析[J]. 会计审计,2013(2)：77.

合理配置原则和侠侣利用利用的意义，为决策的科学性和合理化提供了可操作性的理论依据。但是网络纠纷的种种不确定性恰恰加大了这种依据确立的难度，所以网络纠纷的诉讼进程要想谨慎地选择方法顺利进行就必须克服这一机会成本难关。

4. 网络纠纷诉讼的制度成本巨大

网络纠纷的新兴性和涉及广泛性大大增加了制度成本。立法是法治运行的前提条件，只有在法制完备的情况下才有法治可言。但是立法本身不仅需要立法机关的努力，还要消耗大量的物质财富。有学者曾专门以《产品质量法》为例，介绍了立法的成本：该法从起草到通过历时四年五个月，在整个过程中，人大系统的花费约为 1 亿元，出自政府部门的投入则在 2 亿元以上[1]，总立法费用累计起来不啻于一个天文数字[2]。现在网络上、新闻上铺天盖地的都是各种网络纠纷的消息，想要在网络这个平行世界里建立一套法律无异于要经历从五百年前刚刚开始有法律这一说开始到现在这样的完善程度的历程，这何止是一个天文数字可以概括的。导致我国网络纠纷的诉讼成本高的主要基础原因是因为网络制度的缺失，想要弥补这一缺失却是个耗时耗金的大工程。

网络的虚拟性还渐渐弱化了人们的社会道德感和责任感，这种人文精神缺失会造成人与人之间交流的难题。诉讼活动终究是人与人之间的交流和解决，缺少了交际能力的人们只会越来越沉溺于虚拟的世界中，现实的法律和制度只会变得越来越遥远。"我们除了迎接资讯时代的来临之外，更要有非技术能力去理解、诠释，甚至赋予资讯时代以人文意义，否则资讯科技和咨询最终将变成独立于人之外的异己独立的力量，来主宰支配人，从而成为人们苦难的根源。"[3]

---

① 秦强. 经济分析法学与法治的经济分析——兼论法治视野中的公平与效率问题[J]. 学术论坛理论月刊, 2004(5)：51.

② 秦强. 经济分析法学与法治的经济分析——兼论法治视野中的公平与效率问题[J]. 学术论坛理论月刊, 2004(5)：51.

③ 樊少武. 网络环境下民事诉讼当事人研究[D]. 重庆邮电大学硕士学位论文, 2013：6-7.

5. 网络纠纷诉讼的心理成本沉重

网络纠纷诉讼的经济成本和时间成本上的大量支出加重了心理成本的负担。躯体能感受到的压力都是有形的，我们能够清楚地知道这样的压力的来源、大小和逃避的方式。而面对心理压力，就没有这么简单，心理压力经常给人铺天盖地的感觉，让人无处遁形。心理的压力有一部分是由已经发生或即将发生的生活事件引起的。归根到底，它们对人的影响，有着非常明显的效果，甚至会让人变得寝食难安。而当事人在诉讼过程中对于结果的期待就是一件典型的未完成事件，不知道结果的焦虑与诉讼过程中金钱与时间的支出会给当事人带来极大的压力，一直焦躁、强迫，甚至洁癖的轻微显现。拖延的时间越久，当事人的心理压力就会越严重，而网络纠纷的案件时有长达几年之久的审判期间，实在是让人绝望。首先预交诉讼费用这本身就是对当事人的一大心理负担，因为无能力支付诉讼费用，其正当权利就无法实现，就算可以支付，也会在心里不停地纠结这不可逆的支出是否可以得到自己想要的结果。其次就是胜负的不可预见性带给当事人心理的压力与自我否认，还有诉讼周期的长短也极度影响了当事人的心态。

四、网络权利冲突案件的诉讼成本控制

诉讼实践中导致成本开支过高的主要原因是现行立法上的不完善。因此，控制诉讼成本以提高诉讼效益便应以进一步完善网络法制法规、健全相关的诉讼制度作为切入点，深入分析其造成诉讼困境的因素，进而在与现行法规协调统一的基础上，构建合理化的网络诉讼体系。对此提出以下几点建议：

1. 针对网络纠纷集中的焦点问题完善立法

法律的难题之根本就是立法的缺失，因为立法工作者是根据世界变化制定法律，世界总在快速地变化着，这就是法律永远的滞后性。然而法律就是限制权力、规范权力，保证权力的存在可以正确有效地服务于权利，保障权利人的自由和权利。政府必须是一个在法治限定中有效集中社会资源并进行合理配置，以保证资源合理利用的情况下

改善社会公共福利的系统①。这是不可改变的重要地位。现阶段我们还不能无死角地建立网络法制，因此就要逐项仔细地前进，哪个方面出现了集中的纠纷就集中关注立法，在网络世界里也区分出民法、刑法、交易安全法等等，一步一步地解决这个空缺，以减少网络纠纷诉讼的制度成本和时间成本。

2. 创设针对网络诉讼的小额诉讼程序或是网络诉讼

现代社会中高效率、低成本地解决"微型经 济纠纷"已经成为中突主体的普遍需要。作为一种能够经济便捷地解决"微型经济纠纷"的有效手段，小额诉讼程序在不少国家的民事诉讼立法中均有设置。比如，依照日本新民事诉讼法草案第 6 编关于小额诉讼特则的规定，凡诉讼价额在 30 万日元以下的案件，可在简易法院一次开庭审理并于当天作出判决。而且，小额诉讼既不准反诉，也不准上诉②。在借鉴小额诉讼的同时我们可以大胆的尝试开设网络在线庭审机制，这样可以避免管辖纠纷，大大减少网络纠纷诉讼的时间成本。

3. 结合"最低限度原则"发展"原就被原则"管辖权

"最低限度联系"原则又称长臂管辖权，是美国民事诉讼中的一个重要概念，是指当被告的住所不在法院地州，但和该州又有某种最低限度联系，而且所提权利的产生和这种联系有关。就该项权利要求而言，该州对于被告具有属人管辖权（虽然他的住所不在该州），可以在州外对被告发出传票。这种联系原则打破了传统法律的不灵活之处，可以最大限度地缩小网络诉讼管辖成本。但是美国法院长臂管辖权行使的本质是域外管辖权，若不加限制，可能会造成"域外管辖权"的过分扩张，造成被告的合法权益受到侵害③。这时可以联系起我国管辖权的基础原则——"原告就被告"原则，由被告住所地法院判断是否达到了最低限度联系，以确定本法院或是其他法院是否有管辖权。这样可以避免造成双方合法权益受到侵害却不知向何地法院提起诉讼的

---

① 易招娣, 王亚静. 缩减法治成本之思考[J]. 法治与社会, 2010(1)：6.

② 赵钢, 占善刚. 诉讼成本控制论[J]. 法学评论, 1997(1)：13.

③ 刁胜先, 许柯. 网络纠纷案件的管辖权确立标准探析[N]. 渝州大学学报(社科版), 2002(6)：51.

尴尬境地，以减少网络纠纷诉讼的时间成本。

4.扩大当事人搜集证据的手段，引入电子证据合法性

电子证据即计算机证据，是指在计算机和计算机运行过程中产生的以其记录的内容来证明案件事实的电磁记录物。比如，在电子商务中，传统的合同、提单、保险单、发票等书面文件都被储存于计算机中的相应电子文件所代替，这些电子文件就是电子证据。然而由于电子证据容易被伪造和篡改，且不会留下任何痕迹，更因为电子证据因人为原因或环境和技术原因容易出现差错，故能否成为一种证据在法律界颇有争议①。然而在现在的网络纠纷案件中，传统的九大证据种类已经无法满足其多变性和虚拟性了，即使是电子证据，也有他的不足和危险之处，我们只能从技术方面加以完善。网络行为发生及其过程表现为一系列电子数据的流动，这些电子数据最后表现为文、图、声而显示在特定或不特定的电脑终端，从而使得人们的网络行为具有法律上的内涵。针对网络上的电子文件具有不稳定性、可删改性、易灭失或易篡改性，网络诉讼调查机关可以引进电子证据的固化、调取、认定等一系列技术。同时为防止电子证据灭失或篡改，当事人可以申请证据保全，并且去公证机关进行证据公证，人民法院可以利用职权进行法庭勘验以进一步确保证据的真实性，进一步减少网络纠纷诉讼的经济成本和时间成本。

5.结合实际情况设计网络纠纷诉讼费

当事人在整个诉讼过程中，付出的成本是高昂的，而且在一般情况下，进行诉讼须预先交纳诉讼费用，这对寻常求助者显然是一大负担，若因为无能力支付诉讼费用，其正当权利就无法实现。诉讼费用负担造成诉讼权之保障因个人经济能力及社会地位而异，显然与法律追求平等及公平正义之目的有违。《民事诉讼法》第107条规定，当事人缴纳诉讼费用确有困难的，可以按规定向法院申请缓交、减交或者免交。2005年4月最高人民法院重新修订通过了《关于对经济确有困难的当事人提供司法救助的规定》，更有利于社会弱势群体通过法院途

---

① 索夫.对网络纠纷涉诉中电子证据问题的法律思考[J].统计与信息论坛,2001：57.

径维护自身的合法利益。但是因法院经费主要靠诉讼收入弥补，法院同诉讼费用征收之间存在利害关系，影响了诉讼费用缓、减、免在司法实践中的施行。但是网络纠纷诉讼不同，它可以在实施在线司法程序或小额诉讼程序的阶段大大缩小当事人的经费负担，大大减小了当事人由经济引起的心理负担。

第三节　网络证据制度重构

从 1969 年美国军方的阿帕(ARPA)网，发展到今天的万维网(Word Wide Web，简称 WWW)，互联网的发展虽然仅有几十年的历史，但是却对当今人们的生活产生了深远的影响，甚至改变了人们的生活方式。无论是生产生活，还是休闲娱乐，人们几乎都离不开互联网的存在。互联网实现了信息资源的共享，方便了人们的生活，促进了人与人之间的沟通、交流与合作。2013 年 1 月 15 日，中国互联网络信息中心（CNNIC）在京发布第 31 次《中国互联网络发展状况统计报告》。报告显示，截至 2012 年 12 月底，我国网民规模达到 5.64 亿，互联网普及率为 42.1%，保持低速增长。与之相比，手机网络各项指标增长速度全面超越传统网络，手机在微博用户及电子商务应用方面也出现较快增长。

鉴于互联网的便捷性，从普通消费者的角度出发，目前网络购物已经成为与人们生活密切相关的事情，甚至成为某些人的极端生活方式。《中国互联网络发展状况统计报告》显示，截至 2012 年 12 月，我国网络购物用户规模达到 2.42 亿，网络购物使用率提升至 42.9%。与 2011 年相比，网购用户增长 4807 万人，增长率为 24.8%。在网民增速逐步放缓的背景下，网络购物应用依然呈现快速的增长势头。团购领域数据显示，我国团购用户数为 8327 万人，使用率提升 2.2%，达到 14.8%，团购用户全年增长 28.8%，继续保持相对较高的用户增长率。

从另一方面来看，互联网同样也为违法和侵权行为提供了一种新的技术和手段。例如，目前对进驻商家或个人的资质审查不严、管理乏力，容易造成一些诚信缺失的经营者利用网络购物无法现场检验，以及消费者维权繁琐、困难的特点，提供劣质产品和服务，从而侵害消费者的权益。例如，根据中国消费者协会公布的《2012 年全国消协组织受理投诉情况分析报告》显示，全国消协组织受理销售服务投诉共计 39005 件。其中，网络购物投诉高达 20454 件，占销售服务投诉量的 52.4%。

在处理网络权利冲突案件时，必然离不开网络证据的认定。所谓网络证据是指与网络有关的证据，即一个信息终端通过网络获取到的其他信息终端的作为证据的信息载体。网络证据的认定与传统证据认定相同，主要包括合法性认定、关联性认定和真实性认定。由于网络证据的形式与传统证据不同，因此，网络证据的真实性的认定难度要比传统证据复杂和困难得多，本节将针对这一问题进行深入讨论分析。

一、网络证据的基本形式

1. 网页

网页是最常见的网络证据之一。网页主要用来完成展示网站的信息、功能等任务，是终端用户获取信息的主要方式之一。网页上的内容可认为是网页发布者当时真实意图表示，是对终端用户的承诺，应该具有法律效力，网页上的信息可作为网络证据直接使用。

2. 电子公告(BBS)

BBS 是英文 Bulletin Board System 的缩写，中文的含义为"电子布告栏系统"或"电子公告牌系统"。BBS 是一种电子信息服务系统，它向用户提供了一块公共电子白板，每个用户都可以在上面发布信息或提出看法，早期的 BBS 由教育机构或研究机构管理，现在多数网站上都建立了自己的 BBS 系统，供网民通过网络来结交更多的朋友，表达更多的想法。目前国内的 BBS 已经十分普遍。[1]BBS 上发布的信息可作为一种有效的网络证据。

---

① 郭杰文,基于网络的交互讨论式学习——比较 BBS、QQ 群和 BLOG 方式的讨论效果[J].中山大学学报论丛,2007(11).

3. 电子邮件

电子邮件作为一种新型的信息通信方式越来越受到人们的青睐，与传统邮件相比，其拥有价格低廉、及时快速、安全可靠、收发方便等特点。在某些领域已经逐步取代传统邮件，作为主要的通信方式之一，因此电子邮件的内容也可作为网络证据使用。

4. 聊天记录

为了提高网络信息交流的实时性，人们经常使用网络聊天的方式进行交流和洽谈业务。网络聊天的一般通讯连接形式是"终端—服务器—终端"。网络聊天的方式主要有公共聊天室和专门工具两种。聊天记录一般可存于服务器上，也可存于个人电脑中。因此，网络聊天记录可作为一种有效的网络证据使用。

5. 手机短信

为了增加消费者金融的安全性，许多商家会通过向消费者预留的手机发送确认短信，以提高消费信息的可靠性，同时还会将购得的消费密码或二维码等信息发送至消费者指定的手机上，作为消费凭证。这些信息都可作为网络证据使用。手机短信的发送过程除了涉及互联网之外，还要利用网络运行商自有的通信网络。

6. 电子数据交换

电子数据交换(EDI，Electronic Data Interchange 的缩写)是电子信箱技术的发展，是指按照同一规定的一套通用标准格式，将标准的经济信息，通过通信网络传输，在贸易伙伴的电子计算机系统之间进行数据交换和自动处理。它是一种利用计算机进行商务处理的新方法，具有方便高效、迅速准确、降低成本等特点。与电子数据交换消息的生成、存储、传输有关的数据和信息都可作为网络证据。

7. 电子签名

电子签名是利用密码技术对电子文档的电子形式的签名。也可称为电子印章。电子签名具有识别签名人和标明签名人对内容的认可两个基本功能。电子签名技术的实现需要使用到非对称加密（RSA 算法）和报文摘要（HASH 算法）。司法实践中，美国犹他州以及我国台湾和香港地区的相关法律都确立"非对称性密钥加密"为法律认可的技术方案。

非对称加密是指用户有两个密钥，一个是公钥，一个是私钥，公钥是公开的，任何人都可以使用，私钥是保密的，只有用户自己可以使用。该用户可以用私钥加密信息，并传送给对方，对方可以用该用户的公钥将密文解开，对方应答时可以用该用户的公钥加密，该用户收到后可以用自己的私钥解密。公私钥是互相解密的，而且绝对不会有第三者能插进来。报文摘要利用 HASH 算法对任何要传输的信息进行运算，生成 128 位的报文摘要，而不同内容的信息一定会生成不同的报文摘要，因此报文摘要就成了电子信息的"指纹"。有了非对称加密技术和报文摘要技术，就可以实现对电子信息的电子签名了。①

二、不同类型的网络法律证据的认定

网络证据一般需要通过互联网的通信才能获取，由于网络证据具有无形性、无物理介质、短暂性、易修改等特点，其真实性的认定比传统证据存在更大的难度。例如，个人可以通过假链接的方式伪装网站的内容，制造假的网络证据。而且实现起来并不需要太多的专业技术，一般人员都可通过查阅资料实现。而要想识别这些伪造的证据，则需要更专业的技术。上述讨论各类网络证据的种类多样，对其真实性的认定也各不相同。这里将上述种类的网络证据按照如下三种情况进行真实性认定讨论。

1. 涉及第三方服务器的网络证据

如果网络证据在第三方服务器上出现，如电子邮件、聊天室的聊天记录、手机短信等，则第三方的服务器上一般会记录网络证据的信息，可通过要求公证员利用公证处提供的计算机访问第三方服务器，对网络证据进行公证认定。

2. 不涉及第三方服务器的网络证据

对于网络证据只是在用户终端和对方服务器上出现，如公司的网

---

① 方涛. 浅谈利用 PKI/CA 技术实现期货结算单电子化确认[N]. 期货日报, 2004-04-08.

页、公司服务器上的电子公告等，由于公司很容易修改服务器上的数据，从而毁灭或修改网络证据，这时用户终端也可采用公证处对网络证据进行公证认定。如果网络证据来不及公证认定，用户终端可将网络证据保存在计算机终端。但这种情况容易受到公司方对网络证据的质疑，即怀疑用户终端对网络证据进行了修改。由于公司方能够很容易修改服务器的数据，因此对此时的举证应该使用举证倒置，即由公司方证明公司服务器没有进行修改，如果不能证明，则应认定终端用户的证据真实。

3. 电子签名和电子数据交换

电子签名可以采用技术手段对签署文件人的身份进行确认，能够保障传送文件内容不会被当事人篡改，事后不能否认已发送或已收到资料等网上交易的事实。电子数据交换标准保证了网络传输全程实现审计跟踪，也就是报文在交换过程中，系统自动对报文的接收时间、报文大小、收件人、投递时间和收件人读取时间等均作详细的记录和存档，以便该报文发生差错或丢失时，可应要求重构和重发，在发生纠纷时提供举证服务，提高了商业文件传送的透明度和可靠性。因此这类网络证据可直接认定其真实性。

本节对网络证据的种类和性质进行了分类和分析，对不同类型的网络证据的真实性认定进行了讨论，给出了不同的认定方法。

第四节　网络权利冲突中的专家证人制度重构[①]

随着现代网络诉讼中专业性问题日益增多，专业性证据越来越多地出现在庭审当中，这给法官判案带来了新的难度和挑战。因此，为了在法庭上更好地查清案情，保证审判的公正透明，中国有必要在网络权利冲突案件中引入专家证人制度来弥补现代审判的不足。为了在法庭上更好地利用专家知识，在我国可以采用一种既用鉴定人又使用

① 本节内容综合了作者指导的学生论文的部分内容，对论文的采用和修改均已经过作者的同意和授权。王卉.论专家证人制度重构[D].天津商业大学学位论文，2014.

专家证人的新型程序，使鉴定人发挥其应有的作用，又使用专家证人来填补当事人和审判人员的知识空白。这种程序的运行需要构建完善的专家证人制度来支撑。

随着我国国际化水平的深入和科学领域的快速发展，社会生活越来越复杂纷繁，更多的专业性问题开始充盈着我们的生活，网络权利冲突诉讼中的专门性问题也不断增加，因此出现鉴定不能的情形也是不可避免的。鉴定制度存在的诸多局限性在现代网络权利冲突案件审判中明显显示出鉴定制度的无力。当案件属于涉及网络专业技术性问题的时候，缺少相关专业知识的原被告和法官都需要专家证人的帮助。而专家证人制度的引进在很大程度上可以缓解这个司法漏洞，在很多案件中，法官不仅要对科学证据进行审查，还要在众多的证据之间有理由地选择满足条件的证据。[①]而面对很多专业性很强的案件法官可能根本连专业术语都不懂，何来对案件的评定。专家证人制度的引进，虽然不能从根本上解决现在法律纠纷中频现的技术问题，但无疑是克服现代诉讼活动中频现的专业性问题的最好解决方式，同时也是改善我国现代司法环境中存在的部分不公正现象的有力武器。

一、专家证人的概念

英美法系国家中将专家证人称之为证人，也可称为"expert witness"。在 19 世纪，"expert witness"这一说法的第一次出现是在 1851 年美国最高法院的一个案例里，[②]这一说法的出现证明专家证人制度在立法层面已经明确，随着专家证人制度的优势越来越显现，经过几百年的发展，在英美法系国家中专家证人制度发展的已经相当完善。《美国法律辞典》把"专家证人"解释为："在一项法律的程序中作证，并且对作证的客观事实具备专门知识的人。[③]因此可以理解为专家证人既是在某一方面具备专业知识的人，且这种专业知识不仅可

---

① [美]米尔键.R.达马斯.漂移的证据法[M].北京：中国政法大学出版社,2003：109-111.
② 马婷婷,吴凡.浅析专家证人制度[J].吉林公安高等专科学校学报，2005(3)：65.
③ 何家弘,张卫平.外国证据法选择[M].北京：人民法院出版社,2000：166.

以用受教育水平衡量，更可以基于过往经验的特殊技能而具备。

与鉴定人不同的是，专家证人最大的特点是将"专家"作为"证人"看待，因此专家证人就必须像证人一样出庭。然而与同普通证人相比，专家证人仍然有其自身的特点，普通证人要受到证据规则的约束且不具备可替代性，然而专家证言不受意见证据规则的束缚，专家证人也具有人身可替代性，他们能够参与阅卷以及证据调取等庭前程序。同时在英美法系中，双方聘请的专家证人在担任解释专业术语及专业领域知识的同时还在一定程度上担当着控辩双方辩护人的角色。

二、我国现行鉴定制度的窘境

新《民事诉讼法》中新增第七十八条规定："当事人对鉴定意见有异议或者人民法院认为鉴定人有必要出庭的，鉴定人应当出庭作证。经人民法院通知，鉴定人拒不出庭作证的，鉴定意见不得作为认定事实的根据；支付鉴定费用的当事人可以要求返还鉴定费用。"这条规定保证了原被告提出鉴定结论异议的权利，利于司法公平正义的体现。但随着我国国际化程度的加深和科学领域的发展，社会生活愈发纷繁复杂，越来越多的专业性问题充盈着我们的生活，加之鉴定制度存在的诸多局限性，在现代案件审判中明显显示出鉴定制度的无力，更暴露了我国现行鉴定制度的价值困境。

1. 诉讼中频现鉴定不能难保司法公正

司法公正是在司法运行中必须贯彻的精神，是实现当事人双方权利义务合理分配的价值基础。目前我国鉴定人制度在证据的鉴定中处于垄断地位，但面对专业性非常强的问题，就会出现鉴定不能的问题，这样公正审判就会受挫。因此，鉴定制度对于保证司法公正有着重大意义。

随着我国经济水平的提高，诉讼活动中特殊问题和不确定问题不断增加，鉴定不能也是在所难免。比如：有待鉴定的事项不准许鉴定，当事人没有正当理由逾期提出鉴定请求，也有因要鉴定的事项性质导致的不能鉴定的问题等。[①]但是在专业性案件中，查明案件的关键所在往往都是对专业性问题的详细阐述，然而面对诸多鉴定不能的问题，法官仅仅依靠庭审中现有的附带证据，几乎不可能确保案件的公正性与正确性。在鉴定不能的情况下我国庭审当事人也缺少其他的救济方式，诉讼双方当事人没有单独鉴定的权力，申请重新鉴定也要在司法部门首次鉴定不服的情况下进行。这严重地偏离了司法公正的本质要求。

2. 诉讼中鉴定结论难质证引发正义危机

保证全社会都能实现公平与正义是司法不断改革的目的。在我国司法实践中鉴定结论对案件的胜负以及确定案件事实都起到关键的作用，鉴定结论通常都会成为案件当事人双方争夺的焦点。因此，双方当事人对鉴定结论的正确认识是促进案件公平认识的关键点。

虽然鉴定人有条件地出庭在诉讼法中已有明确的规定，但是由于相关惩罚机制不够完善加之关联性法规的缺乏，这些对案件起到决定性作用的人物往往很难出现在法庭上。在法庭上，大多数情况下法官将案件中关键性鉴定结论及得出结论的过程对当事人宣读。在这种情况下鉴定结论很难被质疑：一方面，当事人由于对相关专业知识的匮乏，很难对于自己不利的鉴定结论进行有效的质疑和询问，另一方面，由于鉴定人大多数是隶属于司法机构的，这样往往就使我国法官缺乏质疑自己部门指定的鉴定人的动机。[②]而在刑事诉讼中，当事人由于权力的限制与知识的匮乏既没有办法通过选择对自己有利的鉴定人来提供对自己有利的鉴定结论用以捍卫自己的诉讼权利，也无权提出聘请专家证人对官方的鉴定提出质疑。当然退一步来讲，哪怕鉴定人出席法庭了鉴定结论也未必会得到质疑，因为对于官方鉴定人来说，一般不会从当事人的立场出发，因此很难会向法官提出与自己之前已经做出的结论相左的论断。

若存在多个鉴定结论时，在中国司法领域鉴定结论的认证程序上，

---

① 邵劼. 论专家证人制度的构建[D]. 杭州：杭州师范大学, 2011：3.

② 邵波. 论专家证人制度的构建——以专家证人制度与鉴定人的交叉为视角[D]. 北京：中国政法大学, 2010：56-68.

通常表现为上级鉴定优先于下级鉴定，重新鉴定优先于最初鉴定。当然，在司法实践中一个案件通常存在很多个鉴定结论，庭审法官对鉴定结论的选择与采信经常不会对当事人说明理由，当事人自然也无法明晓这其中的原由。因此这种知情权的缺失以及鉴定权力的分配不合理使鉴定结论难以得到有效的质证，也当然无法保障司法活动中的公平正义。

3.诉讼中鉴定标准不统一影响司法透明

目前，由于我国没有制定统一的司法鉴定标准，多数专业性领域的鉴定标准和规则现在都处于空白状态（少部分有统一的标准），因此鉴定中有执行行业、地方标准，各部门、各单位制定的标准的，更有甚者还有执行经验型标准的。在众多的标准面前，很多时候鉴定人员对如何选择鉴定标准显示出茫然，最后导致随意选择的情况出现，"人情鉴定"的情况也会时而出现。这样就造成了对于同一案例运用不同的鉴定标准进行鉴定，造成同一个案件及同一个问题得到的鉴定结论有着天壤之别的现象，有的甚至相互矛盾。正是由于鉴定标准的不统一，造成无法追究甚至可以说很难追究有关鉴定人员的法律责任，因而很难在鉴定程序上保证鉴定结论的客观公正性。

更重要的是，由于鉴定标准的不统一现象的存在，在案件审判环节还会给法庭审判人员带来麻烦，面对多份不同的鉴定结果，审判人员很难或者说根本无法从中判断出正确的案件事实，无法公正合理地保证当事人双方的权利义务，很容易造成案件的误判。若将此问题上升到社会层面，鉴定标准的不统一会引发当事人双方激烈的争执及当事人对司法部门、司法鉴定部门的不满，这种情况下鉴定标准的不统一很可能成为影响社会和谐的重要因素。同一问题具有不同的鉴定标准很容易使得社会公众对鉴定结论的科学性与客观性产生质疑，从而影响司法审判的权威性与公正性。

三、在网络权利冲突中引入专家证人制度的必要性

1.打破鉴定制度的局限性，保障实体公正

我国法官用于解决案件中专门问题的重要方式一般是由官方指定

鉴定人员对案件中出现的专业性问题进行鉴定并得出结论。但我国的鉴定机构多数隶属于我国司法部门，当事人对案件中出现的鉴定结论缺乏知识与权利去询问与质疑，加之我国多数鉴定机构内设不合理、司法程序中启动权不对等、鉴定结论质疑难等缺陷使得当事人双方的权利义务无法得到合理行使。专家证人制度的引进，可在很大程度上解决鉴定制度的局限性问题。

首先，面对司法案件中出现的专业性很强的问题，对于法官和当事人在专业问题面前的茫然无措，不同领域的专家可以出庭对其作出解释说明并发表相关意见及建议。由于各个领域都会有专家证人，因此在专家证人中不会出现像鉴定人一样鉴定不能的尴尬局面。其次，专家证人制度的制定，可以在很大程度上弥补当事人知情权的缺失。面对专业性的问题，专家证人可以给当事人专业详尽的解释，以便庭审的顺利推进。最后，专家证人制度的制定，有利于解决法官面对不同矛盾鉴定结果时只能无奈选择具有较高鉴定级别鉴定结论的局面，因为专家证人可以站在一个相对中立的位置给予法官更加权威的科学解释。更重要的一点，鉴定人并不能为法官审查鉴定结论提供实质性的帮助，法官往往在专业性问题面前有知识瓶颈，因此缺乏对鉴定结论的审查能力，在这种情形下，专家证人就充当了一个总结案件专业技术要点、对鉴定结论提出质疑的角色。这样，在专家证人制度有所构建的体系下，可以在很大程度上保障司法运行下的实体公正。

2.弥补专门法院的明显缺失，维护司法正义

我国基于对案件管理的需要及行业性案件审理的便捷，设立了个别专门性法院。但随着专业性问题的不断增多，这些领域的法院还是远远不够的。关键问题在于，这些专门法庭审理的案件具有针对性，对那些特定以外的案件却没有相应的措施来应对其审理过程中出现的专业问题，因此就难保案件审理中司法正义的体现。

专家证人制度对担任专家证人的人员的资格要求较低：只需具有某一领域的知识、技术或者经验即可，对于这些知识、技术、经验的来源则没有过高要求，并且专家证人也无需该领域的权威，只需可以满足庭审中应对专业问题的需要。正如美国法学家麦考密克所言："问

题不在于该证人在这一领域是否比其他的专家更有资格，而是该证人是否比陪审团和法官更有能力从事实中提出证据。"因此，在专门法庭之外的案件审理中加入专家证人制度是方便实现和操作的，是有利于维护司法正义的。

3. 完善专家辅助人制度，提高司法透明度

我国最高人民法院《关于民事诉讼证据的若干规定》第61条规定："当事人可以向人民法院申请由一至二名具有专门知识的人员出庭就案件的专门性问题进行说明。人民法院准许其申请的，有关费用由提出申请的当事人负担。审判人员和当事人可以对出庭的具有专门知识的人员进行询问。经过当时法院的许可，可以由当事人各自申请的具有专门知识的人员就有关案件中的问题进行对质。具有专门知识的人员可以对鉴定人进行询问。"这里提到的有专门知识的人就是我国的专家辅助人。从以上定义来看的话，专家辅助人好像可以像英美法系中的专家证人一样帮助法官和当事人解决庭审的所面临的专业问题，似乎专家辅助人就可以把以上所提的相关窘境解决掉。其实法院对专家辅助人的出庭没有固定的衡量标准，但是出庭必须经过申请和法院同意。因此专家辅助人的出席就有很大的不确定性，也容易引发法院决定的随意性。当然重点在于当事人申请专家辅助人遭到法院拒绝后就失去了相应的救济程序，当事人就没有办法得到专家辅助人的帮助，对专门性问题的解决又折回到起点。

当然随着专业性问题在庭审中出现的频率增加，各级法院也意识到了解决专门性问题的必要性。鉴于审判与执行部门的需要，司法部门也设立了相应的辅助咨询部门，但是由于司法部门内部限制等原因，还是会出现诸多咨询不能的窘态。这时司法辅助工作部门就进入了咨询不能的尴尬境地。

当然当事人也可以在庭外进行专业的法律咨询，但由于庭外咨询的结果无法定性，法庭中法官对庭外得到的咨询结论找不到合理的采信渠道，因此专家辅助人无论对当事人还是对法官都缺乏实质性帮助。但专家证人制度就能很好地保障司法活动的透明度。因为专家证人像普通证人有出庭作证的义务，专家证人是由双方当事人传唤而出庭作

证，由法官对其资格进行审核，由专家证人本人陈述鉴定所依据的原理、证明过程等等。最关键的一点在于，专家证人必须由其本人亲自出庭作证，接受双方当事人的询问，而不是仅仅由某一方提交鉴定结论，如果这样法官可以直接拒绝对鉴定结果的采信。

四、在网络权利冲突案件中设立专家证人制度之构想

我国新《刑事诉讼法》的修改中，提出当事人可以聘请1—2名专家对鉴定结论提出意见。很多学者认为这标志着中国的"专家证人"已经引入并确立。但细细研究，这更像是对专家辅助人入法的一个表现，专家辅助人仅是针对案情或证据给出相关解释或意见。因此面对我国的庭审需要，在借鉴外国制度的同时结合我国现实，对于专家证人制度提出以下构想。

1. 确立专家证人的地位

无立法上之确认，司法将无所适从，这是我国久以成文法为本的结果。其实在过去的对专家证人制度的研究中，由于专家证人地位的确立涉及多方利益，很多法院对专家证人的诉讼地位作出模糊处理状态，很难轻易给出确认结论。[①]专家证人虽然与普通证人、鉴定人都有相似之处，但区别于普通证人和鉴定人，有其自身的特点。

可以首先将专家证人归于证人之列，扩大证人的外延，给专家证人一个明确的地位，其次将专家证人发表的意见归属于言词证据，纳入证人证言的范畴。若这样明确地规定专家证人的证据归属与地位，法官便可以摆脱专业性问题的困扰及面对不同鉴定结论的茫然，能合法采用专家证人的意见作为裁判的辅助依据。当然专家证人可以不受意见规则的限制（普通证人作证时不得使用猜测、推断或者评论性的言语），但专家证人可以适当提出。

2. 建立专家证人资格审查制度

在英美法系国家中，拥有对裁判有帮助的知识而这些知识又恰恰

---

① 心平.专家可以作为证人出庭[N].厦门：厦门商报,2009：5-6.

是审判者所缺乏的是成为专家证人的条件，基于此，在英美法系成为专家证人并没有过多的限制，"只需具有某一领域的知识、技术或者经验即可"。[①]这种制度之所以没有直接应用于中国，首先由于中国的司法体制中缺乏完善的监督机制，这种专家证人的随意性较大，会给法庭法官带来很大的自由裁量空间，很容易引发法官采信的任意性，从而引发司法领域的腐败。因此我们在引入专家证人制度时应对国外的做法进行适当的改革。

在我国需明确：首先，能够担当专家证人的人应是接受过系统专业理论学习并且具备一定实践经验的人。[②]其次，设立专门的专家证人资格和登记制度，让当事人及司法机关可以从统一的专家证人名册中聘请或者选任自己需要的专家证人。再次，专家被聘任后，在开庭时应向法庭提交相应的资质证明和当事人的选任书和申请书。申请书的内容应该包括当事人的基本信息，比如姓名、职业、教育水平、资质证明等。法官在审查时可以让专家证人签订承诺书，承诺书可列明专家证人在当次庭审中发言的规则，重点是在承诺书中列明专家若虚假作证后将受到的惩罚，建议可参照伪证罪。

3.完善专家证人的委托方式

各国法律中对专家证人委托方式的规定都不相同，但基本上可分为两种类型：一是职权型，如德国；二是当事人型的，如美国。[③]

笔者认为我国在确立专家证人委托权的问题上可以使用当事人型。确立以当事人委托为主，司法机关委托为辅的制度。我国构建专家证人制度的目的一方面是为了解决法庭专门性知识的空白，避免法官在庭审中因为知识的空缺而处于被动地位，减轻法官审理案件的负担，有利于法官保持一定的独立性。另一方面是为了满足当事人获得知情权的需要。当然，法官也可以自己聘请专家证人给出中立意见，因为庭审中可能会出现当事人没有聘请专家证人、当事人聘请的专家

---

① ［美］约翰·W.斯特龙.，汤维建译麦烤密克论证据[M].北京：中国政法大学出版社，2004：26

② 陈瑞华.英美刑事证据展示制度之比较[J].北京：政法论坛，2011(6)：21.

③ 邓晓霞.论我国引入专家证人的障碍[D].北京：中国人民大学，2007.

证人对同一个问题给出的意见不同、双方聘请的专家证人在某一环节出现咨询不能等情况。但专家证人的启动还是要以当事人委托为主，法院启动委托为辅，主要是为了防止当事人对法院聘请的专家证人提出不公质疑从而影响司法公正。①

当然当事人可以被准予参与法院聘请专家证人选任的过程。若双方当事人没有办法对法官委托的专家证人达成一致意见又不愿自行聘任，可以单方面由法官决定专家证人的人选，当然在庭审过程中当事人可以对专家的意见提出带有明确证据的反驳，或者对专家证人的资格提出质疑等（必须具备一定证据）。②对聘任专家证人的费用问题，笔者认为可以参照"谁聘任谁承担"的方式，也可由聘任方先行承担，最后由败诉方承担。当事人可以出于自己的利益或者案件复杂程度的考虑，聘任多名专家证人，但在这种情况下败诉方只承担一位专家证人的聘任费用且这个聘任费用有统一的规定，多余部分还将适用谁聘任谁承担规则。因为将聘任多名专家证人的费用或没有统一定价的聘任费转嫁给败诉方或者法院，容易引发专家证人制度启动的滥用。

专家证人原则上要出庭作证，以口头作证为主。当然也可以有例外：一，若当事人面对不能出庭的特殊情况，如病重等，经法院和当事人同意，可以提供书面证言；二，若庭前当事人和法院对专家提供的证言已经做出了确认，那么庭审时专家证人可以不出庭。

4. 确认专家证人的职责

专家证人的职责可以被分为两个部分：

（1）专家证人对当事人的职责：当事人聘请的专家证人基于自身具备的专业知识分析案件中的专业性问题，从而给当事人提出合理建议并以出具专家意见书等方式加强当事人的事实主张和请求，从而反驳或者推翻对方专家证人的观点。但一定要区别于代理人或者辩护人，保证专家证人是站在一个公正的位置上。专家证人可以具有一定的对

---

① 高忠智. 美国证据法新解——相关性证据及排除规则[M]. 北京：法律出版社，2004：156-157.

② 孙业群. 司法鉴定制度改革研究[M]. 北京：法律出版社，2002：68.

于聘请人的倾向性，①但是基于上述承诺书的制约专家证人必须保证言论的真实性和专业性，否则不仅使自己面临被解聘的危险，可能还会受到《刑法》的制裁。

（2）专家证人对法庭的责任：专家证人对法庭的主要责任是为法庭中出现的专业性问题给出专业并真实的解释及结论性意见，同时还要帮助法官辨明双方专家证人言论真伪、选择采信等，最后还负有帮助法庭确定诉讼焦点等责任。

5. 明确我国专家证人证言的证明力

证明力问题在本源上属于经验层面的问题，没有固定的方程去计算证明力的大小及价值。它随着案件的变化而呈现不同的标准，因而也没有办法用明确的文字给予其规定。对证明力的判断体现了庭审的最高水平。

在英美法系国家，专家证人提供的证据的证明力由陪审团用被动庭审、集体判断的方式来决定。虽然这个方法也有不可回避的缺陷，但与其他方面相比来看还是有很大的科学性。然而由陪审团确立证明力的方式对于不具备陪审团的审判制度的中国而言是无从效仿的，那在中国又该怎样去确定专家证人的证明力呢？笔者认为，我国在做出专家证明力大小的判断时可以参考普通证人证言的法理规则，由审判人员根据专家证人提供证言的方式、提供证言与案件的联系密切程度，可以将案件划分为原始证据或传来证据、直接证据或间接证据，以此判断案件的证明力。其次，也可参考出庭专家的权威性及资质符合程度等来作为判断依据。具体标准还是要建立相关法则，以文字对其相关判定依据作出优先性排列。

当案情与专门性问题相关的时候，对专业知识空白的当事人与法官而言，专家证人的帮助尤为重要。随着中国的发展，中国引入专家证人制度也是大势所趋。在英美法系中关于专家证人的制度规定已存在多年，但专家证人制度并非绝对的合理，其本身也存在着至今世界各国很难解决的问题。因此专家证人制度在我国的确立，必然会引出

---

① ［美］理查德·A. 波斯纳，徐昕译. 证据法的经济分析[M]. 北京：中国法制出版社，2001：153.

诉讼迟延，庭审效率降低，专家证言难以公正、客观、独立，法官自由裁量权扩大等问题。[1]究其原因，一部分是这些都是专家证人本身既有的缺陷，引入中国也不可能全部消除。而更大一部分原因是由于我国司法立法方面的落后所致。[2]因此改变目前我国司法庭审构造，将是伴随我国专家证人制度引进后急需解决的问题。

在英美法系中专家证人制度在运行中一直备受争议，[3]英美法系各国也并未停止过对专家证人制度的改革。[4]因此，我国引入并确立专家证人制度肯定不会一帆风顺，我们只有不断地发现问题，不断根据国情进行改革，才能真正地在我国应用好专家证人制度。

① 徐继军.专家证人研究[M].北京：法律出版社，2000：7-8.
② 周湘雄.英美专家证人制度研究[M].北京：中国检察出版社，2006：253-263.
③ 徐昕.英国民事诉讼规则[M].北京：中国法律出版社，2001：181.
④ [英]理查德·梅，王丽译.刑事证据[M].北京：中国法律出版社，2007：207.

第十章

解决网络权利冲突的辅助性规则重构

　　网络世界中的权利冲突虽然与传统权利冲突有一定的不同，但网络世界也同样是社会大系统的组成部分，同时也不能完全孤立于传统的法律体系和权利义务框架而单独存在。在论证了网络权利冲突的实体性规则和程序性规则的构建之后，我们还必须重视传统法律体系中相关制度的完善和构建。本章对于解决网络权利冲突的辅助性制度构建，主要涉及网络犯罪的管辖问题，以及笔者采用神经网络的建模方法对一些法律问题的尝试性研究，作为对网络权利冲突问题和工程技术科学研究方法在法学领域中应用的尝试。

第一节　网络犯罪司法管辖权重构[①]

互联网技术的发展推动了新一轮的产业技术变革，同时也便利了现代人的生活和工作。然而，法学研究者们不约而同地注意到，互联网的出现，也为犯罪分子提供了新的犯罪工具和手段[②]。区别于传统犯罪，网络犯罪具有更加复杂、隐蔽的特点，这对现有法律体系产生了新的冲击[③]，该现象受到了法学与社会学界的共同关注。其中，网络犯罪管辖权的确立成为法学界探讨的焦点问题之一[④]，因为网络犯罪管辖权的确立直接关系到对网络犯罪的有效打击以及网络安全的维护，同时也关系到对国家司法主权的尊重和维护。

我国《刑事诉讼法》第二十四条规定："刑事案件由犯罪地的人民法院管辖。如果由被告人居住地的人民法院审判更为适宜的，可以由被告人居住地的人民法院管辖。"同时，最高人民法院在其制发的《关于执行〈刑事诉讼法〉若干问题的解释》第二条中规定："犯罪地是指犯罪行为发生地。以非法占有为目的的财产犯罪，犯罪地包括犯罪行为发生地和犯罪分子实际取得财产的犯罪结果发生地"。

由于网络犯罪的特殊性，法学界对网络犯罪的管辖权问题提出各种不同于传统的理论和看法，如第四国际空间理论、最低联系理论、服务器所在地理论以及网站关系理论。上述各种理论从不同的角度对

---

① 本节在作者公开发表的研究论文基础上修改完成。邹晓玫，蔡玉千卉. 网络犯罪司法管辖权重构[J]. 河南财经政法大学学报，2014(3).

② 余建华. 网络侵犯行为：类型与特征[J]. 自然辩证法研究，2012(2)：65-70；刘英泽. 网络犯罪电子证据制度相关问题研究[J]. 广西社会科学，2010(11)：76-79；李赟，金晨曦，张凤军，杨梅. 苏州市 2007—2010 年网络犯罪调查分析[J]. 中国刑事法杂志，2011(10)：120-127.

③ 邢秀芬. 论网络犯罪的立法控制[J]. 学术交流，2010(8)：61-64；于志刚. 网络犯罪与中国刑法应对[J]. 中国社会科学，2010(3)：109-222；于志刚. 关于网络空间中刑事管辖权的思考[J]. 中国法学，2003(6)：103-112.

④ 陈结淼. 关于我国网络犯罪刑事管辖权立法的思考[J]. 现代法学，2008(3)：92-99；石奎. 浅析网络犯罪刑事管辖权[J]. 法制与社会，2009(9)：191-192；崔明健. 网络侵权案件的侵权行为地管辖依据评析[J]. 河北法学，2010(12)：134-138；赵哲. 网络侵权诉讼地域管辖的确定[J]. 2011(9)：156-158.

网络犯罪进行剖析，得出了不同的结论。绝大多数的研究者强调网络犯罪与传统犯罪的区别，试图将网络的虚拟空间从现实空间中独立出来。那么，网络环境下的犯罪活动的司法管辖到底是否应当有别于其他犯罪行为而单独设计呢？笔者认为，网络犯罪管辖制度的创新不能简单地取决于我们"创新"的美好愿望，而应取决于对以下几个问题的回答：其一，网络犯罪活动是否以及在何种意义上有别于传统的犯罪；其二，犯罪的刑事司法管辖制度要遵循哪些具体的价值诉求；其三，在实现上述价值诉求的前提下，现有的刑事司法管辖权设计能否容纳以及能在何种程度上容纳网络犯罪案件的处理需要。

尽管网络的虚拟空间与传统的现实空间确实存在显著区别，但网络是现实中的存在，从这个意义上讲，网络的虚拟空间也是现实空间的一部分。网络犯罪与传统犯罪相比，虽然有自身的独特性，但其区别仅仅是犯罪工具或手段的不同，其犯罪的本质和构成与传统犯罪并无实质差异，同样是现实生活中真实存在主体对真实法益的严重侵害，同时兼具社会危害性、刑事违法性和当受刑罚处罚三大要件。对网络犯罪确立切实有效的刑事管辖权是刑事诉讼法不可回避的重要任务。科学有效的网络犯罪刑事管辖权决定着国家强制力能否对网络环境下的犯罪行为进行真实有效的干预，而网络犯罪案件的刑事管辖权设计的科学与否，取决于网络犯罪活动的行为特性及管辖权联结点设计过程中主要价值维度的选择。

一、网络犯罪的类型及其行为特征

1. 网络犯罪及其一般性特点

网络犯罪是指行为人违反刑法的禁止性规定，运用计算机等信息工具，借助于互联网络对网络上的各类系统或其数据信息进行破坏、修改、窃取或攻击的行为，或者以互联网为工具或手段实施的其他严重损害国家、社会或公民合法权益，依法应当受到刑罚处罚的行为。网络犯罪活动一般都具有地域性弱化、隐蔽性高的特点。由于网络空间的虚拟性，行为人通过计算机终端可在任意地点访问网络系统实施犯罪，犯罪结果可发生在任何时候、发生在世界任何一个角落。这使得网络犯罪实施地和结果地不一致，一个犯罪行为可导致产生多个犯罪结果地；同时犯罪的实施与犯罪的结果之间可能存在较长的人为间隔（例如，一些病毒程序需在特定的时间和条件下才能发作），这使得网络犯罪具有极高的隐蔽性。由于网络虚拟技术的迅速发展，在确定引发特定犯罪结果的犯罪行为实施地时，常会遭遇技术上的障碍。这一特点导致了网络犯罪的犯罪黑数高，侦查和取证困难。对于网络犯罪的管辖权之争议也多由网络犯罪的这些有别于传统犯罪的重要特点所引发。

2. 网络犯罪的分类及其类型化行为特征

根据网络犯罪危害的客体及其行为特征的不同，笔者将网络犯罪分为两类：

第一类网络犯罪是指将网络作为犯罪的工具或手段实施的犯罪（以下称 A 类网络犯罪）。这一类犯罪与传统犯罪相比在犯罪客体上没有本质区别，犯罪行为侵害的仍然是刑法所保护的传统法益。这类犯罪中网络仅仅是一种更加便捷的犯罪工具，是传统犯罪工具的延伸或替代品。如网络诽谤、网络泄密、利用网络聊天工具组织的卖淫、利用互联网实施财务诈骗等犯罪活动，虽然利用了计算机、互联网等现代化手段，但"网络"在这些犯罪活动中的作用仅仅是带来了工具意义上的改变。因此，在此类犯罪的刑事管辖权确立过程中，应重点考虑互联网技术所带来的工具意义上的变化，如优先考虑调查取证的便捷性等因素。

第二类网络犯罪是指以互联网自身或其特有组成部分为侵害客体的犯罪行为（以下称 B 类网络犯罪）。这类犯罪在客体和手段上都表现了出高度的信息化特征。首先，此类犯罪所侵犯的客体在互联网出现之前的传统世界中是不存在的。"互联网"在物理意义上是由一系列相互连接的计算机及其它网络设备构成；而这些互联的网络设备之间的信息流动则构成了一个独特的非物质化的虚拟空间。行为人对构成互联网的物理设备、其中的电子数据或互联网中的某些"虚拟财产"的侵害，与传统的危害行为一样可能构成对法律主体现实利益的重大影响，常见的形式如传播网络病毒、黑客行为以及滥用软件技术保护措施等。[①]其次，此类网络犯罪往往在手段上一般也具有高度的专门性和专业性。此类网络犯罪侵犯客体的独特性，使得犯罪行为人通常必须具有一定的网络专业知识才能达到入侵、破坏和攻击网络系统的目的。这使得该类网络犯罪行为人多为一些具有较高学历或掌握计算机专业技能的人员。犯罪行为人的年龄呈现年轻化的趋势，犯罪行为呈现技术化的趋势。最后，此类犯罪行为隐蔽性、迅捷性更强。犯罪行为得逞后，所带来的危害后果往往表现为受害群体广泛、累加性利益损失严重，甚至超过犯罪行为人的预期。例如，2001年9月18日的"尼姆达(Nimda)"病毒从被发现的半个小时之内就传遍了整个世界，造成830万台计算机被感染，经济损失近10亿美元的严重后果。因此，在此类网络犯罪的刑事管辖权确立过程中，就必须更多地考虑诉讼主体的便利性和案件管辖分布的均衡性等因素。

二、确立网络犯罪刑事管辖权的主要价值维度

1. 实体管辖与诉讼管辖范围相一致

一国的法律体系应当具有内在的一致性和协调性。作为刑事诉讼法重要组成部分的管辖权设计，应当与刑法的实体性适用保持内在的统一。我国的刑法采用属地主义为主、属人主义和保护主义为补充的适用原则。根据该项原则，凡在中国领域内的犯罪、中国人在领域外的严重犯罪以及外国人在国外针对中国或中国公民的犯罪均应适用我国刑法。因此，在网络犯罪的管辖设计上，也应当考虑上述各种犯罪情形追究的可能性，确保以下涉及网络的犯罪行为均能由我国的特定法院实现管辖：（1）犯罪行为地在我国领域内的网络犯罪。这里的犯罪行为地包括实施侵害的网络终端设备所在地、被侵害的网络终端设

[①] 滥用软件技术保护措施是指软件开发商以保护版权为名，采用惩罚性的技术保护措施。例如"微软黑屏事件"、"KV300L++逻辑锁事件"等。

备所在地，以及该网络犯罪的现实危害结果发生地。（2）行为人为中国公民的网络犯罪行为，不论该公民是否居住在中国领域内或是否在中国领域内实施网络犯罪行为；（3）行为人不是中国公民，实施网络犯罪的终端设备也不在我国领域之内，但对我国或我国公民造成实际损害的严重网络犯罪。按照上述价值原则，对没有造成任何实质性损害的"抽象越境"行为，即"行为人本身或其犯罪行为并未在某一国家领域内实施，而是在互联网上以信号或数据传输方式跨越了某国国境"①的行为，过境国不应当行使管辖权。

2. 案件的全面覆盖与均衡分布

网络刑事案件管辖权的设计应当能够覆盖全部上述网络犯罪案件，即任何一个应由我国行使管辖权的网络犯罪案件都能够被划归到我国的某一个或尽可能少的若干个法院的管辖范围内，不应当有所遗漏。在案件全面覆盖的基础上，网络犯罪管辖权的设计还应当考虑案件在各法院分布的相对均衡性。虽然刑事案件因其行为性质不同会呈现出地域上不均衡分布的特点，但在管辖权联结点的设计上应当力求正常地反映、甚至在一定程度上纠正这种不均衡，而不能人为地制造或加剧这种不平衡。因为网络覆盖比例的不同、对网络利用程度不同，不同地域的网络犯罪案件的发案率同样会有不同，但案件管辖的联结点设计不科学会加剧案件的受理分布不均。例如，如果将涉案的网络服务器所在地设定为联结点，很有可能会造成在大型知名网站的服务器所在地，案件受理过于集中；而犯罪人住所地、危害结果发生地的人民法院虽然在实质意义上与案件的关联性更紧密，却无权管辖该案件。

3. 便利性

网络犯罪案件管辖权的设计还应当遵循"便利群众进行诉讼，便利人民法院办案"的"两便"原则。从"便于法院审理"的角度来言，应主要考虑两个方面：其一，人民法院辖区与案件的实质关联性，即辖区内的社会秩序、民众生活、辖区内法律主体的现实利益是否与案

---

① 吴华蓉.浅论网络犯罪刑事司法管辖权的构建[J].犯罪研究，2006(4).

件具有较高的相关性；其二，调查取证的便利性。在刑事案件中，法院和检察院都可能需要就案件事实进行调查取证，而调查取证的便利与否直接影响着司法资源的节约或浪费。因此，人民法院的"便利审理"应当考虑这两方面的因素来确定管辖权的设计。就"便利当事人诉讼"而言，也需要考虑两个方面的影响：其一，考虑被告应诉的便利性和对被追诉人的保护。虽然刑事诉讼法采取强制管辖的方式，并不以当事人的自主意愿为转移，但刑事诉讼法的核心价值既在于有效打击犯罪，也要充分保护被追诉人合法权益不受公共权力的不法侵犯。因此，在刑事案件的管辖过程中，也应当考虑被追诉人应诉的便利以及对其诉讼权利的保护；其二，考虑是否便利于受害人和证人参与诉讼。由于网络的迅捷和便利性，网络犯罪往往表现为受害人群体化，犯罪行为地与结果地不一致，甚至犯罪行为地本身也具有多重性。如果管辖权设计不合理，会给受害人、证人参加诉讼带来困难。

三、现有网络犯罪的管辖权理论之得失

针对网络犯罪具有"地域性弱化，隐蔽性高"的特点，国际社会上对于网络管辖权问题提出了许多理论，如第四国际空间理论、最低联系理论、服务器所在地理论以及网址关系理论等。而我国《刑事诉讼法》第 24 条规定："刑事案件由犯罪地的人民法院管辖。如果由被告人居住地的人民法院审判更为适宜的，可以由被告人居住地的人民法院管辖。"同时，最高人民法院在其制发的《关于执行〈刑事诉讼法〉若干问题的解释》第 2 条中规定："犯罪地是指犯罪行为发生地。以非法占有为目的的财产犯罪，犯罪地包括犯罪行为发生地和犯罪分子实际取得财产的犯罪结果发生地"。2012 年刑事诉讼法的修订过程中也并未对该案件管辖联结点的设计作任何改变。那么就网络犯罪案件而言，上述各种学理主张与我国的刑事司法的规范性规定之中，究竟哪种更具科学性和可实践性？笔者试从前述各项原则出发，对其逐一进行分析。

1.第四国际空间理论

第四国际空间理论也称"网络自治"理论。持该主张的学者认为，应摆脱传统地域管辖的观念，承认网络虚拟空间是一个特殊的"地域"，不再使用现有世界中各主权国家的法律，而以网络世界的独特法律实现"网络自治"。这一理论彻底颠覆了网络世界应由主权国家行使司法管辖权的基本立场，其新颖性和学术勇气值得钦佩。但在司法实践意义上，该主张的缺陷同样如其优点一般显而易见。虽然网络世界具有虚拟性，但网络犯罪的行为人是真实的生活在不同主权国家的主体，网络犯罪侵害的法益和造成的损失是真实存在的，针对网络犯罪行为任何有现实意义的追溯必然由现实的权力机构进行。不以任何国家主权为基础的权力行使在现代国家格局的意义上是不可想象的。这一管辖理论完全无法实现诉讼管辖与刑事实体法适用之间的统一，甚至不可能与现代世界各国的国家制度和政治制度共生共存，不具有可操作性。

2.最低联系理论

最低联系理论源自美国针对网络犯罪实施的"长臂管辖权"。长臂管辖权是指当被告的住所不在法院地州，但和该州有某种最低联系时，该州对于该被告具有属人管辖权，可以对州外的被告发出传票。[①]该理论较好地实现了刑事实体法律的适用与诉讼管辖的统一，也正是因为这一优势，使得该方式得以在美国境内成为实践性的司法管辖规则。但必须注意的是，美国的刑事司法管辖机制基于其联邦制国家政体，即各州拥有独立于联邦和其他州的司法权，因此，在属地管辖的基础上，"长臂管辖"实际上表现出了属人管辖和保护管辖的折中，它以保护本州利益为核心，牺牲了司法管辖的便利性。

3.服务器所在地理论

网络服务器所在地相对稳定，满足确定性的要求，但网络服务器所在地仍然不适合作为管辖基础。这是由于：第一，网络服务器只是组成网络系统的一个节点，其功能具有一定的开放性，用户可自由进

---

① 佴澎.网络犯罪管辖研究[J]公安研究.2004(2).

行上传、下载等功能，服务器所在地与侵权行为的发生可能没有直接的关联性，例如，某人可以选择 A 邮件服务器发送恐吓信息，也可选择 B 邮件服务器发送恐吓信息，该信息通过哪个服务器进行传送具有一定的随机性。第二，服务器管理十分复杂，很多网站是通过租用服务器的方式来实现自己公司网站的管理，这样，可能把成千上万个网站都装在一个服务器上，而网络犯罪的行为和结果与服务器所在地可以毫无关联，因此，由该服务器所在地的法院管辖所有有关这些网站的诉讼可能造成特定地区法院的网络犯罪管辖过于集中，不能满足案件管辖相对均衡的基本要求。第三，如果将服务器所在地作为管辖基础，可为犯罪行为人提供便利，例如，犯罪行为人可在国内通过访问国外设置的服务器进行网络犯罪，从而逃避国内法院的管辖。也就是说，网络服务器的所在地与网络犯罪的实质性关联往往并不紧密，既具有随机性，又具有不可控制性，因此将网络服务器所在地作为管辖基础既缺少合理性，又缺少可行性。

4. 网址关系理论

IP 地址具有确定性，在网络里，每台终端的 IP 地址相当于每个人的身份证号，每个设备具有唯一的 IP 地址，通过 IP 地址的定位可查找到网络设备和网络服务商，进而可对实施犯罪的终端设备、甚至犯罪人进行物理定位。但随着网络技术的迅速发展及 IP 地址资源的紧缺，IP 地址的管理技术也不断变化以适应网络用户的需求，例如，IP 地址分为静态 IP 和动态 IP，对于静态 IP 一般能确定上网的具体地点，而动态 IP 则是随机产生的，具有随机性。同时，随着移动技术的发展，IP 地址所在地也将成为一个不确定的概念，这增加了以此为联结点而设计的管辖权的不确定性。

笔者认为，网络犯罪的管辖权仍然应当以属地管辖中的犯罪行为地管辖为基本依据。因为从国际角度来看，属地管辖权是国家司法主权的重要体现。从国内角度来看，属地管辖权体现了不同地区法院之间管辖权力的平衡与分配。网络犯罪虽然弱化了地域性，增强了虚拟性，但其犯罪行为的本质并未改变，犯罪行为人和犯罪工具在现实世界中是确切地存在于某一地域的。因此，我国现行刑事诉讼法律规范所确立的以犯罪地为基本联结点的管辖体系在确定网络犯罪管辖权的过程中仍然是现实的、可行的。

四、以犯罪地为核心的网络犯罪管辖权设计

由于网络犯罪的复杂性，犯罪地的确定较为复杂。例如，犯罪分子在 A 地通过终端操控 B 地的服务器对 C 地的计算机系统进行攻击，这里在同一时间涉及三个不同的地点，如何确定犯罪行为地成为值得讨论的问题。笔者认为，对于网络犯罪案件的诉讼管辖，应当坚持现行刑事诉讼法确定的犯罪行为地为主要联结点，并辅之以犯罪结果发生地和被告人居所地，建立一个分层次的网络犯罪案件管辖体系。

1. 以犯罪行为人实施犯罪的终端设备所在地作为"犯罪地"管辖之基础

无论是在 A 类还是 B 类网络犯罪中，犯罪人都必须借助特定的网络终端设备才能够完成犯罪。该设备是网络犯罪的首要工具，同时也可能是最重要的电子证据存储介质。该终端设备还是将现实中的犯罪行为人与网络虚拟世界联系起来的关键环节。因此笔者认为，犯罪行为人实施犯罪的终端设备所在地法院应该成为网络犯罪的优先管辖法院。首先，犯罪行为人借助该终端设备实施的犯罪在时间和空间上具有唯一确定性，且该终端设备所在地通常可以根据网络上的记录进行追踪和定位，在侦查技术上具有可行性，因此将实施犯罪行为的终端设备所在地作为管辖基础满足管辖确定性的要求。其次，将实施犯罪的终端设备所在地确定为犯罪行为地，确实反映了该犯罪行为的现实状态，并且与现行刑法的地域管辖以及现行刑事诉讼法的管辖机制均能达成内在的一致。再次，将实施犯罪的终端设备所在地认定为犯罪行为地，能够自然地反映网络犯罪行为发生的实际地域分布，不会造成人为意义上的案件受理过于集中，满足案件管辖的全面覆盖和均衡性要求。最后，由于实施犯罪行为的终端设备往往保留有大量电子证据，行为人通常将其置于自身实际控制范围之内，因此以其所在地为

管辖地，既便利于被追诉人应诉，也便于人民法院和公诉机关的调查取证。

但是由于网络犯罪技术上的特点，在终端设备确定过程中可能会遇到不同的问题，需要辅之以其他技术手段锁定设备物理地点：其一，可移动性网络终端设备的物理所在地。随着网络技术的发展和终端设备的更新换代，很多网络终端设备是可移动的，可以随时通过无线网络接入互联网，因而给"终端设备所在地"的确定带来困难。在这种情况下，需要借助网络 IP 和物理 IP 地址来辅助实现该犯罪行为实施时特定终端设备的空间位置锁定。因为在任何一个时间点上，通过 IP 协议接入互联网的任意特定计算机，其 IP 地址具有唯一性，而该 IP 地址可以清楚地标示出该时间点上使用这一 IP 地址的终端设备物理空间意义上的所在地。但通过电信网络等接入互联网的终端设备不能用此方法确定设备物理所在地，因此需要下文所述的补充性原则。其二，涉及多终端设备的网络犯罪"行为地"确定。有些网络犯罪可能由行为人在不同地点借助多个终端设备共同完成，在这种情况下，应当承认多个终端所在地法院均有管辖权，按照《刑事诉讼法》第二十五条的规定处理："几个同级人民法院都有权管辖的案件，由最初受理的人民法院审判。在必要的时候，可以移送主要犯罪地的人民法院审判"。

2. 以网络犯罪的结果发生地为次要管辖原则

以犯罪结果发生地为联结点确立管辖是传统犯罪管辖理论中已经采用的方式，也有学者主张在网络犯罪和网络侵权案件中采用结果发生地作为唯一的管辖权确定依据，即受害人（或网络侵权案件中的原告人）发现自身权利被侵犯的信息的计算机终端所在地法院行使管辖权。笔者认为如果单纯以发现侵权信息的计算机终端所在地作为管辖的依据并不合理：由于网络的虚拟性和共享性，往往造成犯罪行为实施地与结果发生地不一致，而且很可能出现一个犯罪实施地对应多个结果发生地。随着网络和移动技术的发展，结果发生地表现出越来越强烈的随机性和任意性，任何地点都可成为结果发生地。因此，如果将发现侵权信息的计算机终端所在地作为单一的管辖基础，一方面会造成管辖权确定的随意性和不确定性，另一方面也有失公平原则，即原告可以随意挑选对自己最为有利，而对被告不利的法院提起诉讼。因此，单纯以发现侵权信息的计算机终端所在地作为管辖基础是不合适的。

然而，在网络犯罪管辖权的确定过程中，犯罪结果发生地管辖却可以成为行为地管辖的有益补充，特别是在上文所述的通过手机等移动设备接入互联网实施的犯罪中。因为在这类犯罪中行为地的确定往往比较困难，即便确定也未必与犯罪活动及其影响具有现实意义上的实质关联。在这种情况下可以采用犯罪结果发生地为次优联结点来确定管辖：如果受害人是单一主体或是少数主体，以受害人首先发现的侵权的终端所在地为管辖地；在受害主体为数量较大的群体时，以最先发现侵权的受害人发现侵权的终端所在地为管辖地。

3. 以被告人住所地为补充管辖原则

在一些特别复杂的网络犯罪案件中，有可能出现行为人利用大量的移动电子设备接入互联网，同时犯罪结果涉及数量庞大、分布广泛的网络使用主体。在这种情形下，犯罪行为地或损害结果发生地有可能同时遭遇确定上的困难。因此，笔者认为可以将被告人住所地作为"兜底"的管辖原则。因为无论网络犯罪借助了多么迅捷和虚拟的信息技术，刑事案件的被告人始终必须具有现实性和唯一确定性，而其住所地是犯罪人生活的核心区域，诉讼和取证的便利性也可以得到一定保障。

上述确定网络犯罪司法管辖的原则应当具有适用上的层次性：以实施犯罪的网络终端设备所在地为优先原则；如果采用该原则确定管辖地有困难，则考虑受害人首先发现侵权的计算机终端所在地为管辖地；如果上述两种方式尚不足以确定某些复杂网络犯罪案件的管辖地，则以被告人住所地为最终管辖地。这种分层次的管辖方式不仅在规范意义上与刑事诉讼法的相关规定保持一致，而且在刑事管辖原则的价值维度上吻合了立法精神，也满足现实意义上的可操作性。

由以上分析可见，虽然与传统犯罪相比，网络犯罪具有自身独特的性质，但只不过是犯罪的形式和手段上的变化，其犯罪的本质并没有改变。根据网络犯罪的一般特征和类型化特点，我们可以将其确定为两种不同的类型。针对网络犯罪的管辖并不需要脱离现行刑事诉讼的规范而另起炉灶，只需针对网络犯罪的技术性特征重新确定现行规范中的"行为地"、"结果地"等联结点的确切指向，并设计合理的优先顺序，既可解决网络犯罪管辖的现实问题，又能较好地达成刑事案件管辖权设计需遵循的价值目标。

第二节　基于神经网络的刑事案件量刑决策系统[①]

现代社会追求民主、科学的法治精神，在案件的处理过程中要尽量地体现公平化、公正化。为了减少因法官的主观因素不同而造成的判决误差，体现判决结果良好的客观公正性，本节结合人工神经网络在各种判别、决策问题中具有的良好性能[②]，提出一种基于人工神经网络的刑事案件量刑决策系统。将案件的各种量刑情节输入到神经网络中，利用神经网络的学习和推理能力，得到最终的量刑结果，从而为案件的审判提供客观公正的量刑参考。

一、网络结构

决策系统采用三层 BP 神经网络实现，输入层选择 x_1, x_2, …, x_{28} 共 28 个神经元，分别代表各种量刑情节以及案件性质。其中法定量刑情节用前 26 个神经元表示，如表 10-1 所示，神经元的输入采用布尔变量的形式表示。如，$x_{22}=0$ 表示无自首行为，$x_{22}=1$ 表示有自首行为。酌

[①] 本节在作者公开发表的研究论文基础上修改完成。邹晓玫, 修春波. 基于神经网络的刑事案件量刑决策系统[J]. 微计算机信息, 2008(3).

[②] 王青, 祝世虎, 董潮阳, 陈宗基. 自学习智能决策支持系统[J]. 系统仿真学报, 2006, 18(4): 924-926; 高卫峰, 姚志红. 基于 BP 神经网络的藻类生长预测研究[J]. 微计算机信息, 2005, (18): 167-169; 韩文蕾, 王万诚. 概率神经网络预测股票市场的涨跌[J]. 计算机应用与软件, 2005, 22(11): 133-135.

定量刑情节用输入层中第 27 个神经元表示，且取[-1，+1]之间的值，表示根据酌定量刑情节，案件从重或从轻处罚的隶属程度。输入层的第 28 个神经元代表案件的性质。由于刑法规定有期徒刑的最高年限为 20 年，因此本节设定无期徒刑、死缓以及死刑分别用 21 年、22 年和 23 年表示。代表案件性质的神经元 x_{28} 用刑法规定的最高刑期与 23 的比值表示。

表 10-1 法定量刑情节各种情况与输入层神经元变量对应关系

变量	含义	变量	含义
x_1	没有造成损害的中止犯	x_{14}	在被追诉前主动交代介绍贿赂行为的
x_2	犯罪较轻且自首的	x_{15}	从犯
x_3	非法种植毒品原植物在收获前自动铲除的	x_{16}	在被追诉前主动交代向公司、企业工作人员行贿行为的
x_4	防卫过当	x_{17}	预备犯
x_5	避险过当	x_{18}	已满 14 周岁不满 18 周岁的犯罪
x_6	胁从犯	x_{19}	累犯
x_7	犯罪后自首又有重大立功表现的	x_{20}	未遂犯
x_8	在被追诉前主动交代向国家工作人员行贿行为的	x_{21}	被教唆的人没有犯被教唆的罪时的教唆犯
x_9	在国外犯罪，已在外国受过刑罚处罚的	x_{22}	自首的
x_{10}	有重大立功表现的	x_{23}	有立功表现的
x_{11}	又聋又哑的人或者盲人犯罪	x_{24}	教唆不满 18 周岁的人犯罪的
x_{12}	个人贪污数额在 5000 元以上不满 1 万元，犯罪后有悔改表现、积极退赃的	x_{25}	尚未完全丧失辨认或者控制自己行为能力的精神病人犯罪的
x_{13}	造成损害的中止犯	x_{26}	刑法分则部分从重情节

隐层和输出层神经元的激励函数采用式(1)的 Sigmoid 函数。

$$f(x) = \frac{1}{1+e^{-x}} \tag{1}$$

由于拘役与有期徒刑无交叉刑期，因此可将其划为一类。这样，输出层包含 5 个神经元 y_1、y_2、y_3、y_4、y_5，不同的输出形式分别代表管制、拘役或有期徒刑、无期徒刑、死缓以及死刑。如表 10-2 所示。

表 10-2 网络输出形式

	y_1	y_2	y_3	y_4	y_5
管制	y	0	0	0	0
拘役或有期徒刑	1	y	0	0	0
无期徒刑	1	1	1	0	0
死缓	1	1	1	1	0
死刑	1	1	1	1	1

表中 y 为神经元的输出值，由于神经元的激励函数选择式(1)的 Sigmoid 函数，因此 $y \in (0, 1)$。例如，对于某犯罪案例，如果网络的输出为(1 y 0 0 0)，则代表该案例应当判处有期徒刑或拘役，具体刑期可按式(2)计算。

$$year = y \cdot (year_{max} - year_{min}) + year_{min} \qquad (2)$$

其中，$year_{max}$ 与 $year_{min}$ 是法定刑期的上下限。即按照法条规定，该种性质的犯罪判处有期徒刑的最多和最少年限。由于网络输入输出数量较多，关系较为复杂，为了达到良好的学习效果，因此本节选用两个隐层，每个隐层分别由 10 个神经元组成。

二、网络的学习与训练

基于梯度下降的学习算法在训练过程中容易出现假饱和现象[①]，并且网络易于陷入局部极小，从而降低网络泛化能力和收敛速度。为此，将混沌退火思想结合到网络的训练过程中，利用混沌在优化过程中的随机性和遍历性等良好的寻优特点，提高网络的全局寻优能力，加快

---

① 邓娟, 杨家明. 一种改进的 BP 算法神经网络[J]. 东北大学学报, 2005, 31(3)：123-126；王兆宇, 袁赣南, 邱威. 基于神经网络的全局寻优自适应 BP 学习算法[J]. 应用科技, 2004, 31(6)：46-50.

学习的收敛速度，提高网络的性能。具体学习过程如下：

Step1. 选择式(3)的 Logistic 映射作为混沌发生机制，生成混沌序列 z_1，z_2，z_3，……，其中 μ =4.0。

$$z_{k+1} = \mu \cdot z_k (1.0 - z_k) \tag{3}$$

Step2. 利用该混沌序列按式(4)初始化网络权值。

$$w_{i}^{k-1}{}_{j}^{k} = h(z_{n+1} - 0.5) \tag{4}$$

其中 h 为初始化系数，可选择 h =0.5。$w_{i}^{k-1}{}_{j}^{k}$ 表示第 $k-1$ 层的第 i 个神经元与第 k 层的第 j 个神经元之间的连接权值。这样网络的权值就被随机地初始化为 ±0.25 之间的随机数。

Step 3. 输入第一个样本，并利用式(5)计算网络各神经元的输出。

$$O_j^k = f(I_j^k) = f(\sum_i w_{i}^{k-1}{}_{j}^{k} O_i^{k-1}) \tag{5}$$

其中 I_i^k 和 O_i^k 分别表示第 k 层神经元的输入总和及输出值。

Step4. 按式(6)调节第 $t+1$ 次迭代时的网络权值。

$$w_{i}^{k-1}{}_{j}^{k}(t+1) = \alpha w_{i}^{k-1}{}_{j}^{k}(t) - \eta d_j^k O_i^{k-1} \tag{6}$$

其中 α 为原权值所占比例系数，η 为学习率，d_j^k 按梯度学习算法计算。

Step5. 按式(7)~式(9)对网络权值实施退火操作。

$$w_{i}^{k-1}{}_{j}^{k}(t+1) = \begin{cases} w_{i}^{k-1}{}_{j}^{k}(t+1) + q_{big}r(t+1)z_{n+1}, & random < P(t) \\ w_{i}^{k-1}{}_{j}^{k}(t+1) + q_{small}r(t+1)z_{n+1}, & else \end{cases} \tag{7}$$

$$r(t+1) = r^2(t) \tag{8}$$

$$P(t+1) = \begin{cases} P(t) - \delta, & P(t) > 0 \\ 0, & else \end{cases} \tag{9}$$

其中 z_{n+1} 为利用式(3)产生的混沌序列，q_{big} 和 q_{small} 是混沌信号的最大和最小幅值，且 $q_{big} >> q_{small}$。$r(t)$ 表示退火方式，$P(t)$是退火接受概率，δ是一个小正数。

Step6. 返回 Step3，输入下一个样本对，直到所有样本对全部循环一遍。

Step7. 重复上述过程，直到网络权值稳定为止。

与传统的梯度学习算法相比，本节算法增加了退火操作。网络在训练的初期，不但按照误差梯度下降的方向调节权值，而且由于混沌随机、遍历寻优的性质，网络具有了一定的跳出局部极小的能力，并在一定程度上克服了假饱和现象，加快了收敛速度。随着迭代次数的增加，退火接受概率不断减小，同时由于 $r(t)$不断衰减，混沌扰动的作用不断减小至 0，因此在训练的后期，学习算法就退化为传统的梯度学习算法，从而保证了网络的收敛性。

三、仿真实验

本节选取一审无争议的 500 例同罪名案件作为学习样本，训练网络。选择同罪名的 A、B 两类案件各 50 例作为测试样本。A 类案例为一审不上诉的案件，B 类案例为一审后上诉的案件。测试结果如表 10-3 所示。

表 10-3 仿真实验结果

	刑罚种类正确分类率	刑期平均误差 $\bar{e}$	刑期最大误差 e_{max}
A 类案例	100%	2.8%	4.3%
B 类案例	100%	3.7%	5.6%

其中，案件的刑期误差 e 定义为

$$e = \frac{|y - y_{实际}|}{y_{max} - y_{min}} \times 100\% \tag{10}$$

其中 y 为利用本节所述网络计算出的刑期，$y_{实际}$ 为法院对该案例的终审判决结果。y_{max}，y_{min} 为法条规定该性质案件判决的最高和最低年限。如果案例的最高刑期为无期徒刑，则 y_{max}=21 年，如果为死缓，则 y_{max}=22 年。如果为死刑，则 y_{max}=23 年。

由表中结果可见，本节提出的量刑决策系统，可对刑罚种类做出正确的判决和分类，并且所得量刑误差较小，可为实际案例的判决提供客观、公正的参考。

四、研究结论

本节提出了基于神经网络分类和决策的刑事案件量刑方法。为了克服神经网络自身的局部极小等问题，采用结合混沌退火的学习算法，改善了网络的学习和泛化等性能。将案件的具体量刑情节提取出来，作为神经网络的输入，根据现有案例的判决结果训练网络，从而使得网络获取了量刑决策的专家知识，大量的仿真实验结果表明，该决策系统具有较强的分类和决策能力，计算刑期与法院终审刑期之间的误差较小，可为案件的审判提供良好、客观、公正的参考结果。

第三节　基于模糊聚类分析的犯罪率相关因素的研究[①]

本节中笔者通过结合模糊聚类分析理论研究了影响犯罪率的各因素之间的关系，根据已知样本的期望聚类结果，建立聚类评价指标，结合有监督学习思想，利用混沌优化方法对评价指标进行寻优计算，

---

① 本节在作者公开发表的研究论文基础上修改完成。邹晓玫, 修春波. 基于聚类分析的犯罪率相关因素的研究[J]. 当代法学论坛, 2010(3).

训练各因素的权重因子，从而确定各因素对犯罪率的影响关系。测试样本的聚类结果表明，所得结论基本符合实际情况，对于犯罪率等法学问题的研究提供了有意义的理论依据，所得结论具有现实意义。

和谐社会从其实质上说就是社会各种组织、各个阶层能够和谐运行、彼此协调地发展。然而现实表明，在社会的运行与发展中，往往存在各种矛盾与冲突，影响着社会的和谐，其中这种冲突和矛盾最为激烈的表现形式就是犯罪。从这种意义上说，一个国家犯罪率的高低反映了一个国家的社会和谐程度。犯罪率的研究对社会的稳定、国家的发展有着重要的意义。

一个国家的犯罪率与多种因素有关，这些因素与犯罪率之间的关系又十分复杂[①]，如何分析清楚各因素的内在关系以及对犯罪率的影响一直是法律工作者研究的难题。一些法律工作者试图根据已有的一些数据直接揭示犯罪率与这些因素之间的关系，并通过建立线性或者简单的函数模型来确定这些因素对犯罪率的影响。但由于现实问题的复杂性，很难获得有效的模型。不过人们仍然通过感性认知或部分数据得到一些结论，如通常认为，国家的悠久历史和文化、国民的富裕程度和素质的提高、失业率的降低等都有助于犯罪率的降低，但这个结论的正确性却无法得到严谨的证明或证实，因此不具有很强的说服力。本节利用数据挖掘中的模糊聚类分析理论[②]，建立起各种因素对犯罪率的影响关系，从而得到对法律工作者具有借鉴意义的理论性结论。

一、基于模糊聚类的犯罪因素权重的确定

通常，法律工作者总结出五种主要因素对犯罪率具有较大的影响，

---

① 李金华.十二个国家犯罪率及相关统计资料[J].法学杂志,1991(1)：39.

② 王娜,杨煜普.一种基于改进客观聚类分析的模糊辨识方法[J],控制与决策,2009,24(1)：13-17；朱喜林,武星星,李晓梅.基于改进型模糊聚类的模糊系统建模方法[J],控制与决策,2007,22(1)：73-77；蒋盛益,郑琪,张倩生.基于聚类的特征选择方法[J].电子学报,2008,36(12A)：157-160；Jiang S Y,Song X Y,etal.A clustering-based method for unsupervised intrusion detections[J].Pattern Recognition Letters, 2006,27(7)：802-810.

分别是国家的历史文化的悠久程度、国民的富裕程度、人口密集程度、失业率以及国民素质等。对于一个国家的这五种因素可分别采用建国时间、人均国民生产总值、人口密度、失业率以及人均教育支出等五种指标进行定量描述。

文献中给出了 12 个国家的犯罪率及各因素的相关数据，本节选择其中六个典型国家的数据作为已知训练样本，即高犯罪率的美国、瑞典；低犯罪率的埃及、菲律宾；较低犯罪率的法国和德国，数据如表 10-4 所示。

表 10-4　典型犯罪率国家的已知样本数据

类别	国名	犯罪率	建国时间 (年)	人均国民生产总值 (美元)	失业率(‰)	人均教育支出 (美元)	人口密度 (人/平方公里)
高犯罪率	美国	45.8380	213	11360	9.6	676	24
	瑞典	50.8800	180	13520	1.9	1164	18
中犯罪率	法国	13.5868	1406	11730	7.7	560	98
	德国	15.9764	40	13590	5.5	566	247
低犯罪率	埃及	0.1931	67	580	4.6	19	41
	菲律宾	0.4201	43	720	5.4	12	159

利用上述五种指标作为聚类特征，在有监督[①]的情况下，通过不断修改各因素权重的方法寻找最优值，将模糊动态聚类结果作为寻优指标。当聚类结果与期望结果一致时，即可确定各因素对犯罪率影响的权重。由于混沌优化[②]具有算法简单、寻有效率高等特点，因此本节寻优过程采用混沌优化方法。

---

① Qiang Ye, Ziqiong Zhang, Rob Law. Sentiment classification of online reviews to travel destinations by supervised machine learning approaches[J], Expert Systems with Applications, 2009, 36(3)：6527-6535；Kirkpong Kiatpanichagij, Nitin Afzulpurkar. Use of supervised discretization with PCA in wavelet packet transformation-based surface electromyogram classification[J], Biomedical Signal Processing and Control, 2009, 4(2)：127-138；Morton J. Canty. Boosting a fast neural network for supervised land cover classification[J], Computers & Geosciences, 2009, 35(6)：1280-1295.

② Bilal Alatas, Erhan Akin, A. Bedri Ozer. Chaos embedded particle swarm optimization algorithms[J], Chaos, Solitons & Fractals, 2009, 40(4)：1715-1734；修春波, 张雨虹, 顾盛娜. 基于幂函数载波的混沌退火搜索算法[J]. 控制理论与应用, 2007, 24(6)：1021-1024.

混沌是一种普遍的非线性现象，其行为复杂且类似随机，但存在着内在规律性。混沌在优化计算方面具有独特的性质：（1）随机性，即混沌具有类似随机变量的杂乱表现；（2）遍历性，即混沌能够不重复地历经一定范围内的所有状态；（3）规律性，即混沌是由确定性的迭代式产生的。介于确定性和随机性之间，混沌具有丰富的时空动态，系统动态的演变可导致吸引子的转移。最重要的是，混沌的遍历性特点可作为搜索过程中避免陷入局部极小的一种优化机制。

一维迭代函数 $x_{n+1}=\sin \alpha x_n$ 就是一个具有混沌特性的映射。利用 wolf 算法绘出该函数的 Lyapunov 指数随参数 α 变化的图像如图 10-1 所示。

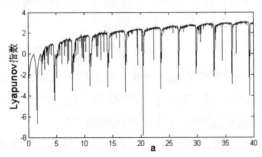

图 10-1 函数 $x_{n+1}=\sin\alpha x_n$ 的 Lyapunov 指数随 α 变化图

由图可见，随着 α 的增大，迭代函数 $x_{n+1}=\sin\alpha x_n$ 的 Lyapunov 指数不断增加，当 $\alpha>2.74$ 时，该映射的 Lyapunov 指数为正值，由于正的 Lyapunov 指数是混沌的主要特征，因此，该迭代映射在 $\alpha>2.74$ 时就表现出混沌特性，而且随着 α 的增加，函数的混沌度也在不断增加。因此利用该映射可产生混沌序列。

本算法可描述如下：

Step 1. 随机初始化权重系数矩阵 $Q=[q_1, q_2, q_3, q_4, q_5]$的各分量为$(0，1)$之间的数。权重系数各分量表示各因素对犯罪率的影响程度。

Step 2. 利用式(11)或式(12)计算相似矩阵 R。其中式(1)为绝对值减数法，如果样本中各特征之间的关系比较简单，则可采用该方法求解；式(12)为夹角余弦法，当各特征量之间的关系不符合简单的线性关系时，可采用该式求解相似矩阵。

$$r_{ij} = \begin{cases} 1, & i = j \\ 1 - c\sum_{k=1}^{m} q_k \mid x_{ik} - x_{jk} \mid, & i \neq j \end{cases} \tag{11}$$

其中 c 的选取应使 $0 \leq r_{ij} \leq 1$。

$$r_{ij} = \frac{\mid \sum_{k=1}^{m} q_k^2 x_{ik} x_{jk} \mid}{\sqrt{\sum_{k=1}^{m} q_k^2 x_{ik}^2} \cdot \sqrt{\sum_{k=1}^{m} q_k^2 x_{jk}^2}} \tag{12}$$

Step 3. 求取传递闭包矩阵 R^*。对于本节讨论的问题，根据模糊聚类理论可知，传递闭包可按下式求取。

$$R^* = R^6 \tag{13}$$

Step 4. 根据传递闭包进行模糊动态聚类分析，判断能否得到正确聚类结果，如果聚类正确，则算法结束，此时权值矩阵即为最优值。否则转 Step5 按照混沌优化方法修改权值矩阵。

Step 5. 确定优化指标 J。优化指标 J 衡量当前聚类结果与期望聚类结果的差异程度。期望的聚类结果传递闭包矩阵应具有下列形式。

$$\min\{r_{ij} \mid 样本i与样本j为同类\} > \max\{r_{ik} \mid 样本i与样本k非同类\} \tag{14}$$

指标 J 为传递闭包矩阵中符合式(14)的元素数。

Step 6. 随机选取一个权值 q_i 按式(15)进行修订

$$q_i(t+1) = \begin{cases} 0, & if(q_i(t)+\eta \cdot y_{j+1} < 0) \\ 1, & if(q_i(t)+\eta \cdot y_{j+1} > 1) \\ q_i(t)+\eta \cdot y_{j+1}, & else \end{cases} \tag{15}$$

其中 $0<\eta<1$ 为调整率，y_{j+1} 为利用下式产生的混沌序列，

$$y_{j+1} = \sin(\alpha y_j) \tag{16}$$

$$y_j = y_{j+1} \tag{17}$$

当 $\alpha > 2.74$ 时式(16)为混沌映射，由其产生的序列 $\{y_i\}$ 为混沌序列。

Step7. 返回 Step2 利用上述修正后的权重再重新进行模糊聚类分析，求得聚类结果，计算优化指标 J，如果指标变差，则恢复被修正的权值，如果指标变优，则保留修正的权值。

Step 8. 返回 Step4 再随机选定一个权值按照上述方法进行修订，直到得到正确聚类结果或达到最大迭代次数为止。

二、数据聚类结果与分析

1. 实验结果

上述聚类结果与相似矩阵的求取有关，利用绝对值减数法求取相似矩阵，经过多次长时间计算都无法得到满意的聚类结果。这说明这五个因素之间对犯罪率的影响不满足简单的线性关系。

利用夹角余弦法可得到正确的聚类结果，所得权值矩阵为

$$Q=[0.0003，0.001221，0.427000，0.006460，0.100000] \tag{18}$$

所得相似矩阵为

$$R = \begin{bmatrix} 1.000000 & 0.965309 & 0.633804 & 0.862912 & 0.155266 & 0.257044 \\ 0.965309 & 1.000000 & 0.684798 & 0.911517 & 0.244340 & 0.401231 \\ 0.633804 & 0.684798 & 1.000000 & 0.923181 & 0.853565 & 0.853125 \\ 0.862912 & 0.911517 & 0.923181 & 1.000000 & 0.607467 & 0.689493 \\ 0.155266 & 0.244340 & 0.853565 & 0.607467 & 1.000000 & 0.949920 \\ 0.257044 & 0.401231 & 0.853125 & 0.689493 & 0.949920 & 1.000000 \end{bmatrix} \tag{19}$$

传递闭包矩阵为

$$R^* = \begin{bmatrix} 1.000000 & 0.965309 & 0.911517 & 0.911517 & 0.853565 & 0.853565 \\ 0.965309 & 1.000000 & 0.911517 & 0.911517 & 0.853565 & 0.853565 \\ 0.911517 & 0.911517 & 1.000000 & 0.923181 & 0.853565 & 0.853565 \\ 0.911517 & 0.911517 & 0.923181 & 1.000000 & 0.853565 & 0.853565 \\ 0.853565 & 0.853565 & 0.853565 & 0.853565 & 1.000000 & 0.949920 \\ 0.853565 & 0.8535655 & 0.853565 & 0.853565 & 0.949920 & 1.000000 \end{bmatrix} \quad (20)$$

聚类阈值 λ 由 1 降至 0，即可实现动态聚类，所得动态聚类图如图 10-2 所示。

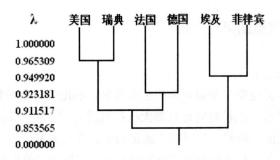

图 10-2 训练样本动态聚类结果

从上图可见，当 λ=0.923181 时，六个国家分别聚成三类，美国和瑞典为高犯罪率国家聚为一类，法国和德国为较低犯罪率国家聚为一类，埃及和菲律宾为低犯罪率国家聚为一类。从而实现了已知样本的正确聚类。

2. 正确性测试

为验证上述结果的有效性，根据表 10-5 的测试数据，将印度的特征数据也加入到上述六国，进行动态聚类分析，所得传递闭包矩阵如下：

$$R^* = \begin{bmatrix} 1.000000 & 0.965309 & 0.911517 & 0.911517 & 0.853565 & 0.853565 & 0.853565 \\ 0.965309 & 1.000000 & 0.911517 & 0.911517 & 0.853565 & 0.853565 & 0.853565 \\ 0.911517 & 0.911517 & 1.000000 & 0.923181 & 0.853565 & 0.853565 & 0.853565 \\ 0.911517 & 0.911517 & 0.923181 & 1.000000 & 0.853565 & 0.853565 & 0.853565 \\ 0.853565 & 0.853565 & 0.853565 & 0.853565 & 1.000000 & 0.998498 & 0.955313 \\ 0.853565 & 0.853565 & 0.853565 & 0.853565 & 0.998498 & 1.000000 & 0.955313 \\ 0.853565 & 0.853565 & 0.853565 & 0.853565 & 0.955313 & 0.955313 & 1.000000 \end{bmatrix} \quad (21)$$

表10-5　测试样本数据

国名	犯罪率	建国时间(年)	人均国民生产总值(美元)	失业率(‰)	人均教育支出(美元)	人口密度(人/平方公里)
印度	2.1669	42	240	8.5	6	198
英国	7.6210	923	7920	11.3	360	229
日本	5.1901	1406	9890	2.2	508	311
韩国	11.3564	41	1520	4.6	52	382
马里	1.0004	29	190	0.1	8	5
斯里兰卡	3.3616	41	270	12.8	5	225

由于印度的犯罪率和训练样本的六个国家相比属于低犯罪率。当阈值λ=0.923181时，按照上述所得传递闭包矩阵可实现正确聚类，即：{美国，瑞典}，{法国，德国}，{印度，埃及，菲律宾}。

将全部的12个国家样本共同实现聚类过程的结果如下图所示。

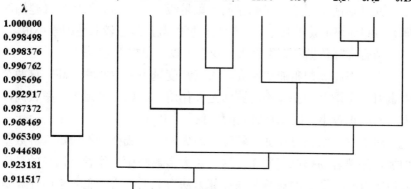

图10-3　十二国数据的动态聚类结果

　　由上述动态聚类过程可见，12个国家动态聚类过程基本符合要求，能够达到较满意的效果，如犯罪率较低的国家印度、菲律宾、斯里兰卡等能够较容易聚类在一起，英国、日本、德国等犯罪率较接近的国家聚类在一起，瑞典和美国两个犯罪率高的国家聚类在一起。当 λ=0.923181 时，12个国家聚成两类，一类是瑞典和美国两个犯罪率高的国家，另一类是其他犯罪率相对低的国家。这个聚类结果符合实际情况。由此可见，上述方法所确定的权重矩阵，可实现犯罪率问题的较为正确的分类。

　　上述聚类过程中，马里和韩国两个国家在最初的聚类过程中出现了一些偏差。这主要是由于上述数据是真实的统计数据，由于统计过程中的误差以及各类指标在各国的定义标准不同、统计方法不同等(例如，某些相同行为在某些国家是犯罪行为，但在其他国家可能并不认定为是犯罪行为)，因此这些数据本身的标准并不一致，也就是数据本身并不是完全理想的数据，因此不可能保证实现上述12个国家完全理想的聚类过程，但上述聚类过程也得到了令人满意的结果。

　　3. 结果分析

　　由权重矩阵 Q=[0.0003，0.001221，0.427000，0.006460，0.100000] 可见，在上述五个因素中，失业率对犯罪率的影响最大，人口密集程度影响其次，并且这两个因素的影响程度在同一数量级上；国民素质（人均教育支出）再次，国民富裕程度（人均国民生产总值）影响更小，并且这两个因素的影响在同一数量级上。而国家的历史（建国时间）对犯罪率的影响最小，并影响程度的数量级也较其他因素小很多。

　　结合实际数据和聚类结果，我们可以作出如下分析：

　　失业率越高则犯罪率越高，人口密度越小则犯罪率越高。这两个因素对一个国家的犯罪率起到决定性作用。例如，美国失业率较高，人口密度也较小，因此是典型的高犯罪率国家。

　　对于这一结果可作如下解释：高失业率造成社会不稳定人群数量增加，显然容易提高犯罪率，这一点大多数法律工作者是认可的。而人口密度对犯罪率的影响是与计算方法有关的。由于犯罪率的计算是犯罪的人数除以总人数，因此当人口密度较小，即使犯罪人口的绝对数量并不很多，但由于人口基数少，从而造成犯罪的相对值（犯罪率）较高。因此造成虽然失业率不高的瑞典，由于人口密度很小，也成为犯罪率高的国家。

据此可见，英国虽然失业率高，但人口密度较大，因此英国的犯罪率并不很高。法国、德国、韩国失业率较高，但人口密度也较大，因此犯罪率处于较高的状态。日本与上述三国相比，失业率不高，人口密度较大，因此犯罪率较这三国低。马里的失业率最低，但人口密度也最小，因此犯罪率也处于较低状态。

人均教育支出与人均国民生产总值这两个因素有一定的相关性，通常国家越富裕，则国民生产总值越高，人均教育支出也会越高。因此这两个因素可区分国家的经济情况，并且这两个因素对犯罪率的影响也在相同的数量级上。一般的法律工作者认为，国民素质越高应该犯罪率越低。但上述的聚类结果却得到了相反的结论。对这一结论可解释如下：由于数据的统计方式各国家不同，另外各国犯罪的定义与形式也各不相同，通常情况下，国家越发达，教育投入越多，则国民素质越高，国家对国民的要求也越高，(如某些发达国家和地区，对于类似公车不买票、向未成年人售酒、父母体罚孩子、打胎堕胎等行为都属于犯罪行为，而在某些发展中国家，上述这些行为则有可能不被认定为是犯罪行为)，因此某些发达国家的犯罪阈值较低，犯罪的形式和种类较多，也就是说犯罪的认定标准在不同发达程度的国家差异较大，因此造成相同情况下，发达国家的犯罪率较高。只有在发达程度相当的情况下，才可利用失业率和人口密度等因素来确定犯罪率的高低。

例如，斯里兰卡、印度与日本相比，失业率高，人口密度小，如果只按上述两个因素判断，则应属于较高犯罪率的国家，实际上日本属于发达国家，而印度属于发展中国家，因此犯罪率并不很高。同样的规律也适用于埃及和菲律宾。

由此可见，在相同情况下，发达国家的犯罪率高于发展中国家，这可能是由于发达国家本身对于犯罪的形式和程度的认定比发展中国家细化，发达国家对人民的素质要求高一些。一些在发展中国家不属于犯罪的行为，在发达国家也可能被认定为是犯罪行为，因此造成犯罪率统计结果较高。

最后，国家的历史文化悠久程度对于犯罪率的影响很小。也就是人们的思维方式以及形成的风俗习惯对犯罪率的影响很小。

木节结合聚类分析、优化计算理论和方法，对影响犯罪率的各因素进行了定性和定量的分析，对犯罪率的意义有了更清楚的认识。在发达程度相同的国家中，影响一个国家的犯罪率高低的最主要的两个因素是失业率和人口密度。一个国家的失业率越高，则犯罪的绝对人数会增多，因此会导致犯罪率高，而一个国家的人口密度大，则人口的基数大，这样在计算犯罪率时会使得犯罪率计算下降，但这并不意味着犯罪的绝对人数下降。

因此，在横向比较各国犯罪率的时候，应该考虑到所比较国家的发达情况，只有在发达情况相同的情况下，犯罪率的比较才更有意义。而在不同发达程度之间仅通过比较犯罪率来说明各国的社会治安或稳定情况，通常不具有很强的说服力。但为了减少一个国家的犯罪率，或犯罪的数量，提高社会的治安与稳定，最有效的办法应该是减少失业率。

后　记

　　《权利冲突的网络演化及其系统性解决机制》一书，集中了笔者2005~2014年中的主要研究成果。以权利冲突在网络环境下的演化及其解决对策为线索，集中了笔者在此期间公开发表的17篇研究成果的核心内容。文章采用了系统论和信息论为基础的控制理论，来分析权利冲突的结构，设计解决权利冲突问题的控制装置，试图以该控制系统来使各类一般权利冲突获得较合理的解决。在讨论网络环境下的权利冲突表现特殊性的基础上，从系统论的视角出发，在法治发展和权利演化的大背景下重新认识网络权利冲突的本质、特征及其法律功能。以法律原则为框架，司法为控制中心和生长点，以"终端用户—网络运营商—公共权力部门"三位一体的新型"权利—义务"体系为依托，充分发挥网络自身的信息技术优势，寻求网络权利冲突的"回应型"解决机制，同时促进网络权利体系的平稳演进。通过增加多元控制中心、多次层次控制和增加反馈控制机制等方式，对权利冲突控制装置进行了结构性的改进，使其可以有效地应对网络权利冲突的复杂性和多元性需求，以实现上述的网络权利冲突解决机制的回应型法律框架。在总体控制框架之下深入探讨网络权利冲突领域中的一些实体性和程序性热点问题，对其法律规制体系进行系统性重构，并辅之以一些配套性制度的完善，为寻求传统权利冲突和网络权利冲突的有效解决之道，提供一些有价值的参考。

由于网络系统和法律系统的双重复杂性交叠和笔者的研究能力所限，本书尚有诸多不完善之处，只能算是笔者对学术研究的一个粗浅尝试。但对笔者而言，这是一个前期成果的总结，同时也是新的探索的开始。在此要由衷地感谢我的硕士生导师——中国政法大学比较法研究所熊继宁教授，是他的方法论引领才使我领略到了一个全新的法律世界，特以此粗陋的作品表达对恩师最真挚的敬意。书中涉及的多篇论文成果是在天津商业大学青年培育基金和天津市哲学社会科学研究规划项目的资助下形成的，特对资助单位以及为上述课题进行项目评审的各位老师和前辈表示感谢和敬意！本书的写作过程得到了天津商业大学法学院老师们的帮助和指点，并由天津商业大学法学院资助出版，在此表示诚挚的谢意！一并感谢南开大学出版社编辑们的辛勤工作！

南开大学出版社网址：http://www.nkup.com.cn

投稿电话及邮箱：　022-23504636　　QQ：1760493289
　　　　　　　　　　　　　　　　　　QQ：2046170045(对外合作)
邮购部：　　　　　022-23507092
发行部：　　　　　022-23508339　　Fax：022-23508542

南开教育云：http://www.nkcloud.org

App：南开书店 app

　　南开教育云由南开大学出版社、国家数字出版基地、天津市多媒体教育技术研究会共同开发，主要包括数字出版、数字书店、数字图书馆、数字课堂及数字虚拟校园等内容平台。数字书店提供图书、电子音像产品的在线销售；虚拟校园提供 360 校园实景；数字课堂提供网络多媒体课程及课件、远程双向互动教室和网络会议系统。在线购书可免费使用学习平台，视频教室等扩展功能。